中华译学馆

莫言题

中华译学馆立馆宗旨

以中华为根 译与学并重

弘扬优秀文化 促进中外交流

拓展精神疆域 驱动思想创新

丁酉年冬月 许钧撰 罗卫东书

中华译学馆·中华翻译家代表性译文库

许 钧 郭国良 / 总主编

冯 至 卷

刘永强 / 编

ZHEJIANG UNIVERSITY PRESS

浙江大学出版社

总　序

考察中华文化发展与演变的历史,我们会清楚地看到翻译所起到的特殊作用。梁启超在谈及佛经翻译时曾有过一段很深刻的论述:"凡一民族之文化,其容纳性愈富者,其增展力愈强,此定理也。我民族对于外来文化之容纳性,惟佛学输入时代最能发挥。故不惟思想界生莫大之变化,即文学界亦然。"①

今年是五四运动一百周年,以梁启超的这一观点去审视五四运动前后的翻译,我们会有更多的发现。五四运动前后,通过翻译这条开放之路,中国的有识之士得以了解域外的新思潮、新观念,使走出封闭的自我有了可能。在中国,无论是在五四运动这一思想运动中,还是自1978年改革开放以来,翻译活动都显示出了独特的活力。其最重要的意义之一,就在于通过敞开自身,以他者为明镜,进一步解放自己,认识自己,改造自己,丰富自己,恰如周桂笙所言,经由翻译,取人之长,补己之短,收"相互发明之效"②。如果打开视野,以历史发展的眼光,

---

① 梁启超.翻译文学与佛典//罗新璋.翻译论集.北京:商务印书馆,1984:63.
② 陈福康.中国译学理论史稿.上海:上海外语教育出版社,1992:162.

从精神深处去探寻五四运动前后的翻译,我们会看到,翻译不是盲目的,而是在自觉地、不断地拓展思想的疆界。根据目前所掌握的资料,我们发现,在 20 世纪初,中国对社会主义思潮有着持续不断的译介,而这种译介活动,对社会主义学说、马克思主义思想在中国的传播及其与中国实践的结合具有重要的意义。在我看来,从社会主义思想的翻译,到马克思主义的译介,再到结合中国的社会和革命实践之后中国共产党的诞生,这是一条思想疆域的拓展之路,更是一条马克思主义与中国革命相结合的创造之路。

开放的精神与创造的力量,构成了我们认识翻译、理解翻译的两个基点。在这个意义上,我们可以说,中国的翻译史,就是一部中外文化交流、互学互鉴的历史,也是一部中外思想不断拓展、不断创新、不断丰富的历史。而在这一历史进程中,一位位伟大的翻译家,不仅仅以他们精心阐释、用心传译的文本为国人打开异域的世界,引入新思想、新观念,更以他们的开放性与先锋性,在中外思想、文化、文学交流史上立下了一个个具有引领价值的精神坐标。

对于翻译之功,我们都知道季羡林先生有过精辟的论述。确实如他所言,中华文化之所以能永葆青春,"翻译之为用大矣哉"。中国历史上的每一次翻译高潮,都会生发社会、文化、思想之变。佛经翻译,深刻影响了国人的精神生活,丰富了中国的语言,也拓宽了中国的文学创作之路,在这方面,鸠摩罗什、玄奘功不可没。西学东渐,开辟了新的思想之路;五四运动前后的翻译,更是在思想、语言、文学、文化各个层面产生了革命性的影响。严复的翻译之于思想、林纾的翻译之于文学的作用无须赘言,而鲁迅作为新文化运动的旗手,其翻译动机、翻译立场、翻译选择和翻译方法,与其文学主张、文化革新思想别无二致,其翻译起着先锋性的作用,引导着广大民众掌握新语言、接受新思想、表达自己的精神诉求。这条道路,是通向民主的道路,也是人民大众借助掌握的新语言创造新文化、新思想的道路。

回望中国的翻译历史,陈望道的《共产党宣言》的翻译,傅雷的文学翻译,朱生豪的莎士比亚戏剧翻译……一位位伟大的翻译家创造了经典,更创造了永恒的精神价值。基于这样的认识,浙江大学中华译学馆为弘扬翻译精神,促进中外文明互学互鉴,郑重推出"中华译学馆·中华翻译家代表性译文库"。以我之见,向伟大的翻译家致敬的最好方式莫过于(重)读他们的经典译文,而弘扬翻译家精神的最好方式也莫过于对其进行研究,通过他们的代表性译文进入其精神世界。鉴于此,"中华译学馆·中华翻译家代表性译文库"有着明确的追求:展现中华翻译家的经典译文,塑造中华翻译家的精神形象,深化翻译之本质的认识。该文库为开放性文库,入选对象系为中外文化交流做出了杰出贡献的翻译家,每位翻译家独立成卷。每卷的内容主要分三大部分:一为学术性导言,梳理翻译家的翻译历程,聚焦其翻译思想、译事特点与翻译贡献,并扼要说明译文遴选的原则;二为代表性译文选编,篇幅较长的摘选其中的部分译文;三为翻译家的译事年表。

需要说明的是,为了更加真实地再现翻译家的翻译历程和语言的发展轨迹,我们选编代表性译文时会尽可能保持其历史风貌,原本译文中有些字词的书写、词语的搭配、语句的表达,也许与今日的要求不尽相同,但保留原貌更有助于读者了解彼时的文化,对于历史文献的存留也有特殊的意义。相信读者朋友能理解我们的用心,乐于读到兼具历史价值与新时代意义的翻译珍本。

许 钧

2019 年夏于浙江大学紫金港校区

目　录

四、(德)克莱斯特

五、(奥)莱　瑙

六、(德)E. T. A. 霍夫曼

七、(德)海　涅

八、(德)尼　采

十三、(捷克)魏斯柯普夫

导　言

一、冯至生平

　　冯至(1905—1993),原名冯承植,字君培,我国著名的现代诗人、翻译家、日耳曼学教授、中国古代文学研究者。1905 年,冯至出生于河北涿州一个业已破落的盐商大家庭。大家庭内部的势力纷争,加上幼年丧母、家境贫寒又饱受蔑视的童年境遇,使冯至形成了敏感内向、沉静细腻的性格。由于"讨厌大家庭里的庸俗的习气",不愿承受大家庭的"培""植",他自己另取别名,改用《庄子·逍遥游》中"至人无己"中的"至"字,意在勉励自己重视自身的道德修养。①

　　幸而冯至继母敦厚朴素、办事公允,对冯至视若己出、呵护有加。1916 年冯至小学毕业后,纵然家境拮据、亲友非议,继母依然克服困难,执意将他送去北京求学。在京师公立第四中学校(现北京市第四中学)读书期间,正值五四运动爆发,冯至在新文化、新文学的号角声中接触了不少新诗。等到 1921 年考取北京大学后,冯至更加如饥似渴地汲取中国古典诗词与外国文学的养分。在北大期间,冯至虽然主修德文,但也同时修读鲁迅、张凤举(张定璜)、沈尹默、黄晦闻等大师的国文课程,亦与鲁迅、张凤举等人交游甚密。国文与外文的良好训练,为冯至日后的创作、翻译与学术研究奠定了坚实的基础。1923—1929 年,冯至先是加入了文艺团

---

① 　详见:姚可崑.我与冯至.南宁:广西教育出版社,1994:32-33.

体浅草社,后与友人创办了沉钟社,创作、翻译出众多杰出作品,包括诗集《昨日之歌》《北游及其他》等,迎来创作生涯的第一个高潮。这些作品往往情愫真挚、幽婉动人,流露出"五四"时期年轻人胸中的孤独郁结。冯至凭借这些杰出的诗作在 20 世纪 20 年代的中国诗坛崭露头角,并被鲁迅盛赞为"中国最为杰出的抒情诗人"①。

1930 年,冯至同清华大学教授吴宓等人一道负笈西行,前往欧洲求学。冯至留德求学的历程几经波折:他起初在海德堡大学学习,后来为了深入研究歌德转至柏林大学。但随着 1933 年希特勒上台及国会纵火案的发生,柏林的局势日益严峻,故又返回海德堡大学研习德国文学及哲学与艺术史。在德国求学时,这位迷茫的诗人对自我与生命进行了更深刻的探索与沉思,德国存在主义大师雅斯贝尔斯对他产生影响,奥地利诗人里尔克更为他带来心灵深处的共鸣,从而被他视为理想的诗人典范。源于对里尔克真挚的认同,并不富裕的冯至下决心花了四十马克购得六卷本的《里尔克全集》,并着手翻译了里尔克的名作《给一个青年诗人的十封信》,首度将这位异域的诗人介绍给中国的青年。

冯至旅欧期间的另一件大事就是与后来的终身伴侣姚可崑结婚。早在 1929 年,冯至便通过挚友杨晦的介绍,认识了在北平女子师范大学国文系读书的姚可崑。不过两人的邂逅实际还要更早一些。经历过初识的拘谨之后,颇为登对的两位青年终于陷入热恋。② 1932 年,姚可崑追随冯至来到德国,随后两人共同在海德堡大学求学。1935 年,冯至获得博士学位后,于归国途中在巴黎与姚可崑举办婚礼,主婚人、证婚人和家长代表都是冯至在北大时的老师张凤举先生。

1936 年 6 月,两人在北平迎来大女儿冯姚平的降生,然而姚可崑却在产后大病一场。冯至始终悉心照料妻女。同年,冯至前往上海的同济大学任教。1937 年抗日战争全面爆发后,时局动荡、风云变幻,冯至一家跟

---

① 鲁迅.中国新文学大系·小说二集.上海:上海良友图书印刷公司,1935:5.
② 详见:姚可崑.我与冯至.南宁:广西教育出版社,1994:1-10.

随同济大学辗转多地。流离转徙之中,冯至随身携带一本《杜甫诗选集》,时逢乱世、战火纷飞,爱国诗人杜甫的作品引发了他强烈的共鸣,对他的创作与研究产生了极大的影响。

几经颠沛,冯至最终携妻女来到了昆明,之后他辞去同济大学教职,转而执教西南联大。全面抗战期间,冯至一家在昆明住了七年半,昆明成了他的第二故乡。20世纪40年代的昆明,与20年代的北京、30年代的海德堡一起,构成了冯至人生历程中三个重要的地理坐标。冯至后来回忆道:"这三个城市曾是我的'华年磨灭地',但它们丰富我的知识,启发我的情思,是任何其他地方都不能与之相比的。尤其是我那时在那些地方结识的人,无论是衷心爱戴的良师益友,或是短途相遇而难以忘却的某个路人,都对我有过这样那样的影响。"[1]

侵华日军步步紧逼,昆明的时局本来就已十分艰难。贫病交加的艰苦境况更令这个刚组建起来的小家庭雪上加霜。姚可崑彼时大病初愈,年幼的女儿"得过百日咳、猩红热,出过麻疹,至于伤风感冒,更是家常便饭",冯至自己亦常常染病,回归热、疟疾、斑疹伤寒、背上痈疽接踵而至。[2]然而恰恰在这段穷苦光阴里,冯至与姚可崑相濡以沫、勤勉治学,合译歌德的巨著《维廉·麦斯特的学习时代》,可谓"穷且益坚"。笔耕不辍的冯至此时迎来创作生涯的第二个高潮,出版了诗集《十四行集》、散文集《山水》以及小说《伍子胥》。这些作品融通东西方的美学境界,将自然、经验与沉思汇于一体,后来被北大教授钱理群誉为冯至的"三绝"。

冯至后来总结他在这一时期的思想转折:"40年代,中国人民蒙受的灾难日益严重,新中国从灾难里诞生。无论是灾难或是新中国的诞生,都不容许我继续写'沉思的诗'了。它们要求我观看活生生的现实,从现实中汲取诗料,比过去惯于在自然界和日常生活里寻求哲理和智慧要艰难

---

[1] 冯至.冯至全集:第4卷.石家庄:河北教育出版社,1999:341.
[2] 姚可崑.我与冯至.南宁:广西教育出版社,1994:80.

得多。"①因而冯至在这一阶段更为青睐杜甫、陆游等现实主义诗人,在与他们的共鸣中探索诗人的自我与家国命运的互动与交织。

抗战胜利后,冯至回到北京大学任教,后来又兼任西语系系主任。1952年,冯至的《杜甫传》付梓,毛泽东后来评价冯至写《杜甫传》是"为人民做了一件好事"②。1964年起,冯至在中国社会科学院外国文学研究所担任研究员、所长。冯至先生一生淡泊名利、虚怀若谷,并且勤勉治学、笔耕不辍,直至1993年临终前夕依旧挂念未完成的工作。冯至离世后,季羡林曾追忆道:"他淳朴,诚恳,不会说谎,不会虚伪,不会吹牛,不会拍马,待人以诚,同他相处,使人如沐春风中。我从来没有见他发过脾气。"③冯至在遗嘱中也交代后人,"老实做人,认真工作,不欺世盗名,不伤天害理,努力做中华民族的好儿女"④。

二、翻译与创作相得益彰

冯至先生既翻译了不少德语佳作,也写下了众多动人的诗篇。诗人与译者的双重身份使他的创作与翻译相互增益、相得益彰。作为诗人,冯至对于文学作品有着深邃的洞见,因而在择译作品时目光如炬,也常常以之呼应自己的心境与感慨。他亲切自然的语言更是将原作的诗意表现得淋漓尽致,准确地传达出原文的神韵。通过翻译,德文的诗意似乎也刻入了冯至的自我当中,因此读者常常能由他的诗作联想到海涅、里尔克、霍普特曼等德国文豪的诗篇。

冯至为翻译做出了杰出的贡献,可惜学界长期以来对他在翻译上的成就着墨不多。冯至的翻译思想与实践,亟待后继学者的深入研究。冯至关于翻译的论述,至今仍有启发意义。例如在《论现在的文学翻译界》一文中,他曾经指出:"翻译外国文学,不外乎为了两个目的:积极方面是

① 冯至.外来的养分.外国文学评论,1987(2):8.
② 转引自:冯姚平.冯至年谱.新文学史料,2001(4):100.
③ 季羡林.世态炎凉.北京:大众文艺出版社,2000:75-81.
④ 冯至.冯至全集:第12卷.石家庄:河北教育出版社,1999:615-616.

丰富自己，启发自己；消极方面是纠正自己，……多发现异点，也许能对我们更有裨益。"①在冯至眼中，翻译与创作互相增益，外文作为"他山之石"具有启发与借鉴意义。正因如此，我们常能在他的诗作中看到他与德国浪漫派诗人以及里尔克等人的对话。无论是他的翻译还是创作，都融通了东西方的美，极大地拓宽了白话文的诗意空间。诗人王家新曾就冯至对里尔克的译介做出如下评价："冯至对里尔克的译介，在中国的语境中是一个精神事件。在他的翻译中，汉语的历史命运被揭示出来了。……两种语言跨时空的遭遇，不仅显现了一个'中国诗人'的宿命，还将迫使他不断审视、调整和发掘他的母语，以使它成为'精神的乐器'。"②

冯至的创作生涯中出现过两个丰收期，正如《冯至传》的作者陆耀东所言："一是 20 世纪 20 年代创作《昨日之歌》《北游及其他》时，有一些杰出的抒情诗和叙事诗面世；二是 40 年代写《十四行集》《山水》《伍子胥》《杜甫传》，这些诗、散文、历史小说和中国古典文学研究成果，是作者成就的最高标志，它们几乎都产生于这时。"③

20 世纪 20 年代，五四运动正如火如荼地展开。在新文学运动的浪潮中，冯至一边接受着中西文学的洗礼，一边参与到新文学的创作当中。"五四"伊始，中学三年级的冯至广泛地阅读鲁迅、胡适、康白情、俞平伯等人的诗文，受到新文学的熏陶。其中，宗白华、田汉以及郭沫若合著的通信集《三叶集》可以算作冯至的外国文学启蒙读物。通过《三叶集》，冯至开始接触但丁、歌德、席勒、海涅、雪莱、拜伦、弥尔顿、惠特曼等西方文豪。尤其是歌德的《少年维特之烦恼》在五四运动中风靡一时，冯至读少年维特仿佛"读着同时代人的作品，绝没有想到，它在德国首次出版的那一年（1774），正是我国的乾隆三十九年"④。

---

① 详见：冯至.冯至全集：第 5 卷.石家庄：河北教育出版社，1999：314-317.
② 王家新.翻译与中国新诗的语言问题.文艺研究，2011(10)：27.
③ 陆耀东.冯至传.北京：北京十月文艺出版社，2003：161.
④ 冯至.外来的养分.外国文学评论，1987(2)：3.

1921 年暑假,冯至考取北京大学预科,两年后升入本科德文系。然而冯至的视野并未局限于德语文学,他选择德语专业"是出于这样一种想法,觉得中国的东西可以自学,而外国的东西不专门去学就难以掌握"①。其实,冯至一有时间就会去选修北大国文系的课程,因此他既精通德语又有深厚的国文素养。博观而约取,厚积而薄发,对于中西文学的汇通为冯至的诗歌创作带来了丰富的灵感。冯至日后回忆说:"我在唐宋诗词和德国浪漫主义的影响下开始新诗的习作。"②

作为鲁迅盛赞的"中国最为杰出的抒情诗人",冯至首次发表诗作是在 1923 年。经张凤举先生推荐,冯至的组诗《归乡》发表在《创造季刊》上,这为他带来极大的创作动力。同年,他加入文艺团体浅草社,发表诗作。对于社刊《浅草》季刊,鲁迅先生认为它"向外,在摄取异域的营养,向内,在挖掘自己的魂灵,要发见心灵的眼睛和喉舌,来凝视这世界,将真和美歌唱给寂寞的人们"③。1925 年,以浅草社为前身,冯至与杨晦、陈炜谟、陈翔鹤等人又成立沉钟社,④鲁迅誉之为"中国最坚韧,最诚实,挣扎得最久的团体"⑤。沉钟社的成员大都精通外文,因此社刊《沉钟》将翻译与创作并重,刊发了大量外国文学佳作。

冯至这一时期译介的作品包括:歌德的《箜篌引》《迷娘》《魔王》等名作,海涅的《抒情插曲》第二首及其《归乡集》中的几首诗歌、《哈尔次山游记》(在郁达夫的推荐下翻译),荷尔德林的《命运之歌》以及奥地利诗人莱瑙的《芦苇歌》等。从冯至对这些德语诗作的接受与翻译中亦能窥见其创作旨趣,如歌德和海涅的叙事谣曲便是宝贵的"外来的养分"之一。1927

---

① 鼎足.冯至是翻译家吗?.新文学史料,2001(4):77.

② 冯至.外来的养分.外国文学评论,1987(2):4.

③ 鲁迅.中国新文学大系·小说二集.上海:上海良友图书印刷公司,1935:5.

④ 沉钟社得名于霍普特曼的童话象征剧《沉钟》(1896),诗人们借此表达为艺术甘愿有所舍弃与牺牲的热忱。虽然其阐发与霍普特曼的文本原意或有出入,但却足以窥见冯至等青年诗人高远的艺术追求。详见:张勐.论"五四"作家对霍普特曼《沉钟》的"创造性误读":以鲁迅、沉钟社为中心.文艺研究,2020(5):83-90.

⑤ 鲁迅.中国新文学大系·小说二集.上海:上海良友图书印刷公司,1935:6.

年从北大毕业前夕,冯至将 1921 年至 1926 年间创作的 52 首新诗结集出
版,诗集名为《昨日之歌》,其中收入《吹箫人的故事》《帷幔》《蚕马》等叙事
诗,冯至自述这三首诗作"取材于本国民间故事和古代传说,内容是民族
的,但形式和风格却类似西方的叙事谣曲"①。它们兼具叙事之传奇、韵律
之优美与诗情之诚挚,成为五四新诗中一时无两的杰作。

　　不过《昨日之歌》更引人注目的成就还是诗集中近 50 首抒情短诗,它
们意境幽婉、情愫动人,既受到了中国古典婉约派的影响,也能读出与海
涅、荷尔德林等德国诗人的文学共振。试看其中脍炙人口的《蛇》一诗:

> 我的寂寞是一条长蛇,
> 冰冷地没有言语——
> 姑娘,你万一梦到它时
> 千万啊,莫要悚惧!
>
> 它是我忠诚的侣伴,
> 心里害着热烈的乡思;
> 它在想那茂密的草原,——
> 你头上的,浓郁的乌丝。
>
> 它月影一般的轻轻地,
> 从你那儿轻轻走过;
> 它把你的梦境衔了来,
> 像一只绯红的花朵!②

　　诗人超脱世俗的浪漫情思,却在不久后北游期间所经历的社会现实
面前有所落空。北大毕业后,冯至接受好友杨晦的建议,怀揣理想远赴哈
尔滨东省特别区区立第一中学(现哈尔滨市第一中学)任教。可是历经社

---

① 冯至.外来的养分.外国文学评论,1987(2):4.
② 冯至.冯至全集:第 1 卷.石家庄:河北教育出版社,1999:77.

会的黑暗与残酷,昔日的浪漫想象大多幻灭。有感于光怪陆离的都市生活,冯至将此期间对社会与人生的思索写成长诗《北游》(1928 年)。《北游》将视野由自我拓宽至社会,表达对于苦暗与压抑的无奈,由衷地发出对光明和爱情的呼唤。冯至后来对早期的这些诗作做出总结:"形式比较多样,语调比较自然……从这里边还看得出五四以后一部分青年的苦闷。"①

冯至创作生涯的第二个丰收期是战火纷飞的 40 年代,他在这段时期创作了诗集《十四行集》、散文集《山水》以及小说《伍子胥》等作品。钱理群盛赞这三部杰作,认为"《十四行集》《山水》《伍子胥》堪称冯至的'三绝':这'生命的沉思',提供了不同于他人的另一种战争体验,并且以其艺术的完美、纯净,特立独行于 40 年代,以至整个中国现代文学之林"②。

不同于初期婉约抒情的诗风,冯至 40 年代的作品蕴藏着更为深刻的思考探求。这一转折与他留德时期的广博积淀密不可分。留德五年,冯至深受雅斯贝尔斯存在主义哲学的影响,荷尔德林、诺瓦利斯、克莱斯特、格奥尔格也都对他有所触动。当然,这期间最重要、最深刻的转变或许还是由浪漫派向里尔克的转向。里尔克与冯至的邂逅,可以追溯至 1925 年冯至叔叔冯文潜留德回国时的介绍。③ 不久后冯至怀着读浪漫派作品的心情去读里尔克的散文诗《旗手克里斯多夫·里尔克的爱与死之歌》,得到了出乎意料的收获。30 年代,冯至更为细致地阅读了《里尔克全集》,赞叹于这位奥地利诗人精湛的诗艺,深感遇到了知音。里尔克的言论往往切中肯綮,为迷茫中的冯至带来了莫大的帮助。正如冯至在《外来的养分》一文中所说:

> 我不是为创作上的危机而苦恼,几乎断念于诗的写作吗? 里尔克在给一个青年诗人的信里说:"探索那叫你写的原因,考察它的根

---

① 冯至.冯至全集:第 2 卷.石家庄:河北教育出版社,1999:163.
② 转引自:吴晓东.冯至——生命在沉思.中华读书报,2018-07-25(13).
③ 参见:冯姚平.冯至年谱.新文学史料,2001(4):86.

是不是盘在你心的深处;你要坦白承认,万一你写不出来,是不是必得因此而死去。"在同一封信里还说:"不要写爱情诗;先要回避那些太流行太普通的格式……"我不是一向认为诗是情感的抒发吗? 里尔克在《布里格随笔》里说:"诗并不像一般人所说的是情感(情感人们早就很够了)──诗是经验。"随后他陈述了一系列在自然界和人世间应该经验的种种巨大的和微小的事物。我不是工作常常不够认真不够严肃吗? 也是《布里格随笔》里讲到,法国诗人阿维尔斯在临死时听见护理他的修女把一个单词的字母说错,他立即把死亡推迟了一瞬间,纠正了这个错误。作者说:"他是一个诗人,他憎恨'差不多'……"①

冯至不仅为自己能读到里尔克的作品并因此收获做人与作诗的启发而庆幸,而且也向国内译介里尔克的作品,让更多中国年轻人认识这位杰出的诗人。冯至曾在致友人的信中说:"现在中国的青年是盲目的……离人的本性太远了,以致无法认清现实的命运……我的责任是翻译一些里尔克的作品,好让他们通过里尔克的提示和道路得到启发,拯救自己。"②由此不禁使人联想起冯至先生日后对译者责任的强调,他认为译者要克服趋易避难的惰性,纵使艰难也应该去翻译那些对人生有启发意义的佳作。③

1931 年,冯至细致地翻译了里尔克的《给一个青年诗人的十封信》。1932 年和 1934 年,他摘译小说《马尔特·劳利茨·布里格随笔》,并刊发于《沉钟》半月刊第 18 期和第 32 期。1936 年,为纪念里尔克逝世十周年,冯至又将里尔克的六首诗译成中文。这些译文的发表成为极为重大的精神事件,对现代白话文与欧美文学的互动、交织产生了深远的影响。诚如著名诗人王家新所言:"冯至,与受英美现代主义影响的诗人有所不同,他

① 冯至.外来的养分.外国文学评论,1987(2):5.
② 冯至.冯至全集:第 12 卷.石家庄:河北教育出版社,1999:147.
③ 详见:冯至.冯至全集:第 5 卷.石家庄:河北教育出版社,1999:314-317.

主要是通过对里尔克的译介以及他创作的《十四行集》,给我们带来了一种德国式的'存在之思',一种超越性的、精神性的语言。"①

毫无疑问,在翻译过程中对里尔克文本的细读,深化了冯至对里尔克的认知与接受,也使里尔克的沉思创造性地融入冯至在40年代的诗歌创作中。冯至于1942年出版的《十四行集》,便是受到里尔克《致奥尔弗斯的十四行诗》的启发。十四行诗格律严谨,往往因形式所限而被认为难以移植入中文新诗。但冯至却尤为看重十四行诗,认为它非但不是对沉思的束缚,反而有助于理性的升华:

> 它自成一格,具有其他诗体不能代替的特点,它的结构大都是有起有落,有张有弛,有期待有回答,有前题有后果,有穿梭般的韵脚,有一定数目的音步,它便于作者把主观的生活体验升华为客观的理性,而理性里蕴蓄着深厚的感情。②

与里尔克的《致奥尔弗斯的十四行诗》一样,冯至的十四行诗选取了相对自由的变体,凝聚着对于诗歌与生命、经验与存在的沉思。可以说,冯至对于十四行诗的本土化尤为成功,这些诗作被散文家李广田誉为极为深刻的"沉思的诗"③,而朱自清则认为《十四行集》超越了新诗尚为浅易的浪漫抒情,走向成熟的中年沉思。④

冯至的散文集《山水》与《十四行集》相互呼应,前者中既有中国古典山水的意境与老庄哲学的浑朴,又有里尔克的观看技艺与存在主义的体悟。冯至在《山水》后记中说过:"在抗战期中最苦闷的岁月里,多赖那朴质的原野供给我无限的精神食粮,当社会里一般的现象一天一天地趋向腐烂时,任何一棵田埂上的小草,任何一棵山坡上的树木,都曾给予我许多启示,在寂寞中,在无人可与告语的境况里,它们始终维系住了我向上

---

① 王家新. 翻译与中国新诗的语言问题. 文艺研究,2011(10):27.
② 冯至. 冯至全集:第5卷. 石家庄:河北教育出版社,1999:94.
③ 详见:李广田. 李广田全集:第4卷. 昆明:云南人民出版社,2010:253-270.
④ 详见:朱自清. 新诗杂话. 桂林:广西师范大学出版社,2004:14-17.

的心情,它们在我的生命里发生了比任何人类的名言懿行都重大的作用。我在它们那里领悟了什么是生长,明白了什么是忍耐。"①《山水》描摹欧洲与国内的山川风物,以诚挚朴素的笔调折射世态人情,歌颂平凡人的朴素与坚韧。这些散文思绪跃动、文质兼美,其中对于物与人的观看与思索,与里尔克的"物诗"遥相呼应。

冯至的中篇小说《伍子胥》,虽然取材于中国历史,但却有着西方《奥德赛》一般的文思。在这部作品中,冯至借由抗战时的经历与感悟,将一个古代的逃亡故事与时代的生命体验相互融合。小说以散文诗一般的语言描摹沿途的人情风貌,同时抒发流浪的主人公对于生死与存在的深刻思考,因而《伍子胥》的逃亡与里尔克《旗手克里斯多夫·里尔克的爱与死之歌》中的出征异曲同工,同样寓意着一场心灵的漂泊。《伍子胥》由女性书写、祖先情结与复仇主题三条线索串联,它们不仅勾连起中国传统的文学话语与创作母题,同时也与诺瓦利斯、里尔克、格奥尔格、霍夫曼斯塔尔等德语作家形成了诗学上的互文。张慧文指出,冯至的《伍子胥》"以霍夫曼斯塔尔的方式,来面对40年代的中国现实——试图以对'周秦时代'历史文化的回溯,来提携堕落的当下"②。

除了上述作品,冯至在新中国成立后亦有不少诗歌问世,其中既能窥见海涅或歌德的身影,也有杜甫、陆游一般的家国沉思。

三、歌德与杜甫的相会

冯至为人谦逊,不以"学者"自居,只说自己是德语文学的"导游人"。但恰如季羡林所言,"过去和现在都有专门的诗人和专门的学者,身兼二者又达到相当高的水平的人,却并不多见。冯先生就是这样一个人"③。作为学贯中西的学者,冯至对歌德和杜甫的学术研究卓有建树,其论述见

---

①　冯至.冯至全集:第3卷.石家庄:河北教育出版社,1999:73.

②　张慧文.《伍子胥》的西方资源与创变.中国现代文学研究丛刊,2002(1):218.

③　季羡林.诗人兼学者的冯至先生//冯姚平.冯至与他的世界.石家庄:河北教育出版社,2001:301.

解深刻、文笔极佳,读来常含诗意。

对日耳曼学专业的同事与同学而言,冯至的名字与"日耳曼学"(或者说"德语语言文学")这一专业紧密相连。先生是广受同行赞誉的世界闻名的日耳曼学学者,获得了众多荣誉,其中不乏德意志联邦共和国的歌德奖章、文学艺术奖、大十字勋章以及德意志民主共和国的格林兄弟奖等重量级奖项。1987年,冯至将获得的文学艺术奖奖金一万马克捐出,作为基金,设立"冯至德语文学研究奖",该奖项成为我国首个外国文学研究奖,也是我国日耳曼学学者的至高荣誉。与此同时,冯至夫妇也是德语语言文学学科的重要奠基人,对于学科的建设起到了关键性的作用。作为日耳曼学学界的学术领袖,冯至孜孜不倦地翻译和研究了一系列德语文学巨匠和经典,尤其是他对歌德的研究大大深化了学界对于歌德的理解。

冯至与歌德的因缘,可以追溯至其学生时代。在冯至学生时期,《少年维特之烦恼》就深深抓住了他的心。冯至也曾翻译过一些歌德的诗作,且彼时的创作亦受到歌德一些叙事谣曲的影响。但此后较长一段时间,冯至都未将主要的学术兴趣聚焦于歌德身上。直到30年代后期,歌德的晚期作品重新进入冯至的视野,尤其是歌德晚年所著的《西东合集》深沉老练,闪烁着智慧的火花,深深吸引了抗战时期的冯至。1941年,冯至译注《歌德年谱》,为深入研究歌德奠定了基础。他通读《歌德全集》,细读《浮士德》,写出了一大批歌德研究成果,其中包括《〈浮士德〉里的魔》(1943年)、《从〈浮士德〉里"人造人"略论歌德的自然哲学》(1944年)、《歌德与人的教育》(1945年)、《歌德的〈西东合集〉》(1947年)、《歌德的格言诗》(1979年)、《〈浮士德〉海伦娜悲剧分析》(1980年)、《歌德与杜甫》(1980年)、《浅释歌德诗十三首》(1982年)、《更多的光》(1982年)、《读歌德诗的几点体会》(1982年)、《一首朴素的诗》(1984年)等文,并出版《歌德论述》(1948年)与《论歌德》(1986年)两本专著。冯至的这些研究成果为研究歌德提供了大量材料,更重要的是,开创了中国现代歌德研究的范式。

歌德与杜甫,两位看似关联不大的文人,却奇迹般地交汇于冯至的研究视野之中。究其原因是一方面得益于冯至广泛涉猎传统诗词与西方文学而获得的独到眼光，另一方面也源于歌德与杜甫之间跨越文化的内在联系。冯至曾经在《歌德与杜甫》一文中分析两位诗人之间的联系：

> 他们都是从儿童时就起始写诗，杜甫七岁时写诗歌咏凤凰，歌德八岁时写诗给他的外祖父母祝贺新年。在青年时期，杜甫漫游祖国的许多名胜古迹，"放荡齐赵间，裘马颇轻狂"；歌德参加当时文艺界的"狂飙突进"运动；他们都度过目极八荒、睥睨一世的浪漫生活。中年以后，二人从两个截然不同的方面接触现实，杜甫在三十五岁到了长安，目睹唐朝的统治者从贤明转向腐败，越来越深刻地感到国家的危机和人民的痛苦；歌德在二十六岁到了魏玛，为一个人口仅及十万的封建小邦服务，担任繁重的行政工作。二人都经历了历史上划时代的大事件，唐代的安史之乱使唐帝国由强盛而变得衰弱，社会经济发生了巨大变化；法国的资产阶级革命和拿破仑的兴起与失败都震撼了整个的欧洲。二人一生都始终不懈地努力创作，直到死亡的前夕。他们各自集本民族的诗歌之大成，没有一种到他们那时为止的诗体不经过他们的运用而得到发展，并影响后世。①

杜甫的诗，很早就根植于冯至心中。早在《北游》的题词里，冯至就引用杜工部的名句"独立苍茫自咏诗"。而昆明时期贫病交加的个人生活与战乱频仍的动荡时局，则使冯至对杜甫有了更为深切的体认。跟随同济大学内迁时，《杜甫诗选集》就为冯至带来了莫大的精神共鸣。1941 年，他写下一首七言绝句描述当时的心境：

> 携妻抱女流离日，始信少陵字字真。
>
> 未解诗中尽血泪，十年伴作太平人。②

---

① 冯至.冯至全集：第 8 卷.石家庄：河北教育出版社，1999：177.此处只引述关于两者表面联系的一段文字，对于歌德与杜甫异同的深入分析还请参见原文。
② 冯至.冯至全集：第 4 卷.石家庄：河北教育出版社，1999：226.

1943 年,冯至得到仇兆鳌的《杜少陵诗详注》,此后他便反复研读该书,为写作《杜甫传》做准备。冯至为杜甫写传的初衷是"只希望这幅图像使人一望便知道是唐代的杜甫,可是被一个现代人用虔诚的心与虔诚的手给描画出来的"①。由于史料的缺乏,冯至采取了以诗证史的学术路径,严谨地对待研究材料,对于史料空白之处,宁愿阙如也不做渲染。从中可以看出冯至严谨的治学态度,这或许与他留德期间学到的科学精神密切相关。他力求真实地反映出杜甫从个人抒情到胸怀家国的诗学转向,重构杜甫的成长历程与矛盾斗争。在《杜甫传》的写作过程中,已完成的篇章于 1951 年以《爱国诗人杜甫》为题,在《新观察》杂志第 2 卷第 1 期至第 12 期连载。夏承焘先生在读了这十二篇后给予了充分的肯定:"在这十二篇里,有许多精辟的见解,……都是前人没有说到见到的。"②

除了对歌德和杜甫的研究之外,《德国文学简史》(上卷)及对海涅诗歌的翻译与研究也是冯至的重要学术建树。海涅是冯至青少年时期最为喜爱的诗人,前文已经提到,《昨日之歌》中就带有海涅一般的郁结、苦闷和压抑。新中国成立后,冯至与海涅再度亲近,他先后发表文艺评论《海涅的〈西利西亚纺织工人〉》(1956)和《海涅的讽刺诗》(1956)。他翻译过的海涅作品除上文所提的《哈尔茨山游记》等,还包括脍炙人口的《德国,一个冬天的童话》(1973),并于 1978 年出版了《海涅诗选》(收录 68 首)。此外,冯至与范大灿合译的席勒《审美教育书简》,以及他对荷尔德林、尼采、格奥尔格、里尔克、布莱希特等重要德语作家的译介也极大地丰富了国内文学研究的材料,促进了中国与德国之间的文学对话。

四、编选说明

本书选择冯至译文的标准主要包括三个方面:一是译作体裁的全面

---

① 冯至.冯至全集:第 4 卷.石家庄:河北教育出版社,1999:114.
② 夏承焘.读《爱国诗人杜甫传》//冯姚平.冯至与他的世界.石家庄:河北教育出版社,2001:391.

性;二是作品内容的代表性;三是选文篇幅的大小。此前市场上发行的冯至翻译作品选,大多集中在诗歌体裁,对于小说、散文以及学术译作等少有涉及。而译诗的选编又往往只局限于歌德、荷尔德林、海涅、尼采、里尔克、布莱希特这六位诗人的作品,忽视了冯至对其他经典作家的译介。这实在是一大遗憾!作为学养深厚的日耳曼学学者,冯至目光锐利、见识深广,他的译作中不少都是第一次翻译到中国的作品,是国内翻译史上的重要驿站,是我国接受外国文学影响、实现中外文学交融的范例,其价值不容轻视。收录这些作品一方面有利于凸显出冯至译作的史料价值,可为新的译本提供参考,另一方面也能更好地呈现冯至作为翻译家的全貌。2020 年,上海人民出版社出版了《冯至译文全集》,补遗了《冯至全集》中未曾收录的若干译作,其中包括克莱斯特的《智利的地震》。我在本书交稿前得知这一幸事,仔细核对了作品目录,将此前再三寻觅的《智利的地震》一文收入本集。可惜冯至所译歌德的《魔王》及马克斯·本塞的《批评与论战》等文本不知散佚何处,我在编选的过程中只得放弃,希望日后有可能弥补这一遗憾。

本书辑录译作,除《哀弗立昂》《审美教育书简》《智利的地震》选自《冯至译文全集》外,其余均选自河北教育出版社的《冯至全集》。《维廉·麦斯特的学习时代》和《审美教育书简》因篇幅过长,且非冯至独立完成的译作,几经斟酌,最终只选录其中的部分内容。本人编校过程中对前人整理的成果多有借鉴,谨表谢意。

在编选本书的过程中,本人通读了《冯至全集》12 卷共 6000 多页的文字。作为同样从事德语文学翻译和研究工作的后辈,我在阅读中常有对冯至先生所感所悟的认同,但更多的是对先生学识功底和文字造诣的钦羡。怀抱欣赏的态度捧读、择选冯至先生的译文,使得这一工作于我而言成为莫大的享受,却未曾料想流连译作之中致使交稿日期一延再延。因而确是"用虔诚的心和虔诚的手"来编选并录入这本选集的文字,其中若有疏漏之处,还恳请读者谅解并不吝指教。

需要说明的是,本书所收篇目多为 20 世纪上半叶刊布,其语言习惯有较明显的时代印痕，且译者自有其文字风格，故不按现行标准、写法及表现手法改动原文。如当年的"的""地""得"经常混用，"做"和"作"的区别也不明显。又如"璀璨"写作"璀灿"，"命运"写作"运命"，"赠予"写作"赠与"，"唯一"写作"惟一"，"想象"写作"想像"，"向往"写作"想望"，"内涵"写作"内含"，等等，我们在编辑中都保留了原貌。且由于当时没有统一的译名，译者大多需要自创译名，因此原文专名(人名、地名、术语等)及译名与今不统一者，如"蒙娜丽萨"(即"蒙娜丽莎")、"服尔泰"(即"伏尔泰")、"日尔曼"(即"日耳曼")、"米霞盎基罗"(即"米开朗基罗")等，亦不作改动，只在脚注中加以说明。数字、标点符号的用法，在不损害原义的情况下，从现行规范校订。

我希望这个选集能够促进国内的翻译学研究，也希望能借此在翻译史上给杰出翻译家冯至一个更明确的定位，对他译作的价值予以更清晰的评析。这一初衷也契合了浙江大学"中华译学馆"的立馆宗旨：在中华民族伟大复兴的进程中，以中华文化为根，译与学并重，弘扬优秀文化，促进中外交流，拓展精神疆域，驱动思想创新。

我的几位研究生陈佳倩、许梦颖、滕书艺与吴宏宇在资料搜集和文字录入方面做了很大的贡献，在此谢过。在撰写这篇"导言"时，我参考了姚可崑、冯姚平、季羡林等冯至亲友的回忆，亦曾查阅蒋勤国、陆耀东、王邵军、张辉(以拼音排序)等众多前辈学人的论著，在此也一并谢过。在排版完成后，冯姚平亲自审阅过这篇"导言"和"冯至译事年表"，并为年表提供重要的补充信息和修改建议，确保了信息的完整与准确。我不胜感激。最后，这本书能够顺利跟读者见面，还要感谢责任编辑徐旸女士的出色工作和大力支持。

刘永强

2021 年初于浙江大学紫金港校区

一、(德)歌　德

1　普罗米修士①②

宙斯③,你用云雾

蒙盖你的天空吧,

你像割蓟草的儿童一般,

在栎树和山顶上

施展伎俩吧!

可是你不要管

我的大地,

我的茅屋,这不是你盖的,

不要管我的炉灶,

为了它的烈火

你嫉妒我。

群神,日光下我没有见过

比你们更贫穷的!

---

① 此诗据 1957 年《译文》第 3 期原载编入。——编者注(本书脚注若无特殊说明,均为译者注。)

② 普罗米修士是希腊神话里的英雄,从天上把火送给人间,因此获罪被天神囚系在高加索山上;他体现着人的创造力和反抗精神。歌德在狂飙突进时期曾取材普罗米修士的传说写一剧本,但未完成;这首诗是这未完成的剧本里的一段独白。全诗除第四节外,所有的第二人称都是指的天神。

③ 希腊群神中最高的统治者。

你们用祭品，
用祈祷的气息
贫乏地营养着
你们的尊严，
若不是儿童们和乞丐
是些满怀希望的傻子，
你们就会饿死。

当我是个儿童时，
不知道怎样应付，
我把我迷乱的目光
转向太阳,好像那里
有个耳朵听我的怨诉，
有个心和我的一样
怜悯被压迫者。

那时谁帮助我
抵抗狄坦①们的傲慢？
谁把我从死亡里，
从奴役里救出？
圣洁的火热的心，
不是你自已完成了这一切吗？
可是你,受了蒙骗，
年轻而善良地
向那上边的睡眠者
热烈表示过救命的感谢！

---

① 希腊神话中最早的神族,曾与宙斯对抗。

宙斯,要我尊敬你? 为什么?

你可减轻了

任何重担者的痛苦?

你可遏止了

任何受威吓者的眼泪?

把我锻炼成人的

不是全能的时代

和永恒的命运吗?

它们是我的也是你的主人!

你在妄想吗,

只因为不是

一切青春的梦都能实现,

我就应该憎恨人生,

逃入沙漠?

我坐在这里制造人,

按照我的形象,

这个族类跟我一样,

去受苦,去哭泣,

去享受,去欢乐,

并且看不起你,

跟我一样!

1774 年秋

2 掘宝者^①

囊空如洗,病在心头,
难熬过长日无聊。
财富是至上的产业,
贫穷是最大的苦恼!
为消除我的痛苦,
我去挖掘一件珍宝。
"你据有我的灵魂!"
用自己的鲜血写好。^②

我画了魔圈套着魔圈,
聚集了腐骨和败草,
燃烧起奇异的火焰;
我的咒语也念完了。
按照学来的手法,
我挖掘古代的珍宝
在魔杖指定的地方;

---

① 此诗最早刊于 1926 年 10 月《沉钟》半月刊第 5 期,署名冯至。后译者又重译此诗,发表在 1957 年 2 月《译文》第 3 期,据此版本编入。——编者注

② 根据传说,掘宝者发掘宝物,必须事先把自己的灵魂卖给魔鬼。卖灵魂的契约要用自己的血来写。

夜色如漆,风雨潇潇。

我望见远处有一个光,
它走来了像一颗星星
从那最远的远方,
这时正敲着夜半钟声。
不容人有丝毫准备,
那光芒忽然更明亮,
从一个美童子捧着的、
盛满圣浆的杯中射放。

我看见密致的花冠下
闪烁着俊美的双眼;
在圣浆璀灿的天光中
他迈进了我的魔圈。
他殷勤地劝我吸饮;
我想:这样一个男孩
带来美丽光明的赠品,
绝不是一个魔鬼走来。

"吸饮纯洁生命的欢悦!
你就会理解这个训词,
不要再来到这个地方
念些恐怖的咒誓。
这里挖掘徒劳无益。
白天工作! 晚间欢聚!
周间勤劳! 节日快乐!
这是你将来的咒语。"

1797 年 5 月

3　哀弗立昂^{①②}

哀弗立昂

　　你们听着我歌唱儿歌，

　　也就是你们自己的嬉笑；

　　你们看见我跳着节拍，

　　你们的心就慈爱地跳跃。

海伦娜

　　爱，使人得到人间幸福，

　　凑近一对高贵的"两个"，

　　可是体味到神的欢愉，

　　它结成一组珍贵的"三个"。

浮士德

　　如今一切都已得获：

　　我是你的，你是我的；

　　我们一块儿这样结合，

① 此诗译自《浮士德》第二部第三幕。原载 1943 年《文阵新辑》第 2 期。——编者注
② 浮士德与希腊美女海伦娜结合后，生子曰哀弗立昂（Euphorion），为 19 世纪初期
　新诗运动之化身，影射拜伦之处甚多。哀弗立昂因无限制之追求卒致早年殒命，
　海伦娜亦随之死去。

这应该是定案不移!

合唱女子

许多年岁的欢乐幸福

在男孩的柔和的光彩中

凝集于这一对夫妇。

啊,这结合多么使我感动!

哀弗立昂

现在让我跳,

现在让我蹦,

向一切风飙

我要望上涌,

这是我的欲望,

它握住我的心房!

浮士德

节制吧! 节制!

莫铤身走险,

你不要遭遇

倾倒与灾难,

这贵重的儿郎

莫使我们沦亡!

哀弗立昂

不愿更长久

滞留在地面;

放开我的手

和我的发鬓，

放开我的衣裙！

它们都是我的。

海伦娜

啊,你想! 你想,

你是属于谁!

这多么悲伤,

你怎么破毁

那美丽的得获:

我的,你的,他的。

合唱女子

我担心,这结合

不久就解体!

海伦娜与浮士德

约束吧! 约束

这些太活动

激动的运动,

爱你的父母!

在寂静的田园

点缀这块土地。

哀弗立昂

只如你们所愿

我停留在这里。

(混入合唱队中,率合唱队舞蹈。)

更轻快地环绕

活泼的女子。

这运动,这歌调,

可是否合宜?

海伦娜

这样做,很合宜:

引导这些美女

做轮环的跳舞。

浮士德

这快些过去!

像这样的幻术

不能使我欢喜。

(哀弗立昂与合唱队随舞随唱做交错的环舞。)

合唱女子

你若把你的双腕

可爱地动转,

你的发鬈在光中

轻轻地颤动,

若是你的脚这样

轻盈,在地上走过,

这里又在那里

一列列有若穿梭,

你就达到了目的,

可爱的孩子:

所有我们的心

都倾向于你。

哀弗立昂

你们是些麋鹿，

有轻盈的脚步；

快离开这附近

做些新的唱游！

我是个猎人，

你们是野兽。

合唱女子

要把我们捉住，

不要这般敏捷，

因为我们希求

只是等到终结，

好把你拥抱，

你身材美好！

哀弗立昂

过口穿矮林！

向木石森森！

容易获得的

我觉得无味，

只有强夺的

才使我欢慰。

海伦娜与浮士德

怎样的放纵！怎样猖狂！

节制再也不能希望，

像号角的声音在响，

山谷森林为之震荡；

怎样的暴行！怎样叫嚷！

合唱女子（一个个迅速走进。）

他从我们身边跑过；

嘲弄我们，看我们不起，

他拖出最不驯顺的一个

从这全部的队里。

哀弗立昂（拖进来一个年轻的女孩。）

我拖来强壮的女孩

得到强力夺来的享受；

我感到欢悦，感到畅快，

我紧压反抗的胸脯，

我吻着不服从的嘴，

就宣示了力和意志。

女孩

放开我！在这身子里

也有精神的胆与力；

我们的意志，和你的

一样，不这样容易夺去。

你可以为我在患难里？

你太信赖你的腕力！

紧紧握住，我烧焦你，

你这愚人，我做个游戏。

（她化为火焰，升入高处。）

跟随着我升入微风，

随我入僵冷的墓中，

捕捉那消逝了的目的！

哀弗立昂（拂去最后的火焰。）

这里岩石拥挤

在林木的中间，

这狭窄于我何益，

我正年少而新鲜。

风在那儿骚动，

浪在那儿汹涌；

听风浪在远方，

我愿到它们近旁。

（他援引岩石而上，越跳越高。）

海伦娜，浮士德与合唱女子

你可要像个羚羊？

我们担心陨落的危险？

哀弗立昂

我必须越升越高，

我必须越望越远。

我知道，我在什么地方！

我如今在岛的中央，

在丕罗卜斯①中心，

---

① 丕罗卜斯（Pelops）即希腊的 Pelopnnes 半岛。此段指拜伦曾赴希腊。

这里水陆交亲。

合唱女子

你愿否和平快乐

停留在山林里

我们立即采取

无花果和金苹果

一排排的葡萄

在山丘的边沿

谁若在和平

愿望战争回来，

希望的幸福

就和他分开。

在美好的田园

你留住，多么美好！

哀弗立昂

你们梦想和平日

谁愿梦想就梦想。

战争！如今的口号，

胜利就继续作响。

合唱女子

谁若在和平

愿望战争回来，

希望的幸福

就和他分开。

哀弗立昂

　　这国土产生人民①

　　从危险迈入危险，

　　有自由无限的勇敢，

　　自己的血也不惜吝。

　　还有不能抑制的

　　神圣的心意——

　　给这一切战斗者

　　它带来得获！

合唱女子

　　向上看，升得多么高！

　　我们觉得他并不小。

　　像全身甲胄，像得胜，

　　外表像钢铁织成。

哀弗立昂

　　没有城垣，没有墙壁，

　　每人只信念自己；

　　男子的铁石的胸围

　　好坚持，是强固的堡垒。

　　你们若要不被征服，

　　就快点武装参加战争；

　　妇女成为亚玛孙族②，

　　每个孩子都成为英雄。

———————————

① 指希腊自 1822 年起始之独立战争。

② 亚玛孙族（Amazonen），古代民族名，妇女皆善战。

合唱女子

> 神圣的诗①,
>
> 他升向天空!
>
> 最美的星,远远地
>
> 照,照向无穷!
>
> 可是我们永久
>
> 望见他,还听见他,
>
> 我们愿意感受他。

哀弗立昂

> 我出现不是一个小孩,
>
> 是青年披盔戴甲到来;
>
> 加入强壮、自由、勇敢的人群,
>
> 他已经在精神里完成。
>
> 向前去!
>
> 在那里
>
> 展开了荣誉的途程。

海伦娜与浮士德

> 几乎还没有唤入生活,
>
> 几乎未得到快乐时刻,
>
> 你就一层层走入昏眩
>
> 渴望充满痛苦的空间。
>
> 你看我们
>
> 竟是虚无?
>
> 这美好的结合可是梦幻?

---

① 哀弗立昂,乃诗之化身。

哀弗立昂

> 你们可听见海上高声？①
> 那里的山谷为之震动，
> 在风涛里，队伍与队伍
> 争斗搏战，忧烦而痛苦。
> 那死亡
> 是命令，
> 如今恍然领悟。

海伦娜，浮士德与众合唱女子

> 怎样的悚惧！ 怎样栗栗！
> 你真觉得死亡是命令？

哀弗立昂

> 我就应该从远方观看？
> 不！ 我分担忧虑与灾难。

海伦娜，浮士德与众合唱女子

> 傲慢与危险，
> 死的命令！

哀弗立昂

> 可是——一对羽翼
> 自己展开！
> 向那里！ 我必须！
> 给我飞翔！

---

① 指希腊、土耳其之海战。

（他投入空中，宽大的衣服负担他一瞬间，他的头放光，随后一道光尾。）

合唱女子

伊卡卢①，伊卡卢，

好不悲苦

（一个美丽的青年落到父母的脚下，人们以为在这死者身上看见一个熟识的形体；可是这身体随即消逝，圆光有如一个彗星升向天空，衣服、外套、琴，留在地上。）

海伦娜与浮士德

紧随着欢畅

可怕的痛创。

哀弗立昂的哀音（从地下）

莫让我在阴府，

母亲，一人孤独！（寂静）

合唱女子（悼歌②）

绝不孤独！——你无论在何处，

因为我们相信能认识你；

啊！如果你离开了白昼，

没有心将要与你分离。

我们几乎不能够怨诉，

唱你的命运，怀着羡慕：

———————————

① 伊卡卢（Ikarus），乘蜡翅高飞，离日太近，翅熔化，遂坠海而死。

② 悼拜伦。

你在晴朗与阴郁的时日
歌与胆曾经伟大而美丽。

啊！你为尘世的幸福而生，
有高贵的祖先，伟大的力，
可惜你夭亡，无影无踪，
青春的花朵已被折去！
锐利的眼光，观看宇宙，
同情于每个心的要求，
最善良的女人的爱火，
还有一曲最独特的歌。

可是你不住地自由奔驰，
驰入不能自立的罗网，
你就是这样狂暴地离弃，
离弃一般的习俗法则：
可是归终最高尚的思想
给纯洁的勇敢以力量，
你要获得壮丽的事体，
你却未完成你的目的。

谁成功？——是阴郁的问题，
运命对于它蒙着面目，
若是在最不幸的日子
一切的民族流血而沉默。
你们起始唱新的歌声，
不要长此深深地沮丧：
因为大地又将奇才产生，

像从古来产生过的一样。

（完全寂静。音乐停息。）

海伦娜（向浮士德）

一句老话可惜在我身上应验：
幸福与美不继续着联在一起。
生的联合与爱的联合都已撕裂；
哀此二者，我痛苦地说声再见
我再有一次投身于你的怀里。
培塞弗内亚①，收容这男孩和我！

（她拥抱浮士德，身体消逝，衣服与蒙纱留在他的怀中。）

---

① 培塞弗内亚（Persephoneia），阴间的女王。

4 中德四季晨昏杂咏①

(1)

怎能辜负好春光，

吏尘仆仆人消瘦；

梦魂一夜到江南，

草色青青水色秀——

临流赋新诗，

踏青携美酒，

一杯复一杯，

一首复一首。

(2)

白烛垂垂似含羞，

皎若明星洁百合；

爱焰自彼心之中

缓缓开展光和热。

水仙开放这样早，

---

① 此诗据 1924 年 4 月《小说月报》原载编入；其中第 8 首后曾重译，此据收入《论歌德》中的《浅释歌德诗十三首》一文中的重译文编入。——编者注

一行行开在园里，
素心的人们要知道，
它们等待谁,争立如许?

(3)

从牧场牵去群羊，
牧场上,一片绿草新生;
杂花将次第开放，
地上的乐园,装点将成。

希望展在面前
轻纱犹如云雾;
云开日现,事事如愿，
给我们带来幸福!

(4)

孔雀的鸣声虽恶,但是
令我想起翩翩的羽衣，
它的声音也就没有憎意。

印度的鹅,却不能同语，
我无法将它容忍，
这丑禽叫起来那样乖戾。

(5)

为这夕阳的金光
展开你欢愉的光彩，
让你尾上的花轮

踊跃地和日光争赛！
日光在原野里探求
何处开花,有青天笼罩,
它看见一对情人,
它觉得最为美好。

(6)

杜鹃乃及夜莺,
都愿意挽住阳春,
无奈炎夏逼无情,
漫天遍野,是蔓草荆榛。
那棵树上的疏叶
也渐渐地变得浓密,
我曾经由新绿稀疏处
送眼波将爱人偷觅。
琉璃瓦,今遮住,
画栋雕栏也无觅处:
我目光向那边探寻
我的东方永久常驻。

(7)

那一番比阳春更艳,
那使我常常留恋,
况又是平原草浅;
曾记得在园里,
来就我,翩翩地,
心事,从头细诉——
我永久是她的所有,

怎能够教我忘记。

(8)

暮色徐徐下沉，
身边的都已变远，
金星美好的柔光
高高地首先出现！
一切动移不定，
雾霭蒙蒙地升起；
一片平湖反映
夜色阴森的静寂。

在那可爱的东方
我感到月的光辉，
柳条袅袅如丝
戏弄着树旁湖水。
透过阴影的游戏
颤动卢娜①的媚影，
眼里轻轻地潜入
沁人肺腑的清冷。

(9)

过了蔷薇时节，
才晓得蔷薇的价值。
有亭亭最后的一枝
补足了满园的花色。

---

① 卢娜，即月亮。——编者注

（10）

你称做花中的女王，

你被承认最为美丽；

证明都无从否定，

纷争亦因之平息。

你不是空空的幻影，

你是信仰与观照的合一；

努力探索，永不疲倦，

追求世间的定律原理。

（11）

"迷惘使我彷徨

在这无味的清谈，

去者不能残留，

面前的又已消散；

灰色编成的网罗

围绕我局促不安。"

你要心安！永存的

有恒久的定例，

蔷薇与百合自开自去。

（12）

"旧梦俱已消沉，

去爱抚蔷薇代替少女，

同树木共语代替哲人；

我们却不能赞美。

于是有朋友来临，

都立在你的身侧，

你要自奉奉人，
平芜间有美酒笔墨。"

(13)

你们可要扰此平和？
请让我伴着我的杯盏；
人尽可以同旁人去学，
只有单人能独享灵感。

(14)

"那么，在我们未走之先，
你可有一些良言赠与？"——
平息你向远方、将来的希求，
努力于此地和此时之所宜。

5　玛利浴场哀歌①

如果人在他的痛苦中静默，一个神就让我说，我苦恼什么。②

如今我对再见该抱什么希望，
对今天还关闭着的花苞③?
是乐园，是地狱，都为你开放；
心情激动，是怎样不定飘摇! ——
再没有疑问! 她走到天底门槛，
她高高举起你在她的双腕。

你那时被迎接在乐园，
好像你值得享永久美丽的生意；
再也用不着企求，希望，祝愿，
这里便是内心努力底目的，
当你向着这惟一的美观看，
渴慕的泪泉便立即枯干。

---

① 此诗据《新诗》第 1 卷第 5 期(1937 年)原载编入。——编者注
② 这两句题词引自歌德戏剧《塔索》第五幕第五场。
③ 此诗头两句是说作者对于 1823 年 8 月第三次与乌尔利克相逢不抱"希望"，并为
后文所抒发的求爱遭拒的悲伤心情定下了基调。

白昼怎不鼓起迅捷的羽翼，
分分的光阴仿佛都逼着赶来！
黄昏底吻，一个忠实结合的印记：
纵使当着明日的太阳，它也存在。
时辰彼此相似，在温柔游荡，
姊妹般，却又不完全相像。

最后的吻，甜美而残忍，它切断
错综情意底华丽的藤葛。
于是跑啊，脚又停滞，躲避着门槛，
像里边一个执火剑的天使将他驱逐①；
阴郁的途中，目光懊恼地凝视，
回头看，乐园的门却紧紧关闭。

于是自家紧紧关闭，好像
这颗心从未开启，也未曾感到
那些幸福的时辰在她的身旁
和天上粒粒的星比赛照耀；
懊恼，忏悔，谴责，忧郁
折磨它，在沉闷的气围里。

世界是不是还在？岩壁再也不
被神圣的阴影笼罩？
庄稼难道就不成熟？碧绿的平芜
就不伸向河流，展遍树丛牧草？

---

① 据《旧约·创世记》，大天使迦百利奉上帝之命，手持火剑将偷吃禁果的亚当、夏娃
　逐出伊甸园。

那时而无形象,时而万象具呈
超世的伟大就不窿廓空中?

活动得何等轻盈,何等明媚,
仿佛天使般从严肃的云台,
一个窈窕的影子从氤氲中升起
它多像她在蔚蓝的天海!
你看她在欢悦的舞中自由自在,
在最可爱的形体中她最为可爱。

可是你只可以在瞬间把牢
一个空中的幻影来替代她;
回到心里来吧,心里更容易得到,
在心里,她在许多形象中演化;
一个人演变成无数的形象,
越变越可爱,千番百样。

她迎接我在门前徜徉,
随后次第加惠于我;
就在末次吻之后还将我赶上,
在我唇边压上最末一个:
图像永远这样明鲜生动,
用火焰底文字写在诚挚的心中。

这颗心坚固有如修筑雉堞的高墙,
它为她而保重自身,也保护她在里面,
它为她而欢悦自己的持续久长,
它才自觉,若是她有所显现,

在这般可爱的墙内更为逍遥,

还在怦怦跳动,为一切而对她感恩图报。

即使爱的能力,互爱的必需

都消逝了,变得无影无踪,

立刻却找到了希望的欢愉,

快乐地去计划,决断,迅速行动!

若是爱给爱者以灵感,

这在我身上曾最可喜地实现;

多亏了她! 一种内心的忌惮

讨厌地沉重,压住灵魂和身体:

在心灵空虚底荒凉的空间

日光被些恐怖的幻影围起;

从熟识的门槛内有希望朦胧,

她自己出现于和煦的阳光中。

神底和平(我们读古哲名言)①,

在世上使你们幸福,甚于理性,

在最亲爱的人底前边,

正好和它相比的,是爱底和平;

心平息,那最幽深的心愿:

我属于她,是什么也不能扰乱。

在我们胸怀纯洁处涌起一种追慕

---

① 参阅《新约·腓立比书》第 4 章第 7 节:"上帝所赐出人意外的平安,必在基督耶稣里,保守你们的心怀意念。"

情愿将自己由于感谢的心情
献给更崇高、更纯洁的生疏事物，
为自己破解永久的无名；
我们说：虔诚！——这样幸福的高巅
我觉得有分，当我立在她的面前。

在她的眼前，像是受着日光底支配，
在她呼吸前，像是在温暖的春风中，
自我底意识在严冬的穴内
冰僵得这样久，如今却已消融；
自私，自是，都不再延续，
在她来临前它们都已吓走。

她好像说："一时复一时
生命和蔼地呈现给我们，
昨天的留给我们些许信息，
明日的又禁止我们知闻；
如果我们怕那黄昏来临，
日落了，看看还有什么使我欢欣。

"所以要做得像我一样，聪明而欢乐，
看定了刹那，不要推廷！
快快地迎上它，亲切而活泼，
在工作中为了欢喜，也为了爱恋；
只要你永久天真，坦白胸怀，
你就是一切，不会失败。"

我想，你说得好，为了陪伴，

上帝把刹那的恩惠赠给你，
人人觉得在你温柔的身畔
一瞬间是命运底宠儿；
但你示意我离开的目光，令我生畏，
有什么用呢，学这么高深的智慧！

现在我远了！现在这一分钟时间
该如何打发它呢，我无法述说；
她在美上又给我一些善，
善只苦恼我，我必须摆脱；
一种不能抑制的思恋追逐我，
除去无边的泪却束手无策。

就往下涌吧！流个不停；
可是从未能止住内心的火焰！
刚才休停，又在我的胸头掣动，
生和死在里面恐怖地争战。
也许有些药草解除身体的痛苦；
只是精神却缺少决断和意志。

也无从理会，他怎好把她失却？
他几千遍反复她的图像：
时而停留，时而又被撕去，
时而暗淡，时而闪出纯洁的光芒；
这去而复来，潮升潮退，
何所得于这些许的安慰？

把我丢在这里吧，忠实的伴侣①！

让我单独在巉岩、沼泽的中间；

永远前进吧！你们的世界没有关闭，

地也广，天也伟大庄严；

你们观察，研究，事事搜罗，

自然的神秘被你们摸索。

一切属于我，我自已却已失落，

我曾经是群神的爱宠；

他们试练我，给我潘多拉②，

所以财宝丰富，危险更丰；

他们逼我亲吻好施舍的口唇，

他们分离我，让我沉沦。

1823 年 9 月 5 日，年逾古稀的歌德在玛利浴场和他所爱恋的十九岁少女乌尔利克·封·雷维索夫分离后，一路心情起伏，写成这首哀歌。

1937 年 1 月 20 日　译者志

---

① 指在归途陪伴歌德的随从斯塔德尔曼和秘书约翰。

② 希腊神话中宙斯为惩罚人类盗火而派往人间的、用黏土制成的美女。诸神赐予她各种美好品性，宙斯却赐给她一只小盒，内藏一切灾祸。

6　维廉·麦斯特的学习时代(节选)[①]

第八部

第九章

　　侯爵忌谈从前的事,但他私下同阿贝谈了很长时间。大家聚在一起时,他常常请求听音乐。他的愿望总能实现,因为只要免除谈话,人人都很高兴。就这样度过了几天,直到人们发现侯爵准备启程。一天,他对维廉说:"我不愿意让这可怜孩子的尸骨不得安宁,就让她留在她爱过和受过苦的地方吧。我要求她的朋友们答应到她出生和成长的祖国去访问我。他们应该去看看那些廊柱和雕像,在他们的想像中这些名胜现在依然是一片模糊。

　　"我要领他们到她喜欢捡小石子的那些小海湾去。亲爱的年轻人,我希望你不要回避一个家族对你的谢意,这个家族确实欠了你很多情。明天我就动身走了,我已经把这整个的故事都对阿贝讲了,他会向你转述的。每当我的痛苦使我的话联不成句,他都能对我表示谅解;他作为第三者会把整个故事讲得更连贯的。如果你愿意按照阿贝的建议随我在德国

①　该小说是冯至与姚可崑在 19 世纪 40 年代战争时期合译的,1988 年由人民文学出版社出版。——编者注

旅行的话，我是非常欢迎的。你可以带着您的孩子。每当他给我们带来小小的麻烦时，我们都会想起你对我那可怜的外甥女的照护。"

就在当天晚上，伯爵夫人出人意料地光临了。她一露面，维廉全身都感到震颤；而她，尽管思想上有所准备，也不得不靠在她姐姐身上，她姐姐立刻给她搬来一张椅子。她的服饰是何等惊人的朴素，她的形象发生了多么大的变化啊！维廉几乎不敢朝她看上一眼；她向他致意，而几句一般的言语也掩饰不住她的思想和感情。侯爵早早上床睡觉去了，大家却不想散去。阿贝掏出了手稿。他说："我已经把我所听到的这个奇异的故事及时写了下来。尽管笔墨不多，但这个有价值的故事的一些细节还是给描述出来了。"人们把这个话题告诉了伯爵夫人，于是，阿贝读道：

侯爵说："尽管我阅历不浅，但总认为我父亲是一个最好的人。他性格高尚，为人正直，具有远见卓识，对自己要求严格；他的一切计划全都不可动摇，他的一切行动都按部就班，从不间断。一方面，他容易接近，好办事；另一方面，也正是这些特点妨碍了他与世人融洽相处，因为他要求国家、邻人、孩子和下人都严格遵守他所签署的一切法规。他那些最适度的要求竟由于他的严格而变得难以实现，他从未感到过满意，因为一切事实都跟他的预想完全不同。当初，他造宫殿，修花园，在最美好的地带置办一座极大的新庄园时，我观察过他，当时我内心怀着极大的愤恨充分地相信，他是命中注定要抑制自己的感情，忍辱负重。他以自己的行为显示了最伟大的品格，他开玩笑，也表现得智慧过人；受人责难，他是不能容忍的。我平生只有一次看到他完全失去了自制，因为他耳闻别人说他的一项措施有点胡闹。他也就是按照这个精神安排他的孩子们和他的财产的。我的哥哥被教育成了一个将来有希望拥有大量财富的人；他要我进入神职人员阶层，让弟弟去当兵。我活泼、热情、爱活动，动作快，擅长一切体育训练。弟弟似乎更适于安静的思考活动，献身于科学、音乐和诗歌。只在进行了最艰苦的斗争之后，在完全证明了别无出路之后，父亲才一反他的意愿，同意我们调换职业。尽管他看到我们俩都很满意，他还是很不放心，并且断言这不会有什么好结果。他越老，越感到跟所有的人都存在着隔阂,最后他几乎成了孤家寡人。只有一个在德意志军队里服过役的老朋友跟他还有些交往,这个人在战争中失去了妻子,当时身边带着一个十岁左右的女儿。这个人在附近买了一座很像样的庄园,每周都有几天按时来看我的父亲,有时还带着他的女儿。他从不违拗我父亲,我父亲最终也就跟他处熟了,把他当作惟一可以容忍的交往者。父亲去世以后,我们发现此人从我们的老人那里得到了优厚的报酬,他花在老人身边的时间一点儿也没有白费。他扩充了自己的财产,他的女儿也可有希望获得一笔可观的嫁妆。女儿长大了,变得绝美无比;我哥哥常常跟我开玩笑,说我应该向她求婚。

"这时,我弟弟奥古斯丁已经在修道院那特殊的环境里度过了好几个年头。他完全沉醉在一种神圣的冥想之中,那是一些半梦幻半现实的感受,这些感受时而把他送上天堂,时而又把他打入软弱无能而又空虚悲痛的深渊。当初父亲在世时我们任何变化都不敢想,如今又能提出什么希望和建议呢?父亲死后,他到我们这儿来得很勤,他的心绪开初使我感到很痛苦,但渐渐地有了变化,因为理智是高于一切的。只不过这理性越强烈地指望在天性的笔直大道上达到复原和平静的地步,就越迫切地要求我们不受他的誓言的约束。他使我们懂得了:他是希望娶我们的邻女斯佩拉达为妻。

"我哥哥受尽了父亲粗暴脾气的磨难,不能对弟弟的精神状况漠不关心。我们同家里听忏悔的神甫,一位可尊敬的老人,谈了这件事,向他说明了我们的弟弟的双重意图,请他帮助促成这件美事。他一反常习,竟踌躇不决起来。当我们的弟弟终于催促我们,我们百般恳求这位神甫援助时,他才不得不向我们透露下面这段离奇的故事。

"原来斯佩拉达是我们的妹妹,而且是同父同母的妹妹。到了晚年,我们的老父亲又被爱慕和情欲所战胜,他当时似乎完全忘了做丈夫的权利。前不久在这个地区人们还拿类似的情况寻开心,所以我父亲为避免别人嘲笑,决定把这个迟来的合法的爱情果实谨慎地隐匿起来,就像平素人们把偶然早来的爱情果实隐藏起来一样。我们的母亲秘密地分娩了,然后让人把孩子送到了乡下,我家的一个世交被说服把这孩子假冒他的女儿收留。除了神甫之外,只有他知道这个秘密。只准神甫在绝对必要时有权揭示这个秘密。父亲已经死了,这个娇弱的女孩子的起居由一个老妇照料。我们知道,歌曲和音乐已经为我们的兄弟打开了通向她的道路,他一再要求断绝旧关系,建立新关系,所以有必要尽快向他讲明他所面临的危险。

"他却以粗野的蔑视一切的目光凝视着我们。'不要编造虚构的童话了,只有孩子和傻瓜才信,'他高声说,'你们休想让我从心里跟斯佩拉达分开,她是我的。现在我们就该跟你们的可怕的魔怪一刀两断了!用它吓唬我,是枉费心机!斯佩拉达不是我的妹妹,她是我的妻子!'——他兴奋地描述这个天仙般的少女怎样使他脱离那反常的、与人隔断的环境,把他领进真正的生活,两个情意相投的人怎样正如两个歌喉同声歌唱,他怎样为他的一切痛苦和迷误祈福,因为它们曾使他远离所有的女人,因为他如今已能全身心地投入这最可爱的少女的怀抱。他这样披露衷肠,使我们大为震惊;他的心绪使我们感到很痛苦,我们简直都不知所措了。他心情激动地告诉我们,斯佩拉达已经为他怀孕了。我们的神甫尽心做了他该做的一切,但这一来反而把这件丑事弄得更糟。我弟弟激烈反对天性和宗教的信条,反对道德的规范和市民的戒律。在他眼里,任什么都不如他跟斯佩拉达的关系神圣,任什么都不如父亲和妻子这名称庄严。'只有这称呼是符合天性的,'他嚷道,'其他的一切都是臆想和偏见。难道世上就没有准许哥哥同妹妹结婚的民族吗?不要提你们的那些神明了,你们根本不需要这些名称,你们只知道诱骗我们,使我们偏离天性的轨道,只知道使用卑鄙的强制手段把最高贵的本能歪曲成犯罪。为了尽量搞乱人们的精神,为了恶意糟蹋人们的肉体,你们需要受难者的牺牲,你们是把他们活活地埋葬。我有权这么说,因为谁也没有我遭的磨难多,从至高无上、甜蜜丰富的空想到无能为力、空虚、被抛弃和绝望的可怕的虚无感受,从对超凡事物的最高预感到信念全无,连对自己也不相信,我都经受过。我把这诱人酒杯里的可怕的残汁一饮而尽,于是,我的全身,直至内心,就都中了毒。现在,因为宽爱的大自然借助于它巨大的恩赐和爱又把我治愈了,因为我在紧贴这天仙般少女的胸膛时又感到了我的存在,她的存在,我俩已合为一体,感到从这活生生的结合中又要产生第三个实体,它正对着我们微笑呢;现在,你们就放出你们的地狱里的横扫一切的火焰吧,这火焰只能烧焦病弱的想像力,你们就拿这火焰来对抗这纯洁爱的生动、真实和不可摧毁的享受吧! 你们就到那枝叶参天的柏树下来找我们吧,你们就在那柠檬和甜橙盛开的支架篱笆边来看我们吧,那里还有精致的桃金娘把它们的娇媚花朵奉献给我们,然后你们就大胆地用你们那人工织成的暗灰的网来恫吓我们好了!'

"他长时间顽固地坚持自己的看法,决不相信我们讲的事实。最后,我们以果断的态度向他说明这是实情,因为神甫本人也把它讲给他听了,他也就只好不再执迷不悟了,确切地讲,正如他所说的:'不要去问你们修道院的穹窿的回响,不要去问那已腐烂不堪的羊皮纸写的古代文献,也不要去问你们那杂乱无章的编造和训令! ——只要问问大自然和你们的心就够了! 它会教你们懂得应该害怕什么,它会严肃地向你们指出他将永远不停地对你们的诅咒说些什么。你们仔细看看这些线条:丈夫和妻子不是源于一个枝干吗? 难道不是那枝并生的花把他们俩联在一起的吗? 这条线难道不是无罪的象征吗? 难道他们兄弟姐妹般的结合不也是生了后代吗? 自然总是公开摒弃反自然的东西,不该是它的造物就不可能产生,无权生存的造物必将及早毁灭。不结果实,不体面的生存,过早的泯灭。——这一切都是自然所唾弃的东西,是自然所严厉对待的代表物。它干脆立即给以惩罚。只要环顾四周,你们就会看到什么是被禁止、被诅咒的东西。在修道院的寂静所在,在世上的喧嚣声中,有上千种自然所诅咒的东西被奉若神明而加以尊敬。对游手好闲如同对过分紧张的工作,对任性和过盛如同对限制和困乏,它都带着忧郁的目光加以俯视。它呼吁要有节制,它的一切动机都是正确的,它的一切行为都是沉稳的。谁受过我这样的苦,谁就有权获得自由。斯佩拉达是我的,只有死神才能把她从我手中夺去。我怎样才能留住她,我怎样才能有幸福,——这你们就不

必操心了！现在我马上就到她那里去,再也不离开她一步。'

"他想乘船渡河到她那里去,我们拦住他,劝他不要迈出这一步,这可能给他带来不堪设想的后果。他应该考虑到,他并不是生活在他个人的思想和观念上的自由世界里,而是生活在一个国家里,这个国家的条例和法规是自然的法则不能制约的。我们只好答应神甫,我们决不让弟弟离开我们,更不让他离开城堡;随后,他就走了,并答应几天内就回来。我们所预期的事终于发生了:理智使我们的弟弟变坚强了,但他的心却是软弱的;早年的宗教感受又活跃起来,他心里充满了恼人的怀疑。他苦苦地熬过了两天两夜,神甫又来帮助他,但毫无效果！从他的无拘束的自由意志上看,他是无罪的;然而,他的感情,他的宗教信仰,他所习惯的观念,都判定他是一个罪人。

"一天早上,我们发现他的房间里空无一人。桌子上放着一张纸,他以文字的形式向我们宣布:由于我们以暴力看住他不放,他有权去寻求自由;他跑掉了,他到斯佩拉达那儿去了,他打算跟她私奔;如果非要把他们分开不可,他就不顾一切了。

"我们大吃一惊,但神甫却叫我们放心。他说,早有人就近监视我们那可怜的兄弟;船夫没把他渡到对岸,而是把他送进了他的修道院。他四十个小时没有睡觉,已经累了,在月光下他被小船一摇就睡着了。只在看见自己已落入修道院的师兄弟手中,听到修道院的大门在身后哐啷一声关闭时,他才醒来。

"我们的弟弟的命运引起了我们的同情,我们激烈地责难我们的神甫。但这位可尊敬的长者却很巧妙地以外科医生治病为例很快说服了我们,他说我们对可怜的病人的同情是会致人死命的。他不是个人任意行事,而是根据主教和最高议会的命令。目的是:避免引起任何公愤,用教会的一种秘密纪律把这可悲的事遮盖起来。斯佩拉达应该受到保护,不能让她知道她的情人就是她的哥哥。人们将委托一位教士照料她,他早就对这位教士讲过她的情况了,可以成功地掩盖她的怀孕和分娩。她当了母亲,会因为有这么一个孩子而感到格外幸福。像我们的大多数少女一样,她也是既不会写字也大字不识一个。因此她总是委托这位彼得向她的情人传话捎信。彼得认为,对一个哺乳的母亲的善意欺骗是无罪的;他没去看我弟弟,却假意传送消息,以我弟弟的名义安慰她,要她放心,请她自己保重,照料好孩子,把未来交给上帝去安排。

"斯佩拉达天性虔信宗教。她的处境和她的孤独更增强了这个特性。神甫利用这一点劝她慢慢地做好永远离别的准备。孩子刚刚断奶,他还不大相信她的身体已强壮起来足以忍受这难以名状的精神痛苦,他就以可怕的色调向她描绘他们的迷误,描述她投入一个教士怀抱的迷误,他把这迷误说成是一种违抗自然的罪恶,一种乱伦行为。因为他有一种奇异的想法,想把她的懊悔跟她一旦知道了她的错误的真实情况所感到的懊悔等同起来。这样一来,他便使她的情绪变得十分痛苦和忧伤,他极力向她颂扬教会和大主教的思想,他向她指出:如果人们在这样的情况下表示让步并通过一种合法的结合来酬答这两个犯罪的人,那将会给一切灵魂的幸福带来多么可怕的后果。他告诉她,及时为这过失赎罪是多么有益,她总有一天会得到最高的桂冠,若是她最后像一个可怜的罪犯似的心甘情愿地把她的脖颈伸向惩罚的刀斧,并恳求人们永远把她跟我弟弟分开。

"在人们向她提出这些要求以后,便给了她在一定的监视之下的自由:她是住在自己家里,还是待在修道院,一切听她自便。

"她的孩子长大了,很快显露出一种特殊的天性。这孩子很早就会走路了,行动极为灵活敏捷。孩子不大,歌就唱得很好;没用人教,自己就学会了弹吉他。这孩子只是缺乏语言表达能力,看来思想方法上的障碍大于语言器官上的障碍。见孩子这样,母亲很伤心。神甫的治疗使她精神极为迷惑,弄得她即使不曾神经错乱,也心绪十分乖戾。她觉得她的过失更加严重和不可饶恕。神甫一再重述的关于近亲相奸的比喻深深印入她的脑海,她竟感到如此憎恶,似乎这种事情在她并不陌生。神甫自以为并不缺少巧妙的本领,然而他的做法却把一个不幸女人的心给撕碎了。母亲见孩子待在身边从内心深处感到喜悦,当你发现她的母爱如何同她认为孩子不该生存的思想搏斗时,你会感到多么凄惨啊! 有时这两种感情拼死交锋,有时憎恶明显地战胜母爱。

"人们早就把孩子从她身边带走,送到山下湖畔的一些好人那里受教育去了。那女孩有了更多的自由,她不久后便对爬高发生了特殊的兴趣。爬上树梢也好,在船舷边奔跑也好,模仿常在此地看见的走索人和最奇异的杂耍也好,全是她的天性所驱使。

"为了更灵便地练习这一切动作,她总喜欢跟男孩子换穿衣服。尽管她的养父养母认为这太失体统,不能容忍,但我们还是尽可能地原谅她。她的奇特的行走和跳跃有时把她引向远方,她迷路了,不见了,不过总会回来的。通常她回来的时候,就坐在附近一座别墅大门的柱子下。人们不再找她了,他们等待着她。她好像是坐在台阶上休息呢,接着她就跑进大厅里去看雕像;如果人们不特别留她,她就赶快跑回家去。

"最后,我们的希望还是落空了,我们的宽容受到了惩罚。这女孩子不见了,我们在水面上找到了她的帽子,就在离一条急流入湖不远的地方。大家猜测,她是在爬山时从陡崖上摔下去遭到了不幸。大家想尽一切办法去找,也没找到她的尸体。

"不久,斯佩拉达从她女伴们的无意闲谈中知道了孩子的死。她好像很安详,很快活,也没有表示不可理解,她高兴的是上帝把这可怜的孩子收回去了,不让她再去忍受和播种更大的不幸了。

"借此,关于我们的江湖产生了各式各样的传说。据说:这个湖每年都要吞没一个无罪的孩子;它不能容忍有尸体留在水中,迟早会把尸体抛上岸来,甚至那沉入海底的最小的指节骨也非冲出来不可。大家讲了一个孤苦无告的母亲的故事,她的孩子掉进湖里淹死了,她祈求上帝和圣者至少把孩子的尸骸恩赐给她拿去埋葬。第一次暴风雨把头颅骨冲了出来,第二次暴风雨把躯体冲上了湖岸。一切尸骨都凑全以后,她用一块头巾包好尸骨带往教堂。但,奇迹出现了!她一踏进寺院,包裹便变得越来越重;当她把尸骨放在祭坛的台座上时,竟有一个孩子在里边大嚷大叫,更令人吃惊的是那孩子还从包裹里爬了出来。只在右手小拇指上缺了一节指节骨。后来由于母亲细心地寻找,又把这节指节骨找到了,它已被放入教堂内其他死人的尸骨里保存起来。

"这些故事给这位可怜的母亲留下了很深的印象。她的想像力受到了一次新的激发,她的内心感情渐趋好转。她自信,这孩子已为自己和自己的父母赎了罪;迄今为止对他们的诅咒和惩罚已不复存在;现在最关键的是把孩子的尸骨找回,带到罗马去,这样,这孩子才有可能重新获得她那美丽娇嫩的皮肤,重新面向人民站在彼得教堂大祭坛的祭台上。她将再亲眼看见她的父母。教皇将在上帝及其圣徒的恩准下,在人民的大声疾呼中,饶恕这对父母的罪孽,宽宏大量地允许他们结为夫妻。

"于是,她的目光和注意力一直对着湖面和湖岸。每当月夜中波涛翻滚时,她总以为每一个看得见的浪头都会把她的女孩托上来,每个看见这女孩的人都会跑下去把她捞上岸。

"就是白天她也不知疲倦地待在缓缓向湖水倾斜的沙滩岸边。她把她发现的所有的骨骸都收集起来放在一个小筐里。谁也不敢讲那是禽兽的骨骸,大部分骨骸她都埋在沙滩里了,只有一小部分她才保存起来。她就在这样的忙碌中度日,是神甫在执行自己的义务时促使她产生了这样的情绪,他就只好全力保护她了。在他的努力下,她在这个地区才没被当作疯子,而是被当作一个极度兴奋者来看待。人们见她走过来时都合掌站在那里表示祈祷,而孩子们则去吻她的手。

"这时听忏悔的神甫赦免她多年的女友兼陪伴在促使二人不幸结合时所犯的罪过,只是必须遵守下列条件,即她应永远忠实地陪伴这不幸女人未来的一生。她也确实以令人敬佩的忍耐和责任心恪尽职守直至老死。

"这期间,我们一直监视着我们的弟弟,不论医生还是他的修道院的神父都不允许我们在弟弟面前出现。但为了让我们相信他自得其乐,生活得很好,说只要我们愿意,我们就可以在花园里,在十字回廊,甚至透过他屋顶的窗口窥视他。

"经过了许多我毫未注意的慌乱而离奇的时期,弟弟陷入了一种精神安谧而肉体不宁的奇异境地。除了手抱竖琴弹奏,他几乎从不落座,因为他大都要伴着琴声歌唱。此外,他也一直不停地忙碌着,他对什么都表现得很温顺很听话,因为他的一切热情仿佛都融化在死的恐怖中了。只在拿病魔和死神吓唬他的时候,才能使他想到世上的一切。

"他不知疲倦地在修道院里走来走去,他毫不含糊地暗示,只要外出漫游,跨越高山峡谷,一切就都会好转;除了这些奇怪言行,他还谈了一种通常使他胆战心惊的现象。他强调说,夜里他醒着的每一小时都有一个漂亮的男孩站在他的床的下端,手里拿着一把锃亮的刀威胁着他。人们把他搬到另一间禅房,但他仍旧说,那孩子还在那里,甚至在修道院的别处埋伏着。他的踱步变得越发不安了,可是后来修道士们回忆起他那时比平素更爱站在窗前望着湖对岸。

"这时我们可怜的妹妹似乎渐渐只受着一种思想和一种有限的活动的折磨。我们的医生建议让人慢慢把一个孩子的骸骨骷髅混入她的其他遗骸里,以此增强她的希望。这个尝试是冒险的,不过至少可以达到这样的目的:尸骨凑齐以后,她会停止无休止的搜寻,抱定前往罗马的希望。

"事实果真如愿实现了,她的女伴悄悄地用她找到的遗骸换走了那些交托给她的细小的碎骨。当一切部位的骨骼逐渐凑齐,那些缺位的地方也能确定的时候,这位可怜的病人真是有说不出的喜悦。她非常细心地按照骨骼应处的部位用线和带子把各块骨头绑扎在一起。像人们敬重圣徒的遗体一样,她也用丝绸和刺绣把躯体的空闲部位添补起来。

"这样,整个肢体便结为一体了,只是缺少手足的小骨。一天早上,她还在睡觉,医生前来探问她的病况,老女伴便从放在卧室的小箱子里把那些可贵的遗骨拿出来让医生看,告诉他这善良的病人正在忙些什么。紧接着,他们二人就听到她从床上跳下来,她掀开围巾一看,发现箱子已经空了。她跪倒在地,他们走过来,听到她说出如下热烈而喜悦的祷词。'是的!这是真的!'她高声说,'这不是梦,这是现实!我的朋友们,跟我共享这喜悦吧!我看见这美好善良的孩子又活了。她站起来,揭开脸上的面纱,她脸上放出的光照亮这个房间,她的美貌放射着异彩,尽管她很愿意,但却无法踏上地面。她轻轻地向上飘浮,甚至连她的手也来不及伸给我。她正在那里呼唤着我,让我到她那里去,她已指出我要走的路。我要跟她去,很快就跟她去,这我已经感觉到了,就因为这个缘故我的心轻松了,我的悲痛消失了。我已经看到了我的又复活了的人,这使我预感到天堂的快乐。'

"从这时起,她内心中便充满了最喜悦的希望,地上的一切都不再引起她的注意。她只摄取很少一点食物,她的精神渐渐摆脱肉体的羁绊。最后,人们意外发现她脸上已无血色,心神已无知觉:她不再睁开眼睛,她已经成了我们所说的死的模样。

"关于她的圣像的传说,很快就在民间传播开来。她生前所具有的令人景仰的内心感情,在她死后促使人们产生了这样一种信念:人们认为她正直,甚至神圣。

"当人们为她送葬时,大批人群怀着令人难以置信的激情拥来,谁都想碰碰她的手,哪怕摸一下她的衣角也好。在这样的感情冲动下,各种不同的病人对平时折磨他们的痛苦已不再感觉难熬,他们认为自己的病是可医治的了,他们坦白地说着这层意思,他们赞美上帝和他们的新的女圣徒。教士们不得不把她的遗体放在一个小礼拜堂里,大众要求容许他们向死者告别。来参拜的人多得不可思议。山区居民本来就具有虔诚的宗教感情,这次也从各个山谷里奔来瞻仰遗容。什么祷告、奇迹、礼拜,一天比一天多起来。主教下令限制这种敬神活动,并逐渐加以取缔,但主教的命令根本无法执行。每当有人企图制止时,人们便更激愤,他们准备强烈反对那些不相信的人。'你们也不必去朝圣了,'他们说,'神圣的波罗梅欧①就在我们的先人中间。他的母亲不是也体验过自己的儿子被列入圣徒行列的幸福吗?难道人们不是在阿罗纳②巉岩上树立起了他的巨大形象,好让我们亲眼看到他,接受他的精神影响吗?难道他的后代不正活在我们中间吗?上帝不是答应过我们要永远在虔信者中间创造新的奇迹吗?'

---

① ② 波罗梅欧,米兰的主教,曾被敕封圣徒。1697 年,在他的诞生地阿罗纳附近为他树立了一座雕像。

"当尸体过了几天仍然一点儿腐烂的迹象都没有发生,只是变得比以前更白,好像透明体一样时,人们对此的信任感便越来越强烈了。在人群中出现了各种各样的治好疾病的事迹,这些疗效连那些最细心的观察者也无法解释,但又不能把这看做欺骗。整个地区都活跃起来了。凡是不亲自前来的人,至少在一段时间里传到两耳的都是这类奇闻。

"我弟弟所在的修道院里,也跟别处一样,在传播着这个奇迹。他在场时人们也说这个,全不在乎,因为平时他什么也不注意,别人谁也不知道他的生活经历。但这一次他好像清清楚楚地听见人说了;他的逃跑安排得非常巧妙,仿佛谁也弄不清他是怎样离开修道院的。后来大家才知道,他是跟一批朝圣进香者一起渡过河去的;那些船夫对他一点儿疑心也没有,他只请求他们要加倍小心,千万不要翻了船。深夜他来到他那自苦自艾的不幸情人安息的小礼拜堂。只有不多的几个祈祷者跪在角落里,她的老女伴就坐在那些人的前列。他迈步走过去向她问好,并且向她探询他情人的情况。'你自己看吧。'她惶惑地说。他只能从侧面看见那个尸体,踌躇片刻,他抓起她的手。因为手是冷的,他吓了一跳,立即又把手放下。他不安地环顾四周,然后对老妇说:'我现在不能留在她身边,我还要向前赶一大段路程呢,我打算在适当的时候再来;等她醒来,你把这个意思告诉她好了。'

"说完,他就走了。我们很晚才知道这件事。大家曾探寻过他究竟到哪里去了,但毫无结果!他是怎么越过高山峡谷的?简直不可理解。过了很久我们终于在格劳本顿又找到了他的踪迹,但已经太晚了,可是这踪迹很快又消失了。我们推测,他是到德国来了,但战争把这些微乎其微的足印完全抹掉了。"

二、(德)席　勒

审美教育书简(节选)[①]

第一封信

【内容提要】

席勒申明,他研究美与艺术虽以康德的原则为根据,但不拘门户之见。他研究美的方法论基础是,美虽与感官及感觉有密切关系,但严格的科学研究必须使对象接近知性,因而有时不得不使对象避开感官和感觉,脱离它的直接表现形式。

蒙您惠允,现把我关于美与艺术的研究结果写成一套书信呈献给您。[②] 我深深感到这项工作的重要,但也感到它的魅力和庄严。我要谈的

---

① 据冯至本人介绍,他于 1942 年 2 月开始翻译席勒的《审美教育书简》,约一年内译完,但一直未出版。1982 年范大灿校阅了译稿,并为每封信附加了内容提要和注释,此外,范大灿还翻译了席勒的另一篇美学文献《论崇高》作为对《审美教育书简》的补充,因此译本标明为冯至和范大灿合译。1985 年,该译本由北京大学出版社出版。——编者注

② 席勒于 1793 年到 1794 年初把他研究美学的心得写成书信,寄给曾在他困难时期给予他慷慨帮助的丹麦奥古斯滕堡公爵。1794 年 2 月哥本哈根官邸失火,所有信件均不幸被焚。幸好曾有人传抄,前七封的手抄本被后人发现。应奥古斯滕堡公爵的要求,席勒于 1794 年 9 月到 1795 年中根据草稿重新整理这套书信,但在此过程中对原稿作了较大修改,并于 1795 年在他创办的《时季女神》杂志上分三次发表,成为完整的美学论著,与收信人无多大关系。1801 年这套书信收入《短小的散文集》第三部分,只删节了个别段落和个别注脚,现在通行的《审美教育书简》根据的就是这个版本。

对象,同我们幸福生活中最好的部分有直接的联系①,同人的天性中道德的高尚也不相违阔。我将在一个感受到并且实施着美的全部权力的慧心人面前探讨美的事物,而且在研究时一旦遇上既必须根据感觉又必须根据原则的地方,将由他来承担我工作中最艰难的部分。

我想向您祈求一点恩惠,而您却仁慈地把它当作我分内的事;我做这事,不过是从心所好,而您却把它看作好像是我的一个功绩。您给我规定的行动自由,对我来说不是一种强制,反而是一种需要。我素来缺乏运用正规形式的训练,因而也就不至于有由于误用这些形式而损害良好趣味的危险。我的思想主要是来自与自己内心单纯的商讨,而不是主要来自丰富的世界经验或者读书的收获。我不否认我这些思想有它们的渊源,但我宁肯犯任何别的错误也不愿犯门户之见,宁肯因为这些思想自身的弱点而失败,也不愿用权威和别人的势力来支撑它们。

诚然,我不愿向您隐瞒,下边的看法大多是以康德的原则为依据;但是,在研究过程中,如果使您联想到任何另外的哲学学派,请您把这归之于我的无能,不要归诸康德的原则。是的,您的精神自由,对我来说,是不可侵犯的。您自己的感觉所提供的事实,就是我所根据的事实,您自己的自由的思维所规定的法则,就是我研究时应当遵循的法则。②

关于在康德体系的实践部分③中居支配地位的那些思想,只在哲学家当中有不同的看法,而一般人的意见——我自信能够证明——从来就是一致的。如果把这些思想从它们的专门术语中解脱出来,它们就成为一般理性的至理名言与道德本能④的事实;而道德本能是智慧的自然为监护人类而设置的,直到人类有了明彻的认识而变得成熟为止。但是,正是这

① 席勒认为,通过美的享受可以满足人最纯正的爱好,使人得到"至乐"。
② 这个研究所顾及的,不是任何特定的哲学学派,而只是未受任何哲学学派影响的读者的自由的思维能力。
③ 康德写了三大"批判",亦即他的体系的三个组成部分:《纯粹理性批判》,主要内容是认识论;《实践理性批判》,主要内容是伦理学;《判断力批判》,主要内容是美学。这里所说的"实践部分",即指伦理学。
④ 即直接的本能的道德感。

种专门的术语使真理在知性面前显现,又在感觉面前把真理隐藏。因为遗憾的是,如果知性想要把握内感的对象①,就必须先破坏这个对象。正如化学家一样,哲学家也只有通过分解才得到化合,只有通过人为的折磨才能获得顺从的自然的产物。为了捉住瞬息万变的现象,哲学家不得不给现象套上规则的羁绊,把它们美丽的躯体分割成概念,用贫乏的文字框架来保存它们那活生生的精神。这难道还值得奇怪,假使自然的感觉在这样一个摹写中不再能看到自己,假使真理在化学分析家的报告中成了自相矛盾的断言?

因此,如果下面的研究为使它的对象与知性相接近而使它的对象离开了感官,那就请您对我多少表示一点宽恕。前面谈到道德经验时所适用的一切,必然在更高的程度上也适用于美的现象。美的整个魔力是建立在它的神秘性的基础之上,通过魔力的各个因素的必然结合,魔力的本质也就随之被扬弃。②

第二封信

【内容提要】

艺术是人类理想的表现,它是由精神的必然而产生的,不是为了满足物质方面的需求。但是,现今需要支配了一切,功利盛行,科学发达,艺术越来越失去了它的意义。另外,政治不再是少数强者的事,每个人都觉得政治问题的解决与他有或深或浅的关系,因而人们普遍地注目政治舞台,研究艺术和美似乎成了一件不合时宜的事。

---

① "内感的对象"(Objekt des inneren Sinnes),是通过观照就可意识到的内心活动,如道德要求等。

② 这句话十分晦涩,大意为:美的效果看来像魔力一样是作用于人的感官而产生的,但它的各个因素必然地要结合在一起,而这时它那魔力的本质就随之消失。换句话说,美看来与感官的感觉有关,但要把握它的本质就必须通过知性的分析,而不能靠直接的感觉。

不过,席勒认为,政治问题的解决必须假道美学问题,人们只有通过美才能走向自由。因此,他要顶住时代的需要和风尚,让美在自由之前先行。

我利用您给予我的自由,提醒您注意美的艺术这个舞台,除此以外,对这一自由难道还有更好的运用吗? 当今,道德世界的事务有着更切身的利害关系,时代的状况迫切地要求哲学精神探讨所有艺术作品①中最完美的作品,即研究如何建立真正的政治自由。在这种情况下,为审美世界寻找一部法典,是不是至少说有点不合时宜呢?

我不想生活在另一个世纪,也不想为另一个世纪而工作。人是时代的公民,正如他是国家的公民一样。人生活在社会②之中,因而置身于社会的道德与习俗之外是不适宜的,甚至是不允许的。既然如此,人在选择他的事业时要倾听时代的需要和风尚,为什么不应是他的义务呢?

但是,时代的需要和风尚看来不利于艺术,至少不利于我正在研究的那种艺术。事态的运行给时代的天才一个方向,迫使他越来越远离理想的艺术。③ 这种理想的艺术必须脱开现实,必须堂堂正正地大胆超越需要;因为艺术是自由的女儿,她只能从精神的必然而不能从物质的最低需求中接受规条。可是,如今是需要支配一切,沉沦的人类都降服于它那强暴的轭下。有用是这个时代崇拜的大偶像,一切力量都要侍奉它,一切才智都要尊崇它。在这架粗糙的天平上,艺术的精神功绩没有分量,艺术失却了任何鼓舞的力量,在这个时代的喧嚣市场上艺术正在消失。甚至哲学的研究精神也一点一点地被夺走了想象力。科学的界限越扩张,艺术

---

① 这里所说的"艺术作品"(Kunstwerk),是与"自然作品"(Naturwerk)相对立的概念,系指由人创造的、非自然产生的一切,其中最完善的就是自由的国家政权组织。因此"艺术"这个概念在 18 世纪有极为广泛的意义;如果专指现在所说的"艺术",通常前面要加一个形容词"美的"(schön),即"美的艺术",因为狭义的艺术与美是分不开的。

② 原文是 der Zirkel,本意是"团体",但这里是引申的意义,故亦可译成"社会"。

③ 席勒认为,艺术是理想的表现,而不是消遣或说教等等。

的界限就越狭窄。①

哲学家和通达人士,都满怀期望地把他们的目光贯注在政治舞台上,人们认为,人类的伟大命运如今正在那里审理。不参加这个共同的谈话,不就暴露了对社会幸福的一种应该受到责难的冷漠态度吗?这个大案件,因为它的内容和结果对每个自命为人的人都有非常密切的关系,因而如何审理它的方式就必然引起每个有独立思考能力的人的特别关注。一个往日只是由强者无节度的权力所解答的问题②,如今看来已被提到纯理性的法庭。不管是谁,只要他能够置身于整体的中心并能把他的个体提高到类属③的地步,他就可以自视为理性法庭的陪审官,同时他既以个人和世界公民的身份又以诉讼当事人的身份,看到自己同这一案件的结果或深或浅地纠缠在一起。所以,在这一大案件中所要决断的事情,就不仅仅是他自己的事情;而且还应该按照他以理性精神的身份能够并且有权亲自制定的法律来判决。

我要是能同一个既是多才多智的思想家、同时又是有自由思想的世界公民在一起来探讨这样一个对象,我要是能同一个怀着美好的热情献身于人类幸福的有感情的人一起做出判决,那对于我将会有多么大的吸引力!我们的地位如此悬殊,在现实世界中不同的处境必然造成我们之间的巨大差距,但尽管如此,如若我在观念领域所得到的结果能与您毫无成见的精神不谋而合,那该是多么令人惊喜!可是,我违抗这迷人的诱惑并让美在自由之前先行。我相信这不仅可以以我的爱好为理由求得谅解,而且可以用原则来辩明。我希望能使您相信,这个题目同时代需要的密切程度并不亚于同时代趣味的密切程度;人们在经验中要解决的政治问题必须假道美学问题,因为正是通过美,人们才可以走向自由。不过,

---

① 迄今为止,靠人的想像力所表达的许多现象,已由科学加以说明,因而也就失去了神秘性和神奇的魔力,而艺术正是靠它们而起作用的。

② 即国家政权问题。

③ "个体"(Individuum)与"类属"(Gattung)是一对相关的概念,前者指个人,后者指所有的人,即人类。

要证明这一点,尚须先使您想起理性在制定政治法则时所遵循的那些原则。

第九封信

【内容提要】

政治上的改进要通过性格的高尚化,而性格的高尚化又只能通过艺术。艺术虽与时代有联系,但因艺术家心中有一个由可能与必然相结合而产生的理想,他的创作是发自他心中纯正的理想性格,因而高尚的艺术不沾染任何时代的腐败,它超越时代。艺术家不是以严峻的态度对待他的同时代人,而是在游戏(Spiel)中通过美来净化他们,他使他们在闲暇时得到娱乐,不知不觉地从他们的娱乐中排除任性、轻浮和粗野,再慢慢地从他们的行动乃至意向中逐步清除这些毛病,最后达到性格高尚化的目的。

然而,理论的修养应带来实践的修养,实践的修养又是理论修养的条件,这不是一种循环吗? 政治方面的一切改进都应从性格的高尚化出发——但是,在一个野蛮的国家宪法的影响下,性格怎么能够高尚化? 因此,为了这个目的,必须找到一种国家不能给予的工具,必须打开尽管政治腐败不堪但仍能保持纯洁的泉源。

现在我要谈谈我迄今为止的研究所要阐述的那一点了。这个工具就是美的艺术,这些泉源就是在美的艺术那不朽的典范中启开的。

艺术跟科学一样,与一切积极的存在①和一切人的习俗都没有瓜葛,两者都享有绝对的豁免权,不受人的专断。政治立法者可以封闭科学与艺术的领域,但不能在其中实行统治。他可以放逐爱好真理的人,但真理仍然存在;他可以凌辱艺术家,但不能伪造艺术。诚然,这是最平常的道

---

① 即现存的现实。

理,科学与艺术两者都效忠于时代精神,创造趣味从判断趣味①那里接受法则。什么时候性格变得紧张而冷酷,我们就会看到,科学严守它的界限,艺术在规则的沉重枷锁下行进;什么时候性格变得疲软而松弛,科学就竭力取悦于人,艺术就竭力供人取乐。有史以来,哲学家和艺术家就表明他们是在致力于把真和美注入芸芸众生的心灵深处,哲学家与艺术家在世间消亡,但真与美却以自己的不可摧毁的生命力在斗争中胜利地向上发展。

艺术家固然是时代之子,但如若他同时又是时代的学徒或时代的宠儿,那对他来说就糟了。一个仁慈的神及时地把婴儿从他母亲的怀中夺走,用更好时代的乳汁来喂养他,让他在远方希腊的天空下长大成人。②当他变成成人之后,他——一个陌生的人——又回到他的世纪,不过,不是为了以他的出现来取悦他的世纪,而是要像阿伽门农③的儿子那样,令人战栗地把他的世纪清扫干净。他虽然取材于现在,但形式却取自更高贵的时代,甚至超越一切时代,取自他本性的绝对不可改变的一体性。④这里,从他那超自然天性的净洁的太空,向下淌出了美的泉流;虽然下面的几代人和几个时代在混浊的漩涡里翻滚,但这美的泉流并没有被它们的腐败玷污。时代的爱憎对于他的材料可以昨天恭维、今天污蔑,但纯洁的形式却不受这种爱憎变化的影响。⑤ 1 世纪的罗马人已经在皇帝前面下跪,而众神还巍然矗立;当诸神早已成为人们取笑的对象时,神庙在人

---

① 这里"创造趣味"指艺术家,"判断趣味"指批评家。

② 指意大利之行对歌德所产生的影响。1786 年歌德逃离鄙陋的魏玛大公国,来到意大利,研究古希腊的艺术。时隔一年零九个月,于 1788 年回国,在艺术上获得新生。

③ 阿伽门农(Agamemnon)与特洛伊人作战归来,为其妻所害。其子俄瑞斯忒斯为父报仇、杀死母亲等,洗净家丑。

④ 参见第四封信。在那里提到,每个人的天性中都有一个纯粹的人、理想的人,这种人具有不可改变的一体性。

⑤ 关于材料(Stoff)与形式(Form)的关系在第二十五封信中有详尽的论述。

的眼里仍然是神圣的;宫殿本来是用以掩饰尼禄和康茂德①的卑鄙行径的,但宫殿的高贵风格却使那些行径感到羞愧。人丧失了他的尊严,艺术把它拯救,并保存在伟大的石刻中;真理在幻觉②中继续存在,原型从仿制品中又恢复原状。正如高贵的艺术比高贵的自然有更长的生命一样,在振奋精神方面,它也走在自然的前边,起着创造和唤醒的作用。在真理尚未把它的胜利之光送到人的心底深处之前,文学创作力已经捉住它的光芒;虽然潮湿的黑夜尚存在于山谷之中,但人类的顶峰即将大放光辉。

但是,艺术家是如何防范从各方面包围他那个时代的腐败的呢? 他蔑视时代的判断。他是向上仰望他的尊严和法则,而不是向下瞧着幸福和需要。他既摆脱了那种乐于在转瞬即逝的瞬间留下自己痕迹的虚夸的"经营",也摆脱了那种急不可待地要把绝对的尺度运用到贫乏的时代产物上面的狂热,他把现实的领域交给以此为家的知性,但是,他也努力从可能与必然的联系中创造理想。③ 他的这种理想,是用"幻觉"和真理塑造的,是用他想象力的游戏和他事业的严肃铸造的,是用一切感官的和精神的形式刻画出来的,并且不声不响地把它投入无限的时间之中。

但是,并不是每个在灵魂中有这种炽热理想的人,都有创造的冷静和伟大的耐心,把这种理想刻入无言之石或灌铸成质朴的文字,交托给时代的忠实之士。神圣的创造冲动往往过于急躁,不肯信步于这种冷静的手段中间,而要直接冲向眼前的时代和现实的生活,改造道德世界中尚无形式的材料。④ 同胞的不幸使有感觉的人坐卧不安,而同胞的堕落更使他觉得事情紧急。于是,像一团火一样的热情油然而生,炽热的要求在强有力的灵魂中急不可待地要变成行动。然而,他了解吗? 道德世界的这种混

---

① 尼禄(Nero)和康茂德(Commodus)均为罗马暴君。

② "幻觉"(Täuschung)即"艺术假象"(Künstlirischer Schein),详见第二十六封信。

③ 席勒认为,艺术的根本任务是表现理想,而理想是可能与必然相结合的产物,因而具有现实性。这一观点在第二十七封信里又做了进一步的阐发。

④ 席勒不赞成艺术与眼前的现实和当前的生活直接挂钩,也反对把艺术当作进行道德教育的手段。

乱到底是伤害了他的理性,还是刺痛了他的自爱心? 假使他不知道这一点,就只能靠他用以追求一种特定的、立竿见影的效果的那种热忱来识别它。纯粹的道德冲动是以绝对为目标,对它来说时间是无所谓的,只要未来必然地从现在发展而来,未来对它来说就变成了现在。在不受任何限制的理性面前,方向同时也是成功,路刚一走,就已经在身后边了。

　　热爱真与美的青年要想从我这里知道,在时代从各方面进行抵抗的情况下,他胸中高尚的冲动①如何才能得到满足。我的回答是:假使你给你要影响的那个世界指出一个向善的方向,时代平静的节奏就会带来发展;倘若你通过教诲把这个世界的思想提高到必然和永恒,倘若你通过行动或者创造把必然和永恒变成这个世界的冲动的一个对象,你就已经给它指出了这样的方向。妄想和任性的大厦将要倒塌,而且必须倒塌,只要你确信它已倾斜,它就已经倒塌。不过,它必须在人的内心里,而不是在人的外表中倾斜。② 你要让必胜的真理在贞洁肃穆的内心中壮大发展,要用美从你身上显示出这种必胜的真理,从而不仅思想敬重它,感官也怀着爱去捕捉它的表现。③ 为了避免从现实中接受本应由你给予它的范例,在你还没有确信在你心中已有一个理想的随从④之前,你切勿冒险地冲向令人担心的现实社会。你要同你的时代一起生活,但不要做它的宠儿;你献给你同时代人的应是他们所需要的,而不是他们所赞美的。你虽不曾有过他们的过错,但要以高尚的忍让分担他们所受的惩罚,自愿地屈从于他们既不善于舍弃、又不善于承担的羁绊⑤。你以坚贞的勇气鄙弃他们的幸福⑥,用这种勇气向他们证明,你并不是由于怯懦才承受他们的苦难。如

---

① 即道德冲动。
② 具有强烈灵魂冲动力的人可以从内心里超越妄想与任性,从而它们也就失去了统治人的力量。
③ 这句话大意为:艺术家不仅要以纯洁的心热爱真理,而且要以美从自己内心深处表现出真理,这样不仅会影响人的思想,而且会吸引人的感官。
④ 理想必须在心中有固定的形体和确定的轮廓。
⑤ 即国家的强制。
⑥ 一般人不能忍受道德要求的严肃性,于是便追逐物质的幸福。

果你要影响他们,你就得想他们应该是什么样;如果你要替他们行动,你就得想他们是什么样。他们的称赞应来自他们的尊严,他们的幸福你要看作是他们的卑劣,只有这样,你自己的高尚才会激起他们的高尚,而他们的卑劣也不会毁灭你的目的。你那些严肃的原则会把他们从你身边吓走,但在游戏中他们还是可以忍受这些原则的。① 他们的趣味比他们的心更纯洁一些,因而在这方面你必须捉住那些胆小的逃跑者。你攻击他们的准则是徒然的,你咒骂他们的行为也是徒然的,但你可以在他们闲散的时候试试你的创造的本领。你要把任性、轻浮和粗野从他们的娱乐中排除出去,从而你也就能够不知不觉地把这一切从他们的行动中,最终从他们的意向中驱除出去了。不管你在什么地方遇到他们,你都要以高尚的、伟大的、精神丰富的形式把他们围住,四周用杰出事物的象征把他们包围,直到假象②胜过现实,艺术胜过自然为止。

第十五封信

【内容提要】

感性冲动的对象是最广义的生命,形式冲动的对象是本义和转义的形象(Gestalt),游戏冲动的对象是活的形象(lebendige Gestalt),亦即最广义的美。游戏冲动是感性冲动与形式冲动之间的集合体(Gemeinschaft),是实在与形式、偶然与必然、受动与自由等的统一;这样的统一使人性得以圆满完成,使人的感性与理性的双重天性同时得到发挥,而人性的圆满完成就是美。这样的美是理性提出的要求,这个要求只有当人游戏时才能完成。所以,人同美只是游戏,人只是同美游戏;只有当人是完全意义上的人,他才游戏,只有当

---

① 原则是严肃的,因为赤裸裸的原则会把一般人吓跑,但在游戏中(即在美的艺术中)他们是会接受这些原则的。

② 关于"假象"(Schein)的含义以及它与艺术的关系,后面几封信中有详尽的阐述。

人游戏时，他才完全是人。

在一条并不十分令人振奋的小径上我引您走向一个目标，这个目标已越来越近了。请您赐恩，再跟我往前走几步，这样，一个更加自由的视野就会展现出来，一个令人心旷神怡的远景也许会酬报行路的艰辛。

感性冲动的对象，用一个普通的概念来说明，就是最广义的生命，这个概念指一切物质存在以及一切直接呈现于感官的东西。形式冲动的对象，用一个普通的概念来说明，就是本义的和转义的形象，这个概念包括事物的一切形式特性以及事物对思维的一切关系。游戏冲动的对象，用一种普通的说法来表示，可以叫作活的形象，这个概念用以表示现象的一切审美特性，一言以蔽之，用以表示最广义的美。①

依据上述说明——如果算是一种说明的话——美既不扩张到生物界的全部领域，也不仅限于这个领域。一块大理石虽然是而且永远是无生命的，但通过建筑师和雕刻家的手同样可以变成活的形象；而一个人尽管有生命，有形象，但并不因此就是活的形象。要成为活的形象，就需要他的形象是生活，他的生活是形象。在我们仅仅思考他的形象时，他的形象没有生活，是纯粹的抽象；在我们仅仅感觉他的生活时，他的生活没有形象，是纯粹的感觉。只有当他的形式在我们的感觉里活着，而他的生活在我们的知性中取得形式时，他才是活的形象②；而且不管在什么地方，只要我们判断他是美的，情况总是这样。

我们可以举出那些由于它们的统一而产生美的成分，但因此还是完全没有说明美的渊源，因为要说明美的渊源，就需要了解这种统一本身，而这种统一，正如有限与无限之间的一切相互作用一样，我们是永远无法探究的。③

---

① 就是说，"美"并不是单指"美的形象"，而是指所有审美的现实。
② 生活与形象，内容与形式，本来是相分离的；只有当它们彼此统一，相互转化，成为"充满内容的形式"和"变成形式的内容"，才会成为"活的形象"，才会产生美。
③ 席勒认为，审美印象或美，是有限的（即感性的）生活与无限的（即精神的）形象之间相互作用（Wechselwirkung）的产物，但是，美究竟是如何产生的，即美的渊源是无法说明的，因而他不去研究这个问题。

理性根据先验的理由提出要求:应在形式冲动与感性冲动之间有一个集合体,这就是游戏冲动,因为只有实在与形式的统一、偶然与必然的统一、受动与自由的统一,才会使人性的概念完满实现。理性必然会提出上述的要求,因为它就是理性①——因为按其本质它极力要求"完满实现",要求排除一切限制;但是,这一个或那一个冲动的任何排他性的活动都不允许人的天性完满实现,都要在人的天性中建立一种限制。只要理性据此做出断言:应该有人性存在,那么它因此也就提出了这样的法则:应该有美。② 是不是美,经验可以回答我们,而且只要经验给我们以教导,我们也会知道人性是否存在。但是,怎么才能是美,人性怎么才能存在,这不管是理性还是经验都无法教给我们。

我们知道,人既不仅仅是物质,也不仅仅是精神。因此,美作为人性的完满实现,既不可能是绝对纯粹的生活,就像那些敏锐的观察家所主张的那样(时代的趣味很乐于把美降低到这种地步),他们过于死板地依靠经验的证据;也不可能是绝对纯粹的形象,就像抽象推理的哲人和进行哲学思考的艺术家所判断的那样,他们中的前者过于脱离经验,后者在解释美时过于被艺术的需要所指引。③ 美是两个冲动的共同对象,也就是游戏冲动的对象。语言的

———————————

① 在路德维希·伯勒曼(Ludwig Bellermann)编的《席勒文集》中没有这句话,而在其他的版本,如柏林建设出版社编的《席勒文集》中有。

② 即是说,人性概念的完满实现就是美。

③ 伯克[a] 在他的《对崇高观念和优美观念之起源的哲学探究》中把美当作纯粹的生活。而据我所知,教条派[b] 的所有信徒们又把美当作纯粹的形象,他们对这个对象各自表白了自己的信条,在艺术家当中拉斐尔·门各斯[c] 在他的《关于绘画中趣味的断想》中就是这么做的,至于其他人就不必提了。所以像在一切领域一样,批判哲学在这个领域也为经验回到原则、抽象推理回到经验开辟了道路。——作者原注

a 伯克(Edmund Burke,1728—1797),英国经验主义哲学家,他的这部著作在 18 世纪的德国有很大影响,他认为美是感性的特性,通过它美引起爱或其他类似的激情。b 指德国美学家鲍姆嘉登(Alexander Gottlieb Baumgarten,1714—1762)及其他理性主义美学家。c 门各斯(Raphael Mengs,1728—1779),德国画家兼艺术理论家,他的那部著作的全名应是《关于美以及绘画中的趣味的断想》(*Cedanken über die Schönheit und über den Geschmackin der Malerei*,1762),他认为美是"物质的灵魂"。

用法完全证明这个名称是正确的,因为它通常用"游戏"这个词来表示一切在主观和客观上都非偶然的、但又既不从内在方面也不从外在方面进行强制的东西。在美的观照中,心情处在法则与需要之间的一种恰到好处的中间位置,正因为它分身于二者之间,所以它既脱开了法则的强迫,也脱开了需要的强迫。它对于物质冲动和形式冲动的要求都是严肃的,因为在认识时前者与事实的现实性有关,后者与事物的必然性有关,在行动时前者以维持生命为目标,后者以保持尊严为目标,二者都以真实与完善为目标。但是尊严一掺了进来,生命就变得无关紧要,一旦爱好在吸引,义务就不再强制;同样,一旦事物的现实性即物质的真实性同形式的真实性即必然的法则相契合,心情就会比较自由地、平静地接受事物的现实性,即物质的真实性,只要直接的观照伴随着抽象,心情就不会再由于抽象而感到紧张。一句话,当心情与观念相结合时,一切现实的东西都失去了它的严肃性,因为它变小了;当心情与感觉相遇合时,一切必然的东西就放弃了它的严肃性,因为它变得轻松了。

但是,您也许早已想反驳我,把美当作纯粹的游戏,这岂不是贬低美,岂不是把美同一向被叫作游戏的那些低级的对象等量齐观吗? 美是文明的工具,如今局限于纯粹的游戏,这不是与美的理性概念以及美的尊严相矛盾吗? 游戏即使摒弃了一切趣味也可以存在,如今把它仅仅限于美,这不是与美的经验概念相矛盾吗?

我们已经知道,在人的一切状态中,正是游戏而且只有游戏才使人成为完全的人,使人的双重天性一下子发挥出来,既然如此,那么究竟什么是纯粹的游戏? 您根据您对这个问题的意象认为是限制,我根据我已经用证据加以证明的我自己对这个问题的意象称为扩展。因此我要反过来说,人对舒适、善、完美只有严肃,但他同美是在游戏。当然,我们不能一谈到游戏,就想到现实生活中进行的、通常只是以非常物质性的对象为目标的那些游戏,但要在现实生活中寻找这里所谈到的美也是枉费心机。实际存在的美同实际存在的游戏冲动是相称的;但是,由于理性提出了美的理想,同时也就提出了人在他的一切游戏中应该追求的理想。

　　如果一个人在为满足他的游戏冲动而走的路上去寻求他的美的理想,那是绝不会错的。希腊各民族在奥林匹斯赛会上寻欢,是通过不流血的力量、速度、灵巧的比赛以及更高尚的智力竞赛,而罗马民族则是通过一个倒在地上的角斗士或他的利比亚对手①的垂死挣扎得到满足的。根据这一点我们可以理解,为什么我们不在罗马而在希腊寻找维纳斯、朱诺②、阿波罗的理想形象。③ 可是理性说:美的事物不应该是纯粹的生活,不应该是纯粹的形象,而应是活的形象,这就是说,之所以美,是因为美强迫人接受绝对的形式性与绝对的实在性这双重的法则。因而理性做出了断言:人同美只应是游戏,人只应同美游戏。

　　说到底,只有当人是完全意义上的人,他才游戏④;只有当人游戏时,他才完全是人。这个道理此刻看来也许有点似是而非,不过如果等到把它运用到义务和命运这双重的严肃上面去的时候⑤,它就会获得巨大而深刻的意义。我可以向您保证,这个道理将承担起审美艺术以及更为艰难的生活艺术的整个大厦。其实,也只是在科学中这个命题才令人感到意外,而在艺术中以及在艺术最高贵的大师希腊人的感情中它早已存在并起着作用,只不过希腊人把在地上应该做的事情移到奥林匹斯山上罢了。⑥ 以这一命题的真理为指导,希腊人既让使凡人的面颊皱纹纵横的严

---

① 即狮子,罗马的角斗士与狮子决斗,人们以此来取乐。

② 朱诺(Juno)是罗马神话中的女神,朱庇特的妻子。因她的地位和职能与希腊神话中的赫拉(Hera)相同,常被当作赫拉。这里席勒实际指的是赫拉。

③ 如果我们(就近代世界而言)把伦敦的赛马、马德里的斗牛、昔日巴黎的马戏、威尼斯的赛船、维也纳的赛兽以及罗马乘车游览等愉快而美好的生活加以比较,不难看出,这些不同民族的趣味彼此各有细微的差别。可是也表明,这些不同国家的民间游戏远不像这些国家上流社会的游戏那样单调,这是很容易解释的。——作者原注

④ 这里所说的"游戏",就是同时摆脱来自感性的物质强制和理性的道德强制的人的自由活动。

⑤ 什么地方单纯是义务的严肃和命运的重压在支配人,那里的人就不可能愉快。而美对这种严肃和重压起着溶解的作用,因而当人游戏的时候,他就是完全的人,因为他不再感到义务的严肃和命运的重压。

⑥ 参见第六封信第二段。

肃和劳作,也让使空空的脸面露出光泽的无聊的快乐,都从幸福的群神的额头消失,他们使永远知足者摆脱任何目的、任何义务、任何忧虑的枷锁,使闲散与淡泊成为值得羡慕的神境的运命(运命只是为了表示最自由、最崇高的存在而用的一个更合人性的名称)。不管是自然法则的物质压迫,还是伦理法则的精神压迫,都由于希腊人对必然有更高的概念而消失了,这个概念同时包括两个世界,而希腊人的真正自由就是来自这两个世界的必然性之间的统一。在这种精神鼓舞下,希腊人在他们理想的面部表情中既不让人看到爱慕之情,同时也抹去了一切意志的痕迹,或者更确切地说,使两者都无法辨认,因为他们懂得把这二者在最内在的联系中结合在一起。朱诺雕像那张壮丽的脸要向我们说的,既不是优美也不是尊严,不是二者中哪一个,因为她同时是二者。在女神要求我们崇敬的同时,神一般的女子又点燃了我们的爱;但是,当我们沉浸于天上的娇丽时,天上的那种无所求的精神又吓得我们竭力回避。这个完整的形体就静息和居住在它自身之中,是一个完全不可分割的创造,仿佛是在空间的彼岸。既不退让也不反抗;这里没有与众力相争的力,没有时间能够侵入的空隙。我们一方面不由自由地被女性的优美所感动、所吸引,另一方面又由于神的尊严而保持一定的距离,这样我们就处于同时是最平静和最激动的状态,这样就产生了那种奇异的感触,对于这种感触知性没有概念,语言没有名称。

第二十五封信

【内容提要】

美是自由观赏(freie Betrachtung)或曰反思(Reflexion)的产物,不是抽象的产物,就如真理那样。人在审美状态中摆脱了物质世界,把它当作对象,但人并没有因此脱离物质世界,就像达到真理那样。这时,意象(Vorstellung)与感觉互为因果,反思与情感完全融为一体,美既是我们的状态又是我们的行为。被动与主动、材料与形式、有限与无限，在审美状态中并不相互排斥，而是可以同时并存。在物质依附的情况下可以有道德自由，这就证明感性天性与理性天性是可以相容的，从审美状态可以向任何更高的阶段发展。

只要人处在他最初的物质状态，仅仅是被动地接收感性世界，只是感觉感性世界，他就仍然与感性世界是完全一体的，而且因为他自己只不过是世界，所以世界对他来说还不存在。只有当他在审美状态中把世界置于他自己的身外或观赏世界时，他的人格才与世界分开，对他来说才出现了世界，因为他不再与世界构成一体。①

观赏（反思）是人同他周围的宇宙的第一个自由的关系。欲望是直接攫取它的对象，而观赏则是把它的对象推向远方，并帮助它的对象逃开激情的干扰，从而使它的对象成为它真正的、不可丧失的所有物。曾经在纯粹感觉状态以不可分割的威力支配着人的自然的必然性，在反思的时候离开了人，在感官中出现了瞬息的平静，时间本身即永恒的变换停止不动，这时分散的意识的光线汇聚在一起，形式——无限的摹象——反射在生灭无常的基础上。人身内一出现光亮，他身外就不再是黑夜；人身内一平静下来，宇宙中的风暴也就立即停止，自然中斗争着的力也就在稳定不变的界限立即平息。因此，远古的诗篇②把人内心的这一伟大事件当作外在世界的一场革命来谈论，并借结束了萨杜恩王国的宙斯的形象来体现

---

① 我要再次提醒，这两个时期虽在观念中必须彼此分开，但在经验中总是或多或少地交混在一起的。同时也不要以为，仿佛有过一个时期人只是处在这种物质状态，也有过一个时候人完全摆脱了这种状态。一旦人看见一个对象，他就已经不再仅仅是处于物质状态之中，只要他还继续看到一个对象，他就不能摆脱这种状态，因为只有在他感觉的情况下他才能看到。因此，我在第二十四封信开头提到的那三个时期，就整体来说，是整个人类发展的和每个人全部发展的三个不同的时期，就是在一个对象的任何一种个别的知觉中也可以分辨出这三个不同的时期。总而言之，它们是我们通过感官所得到的每一个认识的必要条件。——作者原注

② 指古希腊诗人赫西奥德（Hesiodos，公元前8世纪末到公元前7世纪初）的长诗《神谱》。

思想战胜了时间的法则①,就毫不奇怪了。

　　人只要仅仅是感觉自然,他就是自然的奴隶;而一旦他思考自然,他就立即从自然的奴隶变成自然的立法者。原来作为强制力支配他的,现在在他审视的目光面前成了一种对象,而凡是对他来说是对象的东西,都不具有支配他的威力,因为要成为对象,它必须接受人的威力。在人赋予物质以形式的情况下,而且只要人赋予形式,物质的作用就侵害不了人;因为任何东西都不能侵害一种精神,除非是那种夺去了精神自由的东西。精神给无形式的东西以形式,从而表明它自己的自由。只有在沉重的和无定形的物质占统治地位、晦暗不明的轮廓在不确定的界限内摇摆的地方,畏惧才有它的地盘。自然中的任何令人惊恐的东西,只要人懂得给它以形式,把它转化成自己的对象,人就能胜过它。当人已经开始面对作为现象的自然维护他的自主性时,他也在面对作为强制力的自然维护他的尊严,并以高尚的自由起来反对他的众神。② 众神扔掉了他们用以威吓处在童年期的人的鬼脸,变成了人的样子,以人自己的形象去惊愕人。东方的神怪曾以野兽的盲目的威力来管辖世界,在希腊人的幻想中就收敛为具有了人类的和蔼可亲的面目。提坦族③王国覆灭了,无限的力被无限的形式制服了。

　　但是,在我仅仅是寻找脱离物质世界的出口和进入精神世界的入口时,我的自由奔驰的想象力已把我引入精神世界之中了,我们所寻找的美

---

① 萨杜恩(Saturnus)是古罗马神话中的神,席勒在这里实指希腊神话中的克罗诺斯(Kronos),这两个神常被人混同。赫西奥德在他的《神谱》中用诸神的关系表现对宇宙的认识。诗中说,克罗诺斯取代乌拉诺斯(Uranus)统治了世界,克罗诺斯意即"时间"。后来他的儿子宙斯又推翻了克罗诺斯的统治,在奥林匹斯山上成为众神之首。

② 在第二十四封信中曾提到,当人处于物质状态中,他解释自然现象时就超越自然到自然之外的众神之中寻找只能在自然的内在规律性中才能找到的东西。参见第二十四封信倒数第二段。

③ 提坦族(Titanen)系希腊神话中天神乌拉诺斯和地神盖亚的子女,克罗诺斯是他们的首领。参见本页脚注①。

已在我们的后面。在我们从纯粹的生活直接向纯粹的形体①和纯粹的对象过渡时,我们已经跳过了美②。这样一种跳跃不是人的天性所固有的,为了同人的天性步调一致,我们不得不再回到感性世界。

不错,美是自由观赏的作品,我们同它一起进入观念世界——但是必须指出,我们并没有因此而脱离感性世界,就像认识真理时的情况那样③。真理是抽象的纯正产物,把一切物质的和偶然的东西都分离了出去;真理是纯粹客体,其中不可保留任何主体的局限;真理是一种纯粹的自主性,其中不掺杂任何被动性的成分。当然,即使是从最高的抽象也有返回感性世界的道路,因为思想会触动内在的感觉,对逻辑的和道德的一体性的意象会转化为一种感性的和谐一致的感情。④ 但是,当我们为认识而快乐时,我们非常精确地把我们的意象同我们的感觉区别开来,我们把后者看作是某种偶然的东西,完全丢开它认识也不至于因此消失,真理也不会再是真理。然而,如果想要把对感觉功能的这种关系同对美的意象分离开来,那将是一桩徒劳的事情。因此,仅仅把这个看作是那个的结果是不够的,我们必须把这两者同时看作结果和原因,它们互为因果。⑤ 当我们因认识而感到快乐时,我们就毫不费力地分辨出从主动到被动⑥的转移,并且清楚地看到后者开始前者消失。相反,当我们因美而感到赏心悦目时,我们就分辨不出主动与被动⑦之间的这种更替,在这里,反思与情感完全交织在一起,以至于使我们以为直接感觉到了形式。因此,美对我们来说固然是对象,因为有反思作条件,我们才对美有一种感觉;但同时美又是我们主体的一种状态,因为有情感作条件我们对美才有一种意象。因此,

---

① 即与生活和经验毫无连带关系的理想形体。
② 即越过审美状态,从物质状态直接进入理性状态。
③ 在审美状态中人并不脱离感性世界,而在认识真理时亦即在理性状态中人必须脱离感性世界。
④ 因为任何对秩序、法则和目的性等的知觉都会引起快乐。
⑤ 就是说,美的感觉不仅仅是美的意象的结果,而且也是它的原因,两者互为因果。
⑥ 这里的"主动"指思考,"被动"指感觉。
⑦ 这里的"主动"指观赏,"被动"指快乐。

美固然是形式,因为我们观赏它;但它同时又是生活,因为我们感觉它。总之,一句话,美既是我们的状态又是我们的行为。

正因为美同时是两者,它就确凿地证明了被动性并不排斥主动性,材料并不排斥形式,局限并不排斥无限——因而,人在道德方面的自由绝不会因为人在物质方面的依附性而被消除。美证明了这一点,而且我们还要补充说,只有美才能向我们证明这一点。当享受真理或逻辑统一体的时候,感觉并不是必然地与思想是一体的,而是偶然地跟着思想而来的,这样,真理就只能向我们证明有这样的可能:感性天性会跟着理性天性而来,而不能证明这两种天性是并存的,不能证明它们彼此相互作用,不能证明它们可以绝对地和必然地合为一体。恰恰相反,只要思考,就排斥情感;只要感觉,就排斥思考。从这样的排斥中可以推论出两种天性是不能相容的,因而分析家们为了证明纯粹理性在天性中的可实现性,除了说纯粹理性是"命令"以外,的确再也提不出任何更好的证据。① 但是,当享受美或审美统一体的时候,在材料与形式之间、被动与主动之间发生着一种瞬息的②统一和相互调换,这恰好证明这两种天性的可相容性,即无限在有限中的可实现性,从而也证明了最崇高的人性的可能性。

既然美已经证明道德自由同感性依附是完全可以并存的,人为了表明自己是精神不必脱离物质,我们要找到从感性依附转变成道德自由的道路就不会再感到窘困了。如果人同感性在一起的时候就已经是自由的,如美的事实所证明的那样,如果自由是某种绝对的和超感性的东西,如它的概念所必然表明的那样,那么,人如何从限制上升到绝对,人如何

---

① 康德的批判哲学不承认感性与理性这两种天性是可以相容的。虽然这种哲学也坚持道德法则必须贯彻于生活之中,但又不能证明这是可能的,于是就把道德法则说成是"绝对命令",从而来证明它是可以实现的。席勒认为,尽管在纯粹物质状态或纯粹理性状态、感性与理性中这两种天性是相互排斥的,但在审美状态中这两者是可以并存的。

② 原文为 wirklich,这个词在施瓦本方言(席勒是施瓦本人)中有"瞬息的""暂时的"的意思。这种统一和调换是"瞬息的""暂时的",不是永久的,因为审美状态是一种中间状态,它随时都在向两个相反的方向转化。

在他的思考和意愿中对抗感性,就不再成为问题了,因为这一切在美之中已经发生过了。总之,一句话,人如何从美过渡到真理,再也不可能成为问题了,因为真理按其功能已在美之中了;成为问题的是,人是如何为自己开辟道路,从日常现实走向美的现实、从纯粹的生活感走向美感的。

三、(德)荷尔德林

1 命运之歌①

你们在太空的光明里遨游，
　踏着柔软的云层,幸福的群神！
　　灿烂的神风轻轻地
　　吹拂着你们，
　　　像女琴手的纤指触动
　　　　神圣的琴弦。

没有命运的播弄,天神们呼吸
　像酣睡的婴儿，
　　淳朴的花蕾里
　　蕴藏着天真，
　　　他们的精神
　　　　却永远开花，
　　　　　幸福的目光
　　　　　　望着宁静的
　　　　　　　永恒的明朗。

---

① 1981 年 3 月,冯至在《涅卡河畔——"忆旧与逢新散记"之一》中引了这首诗。此
　诗最早刊于 1936 年 5 月 27 日天津《大公报·文艺》第 153 期,后收入四川文艺出
　版社 1985 年 8 月出版的《冯至选集》第 2 卷。——编者注

可是我们命定了
　没有地方得到安息，
　　苦难的人们
　　　消失着，陨落着
　　　　盲目地从一个时辰
　　　　到另一个时辰，
　　　　　像是水从巉岩
　　　　　　流向下边的巉岩
　　　　　　　长年地沦入无底。

2　给运命女神①

只给我"一个"夏,你们掌权的神!
还有一个秋为了成熟的歌曲,
　　　使我的心,饱尝了甜美的
　　　游戏,随后更情愿地死亡。

灵魂,在人世不得享受过他的
神权,在下边冥土里也不安宁;
　　　可是我若有一天完成了
　　　那悬在我心上的圣业,诗,

我就欢迎,啊,那阴世的安静!
纵使我的弦琴不陪伴我下去,
　　　我也满足;我"一次"曾生活
　　　像群神,我再也没有需求。

---

① 　此诗曾发表于 1925 年 12 月 5 日《沉钟》周刊第 8 期。现据译者手稿编入。——编
　　者注

四、(德)克莱斯特

智利的地震[①]

　　在智利王国的首都圣雅各,于1647年使数千生命都同归灭亡的那回大地震爆发的那一瞬间,恰巧有一个被公诉为犯了大罪的西班牙青年耶罗尼谟·路给拉正立在他所禁锢的牢狱的柱旁,想要自己吊死。堂汉利诃·阿推伦是城内最富的贵族中的一个,耶罗尼谟曾在这位贵族的宅里任过教师,却在一年前被辞退了,原因是他同他主人惟一的女儿堂娜约瑟菲沉溺在深情的爱渊里边了。这位老先生把他的女儿痛切地训诫了一番之后,不幸那两个情人间又有一个秘密的约定被他骄恣不训的小儿子含着怨毒性的注意给告发了,他激怒到了这般地步,竟把她送到那山上我们敬爱的圣女们卡尔梅利特派[②]的修道院里去。在这个地方,耶罗尼谟却因为一次偶然的侥幸得以又重新结起两人的情缘,在静默的夜幕下把一座修道院的花园作成了他充满了幸福的洞天。

　　到了圣餐节的那一天,修女的行列才开始走动,新参的小修女在她们后边跟随,钟声一响,不幸的约瑟菲因为生产的痛苦倒在大殿的阶上了。这种事变引起来非常的惊异;大家对于她可怜的景况丝毫不加顾虑,即刻把这个年轻的、公认为犯罪的女子禁入狱中,等到一个严厉的审问已经禀奉主教的命令要对她执行时,她也就不过是刚从产褥上苏醒过来。城内

①　原载于1929年2月17日至20日《华北日报·副刊》第31期至第33期。——编者注
②　卡尔梅利特派(Karmeliter),天主教托钵修会之一,遵守苦行、缄默不语、与世隔绝等严格规戒。——编者注

的群众都是这样愤怒地谈讲着骚动全城的事件,舌锋也这样锐利地落到发生了这种事变的修道院的全体,致使阿推伦家族也无法出来疏辩,至于院长呢,那位少女虽说因为她平素天真无私的行动获得了她的爱怜,可是也不能代为说情了,于是修道院中的法律用苛刑来恐吓她,一点也不能减轻。最后她被判为火刑,又加以圣雅各的贵妇同少女们的异乎寻常的激愤,经过副王①的一道严令,遂改为斩首了。

大家都在那行刑队伍必须经过的大街上借好了窗门,打扫出家家的房顶,还有城内虔诚的女儿们也邀请她们的女友,在她们姊妹行中来观赏这场被神惩罚所演出的活剧。在这中间耶罗尼谟也被禁入一座狱中,待他知道了这件事的非常的转变时,他真要失去知觉了。他无济于事地想着得救:他的妄想的翅膀负着他都飞遍了,他重击着门闩同墙壁,并且经了一番尝试,想把窗栏磨开,归终是被发现了,招得人家把他关入一个更窄狭的幽禁里。他跪在圣母的像前,怀着无穷无尽的忠诚向她祈祷,把她当作那还能拯救他的惟一的神。

可是恐怖的日子终于实现,同时他的境遇的完全绝望的铁案也在他的怀内铸定了。伴着约瑟菲到刑场去的钟声响起,沮丧占领了他的灵魂。生活对于他显露出十二分的憎恶,他决定用一条偶然放在一边的绳子把自己交给死亡。我们已经说过了,他正傍着一座墙柱站立着,把那条必须解救他脱离人间苦海的绳子系在一个铁环子上,那铁环正嵌在柱头雕饰的地方;忽然一种爆声,大部分的城市都塌倒了,仿佛是天空的崩陷,一切有生之物都埋葬在残墟的下边。

耶罗尼谟·路给拉吓得发僵了,立时他的全意识像是被击碎了似的,最后他却怕跌倒,把住了他要在那儿寻死的那条柱子。地板在他的脚下摇晃,四周的狱墙都已裂开,全部的建筑倒向着街心崩毁。只是对面的房屋塌倒得非常迟慢,两相遇合组成了一座临时的砖瓦的穹隆,支撑着他不

---

① 副王(Vizekönig),今译总督,旧时代表国王、女王或政府统治殖民地者。——编者注

至于全部倾倒在地上。耶罗尼谟震悚着头发,他的膝盖也似乎要折断了,他战栗着跑过斜倾的地板,跳向那两座房子相碰的狱墙上所裂的洞口。当这已经震动了一番的整条街衢在第二次的地动中完全倒毁时,他不过刚刚跑到了空旷的地方。他的神志混乱,不知将要怎样从这大毁灭中把自己救出,越过些残灰积木,死又从各方面来袭击他,他一直向着最近的一座城门奔去。这儿有一所房子还正在倾倒,砖砾向着四周远远地抛掷,于是将他赶入旁街;这儿又有火焰越过一切的墙顶舐来,在烟云中闪灼,很可怕地驱逐他走到另外的一条街;到这马波河畔,河水又泛滥两岸,直向他冲转而来,咆哮地又赶他走向第三条的道路。这里躺着的是一伙击伤了的人,这里还有一种声音在废墟的下边呻吟,这里有些人们从正在燃烧着的房顶上向下叫喊,这里有些人和牲畜在同着波涛战斗,这里有一个勇敢的人在从事于救护;这里更站立一个人,死人一般苍白,伸开战栗的手无语对着苍天。耶罗尼谟跑到城门前,登上了城那边的一座山丘,便很无力地躺在山丘上了。

最后他又醒转来,他那向着城市的脊背慢慢地从地面抬起时,他大半是在深沉的昏迷里躺了有一刻多钟。他摸索着胸膛额角,他不知在他的景况中他应该做些什么事;并且有一种难言的快乐的情绪充满了他的全身,那时正有一缕西风吹来了他重新回还的生命,于是他的眼睛也就转向圣雅各处处的繁荣之区。举目都是的骚扰的人压紧了他的心房;他不明白是什么势力把他同他们都引到这里来,他转身看见全城尽在他的后面沉毁了,他才回忆到他所经验的那恐怖的时刻。他把头低得是这样地深,上额接触了地面,为他这出乎意外的得救感谢上帝;立时仿佛有一种铭入他的深心的非常的印象把以先的种种都给他排解出去,他快乐得流出眼泪了,原来他还能享受这五光十色的可爱的人生。

他忽然在他的手上看到一个戒指,于是他又忆起约瑟菲了;连带着他也就想起他的牢狱,他在那里所听到的钟声,和牢狱将要倾毁的那一刹那。深沉的悲哀又填塞了他的胸怀;他的祈祷又复开始忏悔,在云上支配着一切的神力很可怕地显示在他的面前。他混在那到处都从事于财产救护的、由城门涌出来的群众之中,惴惴地仗着胆子去盘问阿推伦的女儿,关键的死刑是否已经执行。有一个女人,在她那几乎要被压到地面的颈子上负担着许多非常沉重的器皿,胸前还抱着两个孩子,她在过路的时候说,仿佛是她亲眼看见了一般:她是被斩首了。耶罗尼谟走转回来;因为他若是按着时间计算,自己对于她的死亡是不能怀疑的,他便倒卧在一座寂寞的林中,完全沉入了极悲苦的境地。他愿望那大自然的破坏的威权重新袭落到他的身上。他不知为什么要逃脱他那苦恼的灵魂所寻求的死亡,在那死亡仿佛从各方面都在解救着他的痛苦的那一瞬间。他一动也不动,如果现在那些橛树也绝了根,它们的树顶都要向他倒下,他也是绝不躲开的。

可是不久,他站起来了,因为他大声号泣了一番,在热泪中又涌现出希望;于是他向着各方面走遍了田野。他寻访各处的,在那上边有人们聚集着的山巅;他走遍了逃亡的潮涌在那儿波动着的街道;什么地方只要有女子的衣裳在风里飘扬,他的战栗的脚便拖着他向什么地方走去;可是没有一件衣裳是披在那可爱的阿推伦的女儿身上。当他走进一座山岩的边巇时,太阳西斜,他的希望也随着它沉落了,景色在他的面前展成一片宽敞的,只有少数人来到的山谷。他踌躇着不知道做什么才好,跑过这少数的人群,并且已经想要转回来了,忽然在一座灌注着这个峡谷的泉源的旁边瞥见一个年轻的女子,她正在水边给一个小孩子洗澡。他一看见,他的心房激动了;他充满了咎责的情绪从乱石上跳下,叫道:圣母啊,神圣的圣母啊!他在骚动中战栗着定睛一顾,他确凿地认出来是约瑟菲。两个不幸的人,上天的奇迹拯救了他们,他们该用怎样的祝福去拥抱!

约瑟菲本来在她的死路上走得离刑场已经很近了,这时那全体的行刑队伍却忽然被房屋轰然的倾倒吓得彼此都四分五散。她最初的非常恐怖的步骤引她走向最近的城门;可是她的知觉不久便恢复了,她就转身跑到修道院,那里还遗留着她那无人看管的小男孩。她见整个修道院已陷入火焰当中,院长在她那生命最后的几刹那誓要给这孤苦的婴儿尽力,便正立在门前为了救他出来呼求援助。约瑟菲不顾一切地冲过向她喷来的烟火,跃入各方面都已塌倒了的房屋,仿佛天上的天使都在保护着她,她抱着她的小孩又毫无伤害地从旁门跑出。她正要投向院长的院中也救她出来,那院长是惊惶地高举双手,不住地拍击,被一个房顶的倒落生生地砸死了。约瑟菲一看这样的惨剧,惊吓得向后倒退几步;她极速地闭住了眼,不敢看那院长是怎样的景象,她转身就跑,为的是好使她那苍天又给她送回来了的娇贵的男孩脱离死亡的危险。她走了没有几步,便遇见了那主教的尸体,那是人们才从修道院大殿的残墟下粉身碎骨地给拉出来的,副王的宫殿倒了,在那里向她宣告死刑的那座法庭也正在火焰的当中,湖水浸入了她父亲的住房所在的地方,还沸腾着火红的蒸汽。

约瑟菲勉强集起全身的力量来镇定自己。苦恼远离了她的胸怀,她勇敢地抱着她所夺来的小孩从这条街走到了那一条,走得离城门已经很近了,她看见那座耶罗尼谟曾经在里面叹息过的牢狱已经化成一片废墟。一见她便眩昏了,不知不觉地要倒在墙角;可是这时在她身后忽然有一所完全震散了的房屋的倾倒把她赶走,她吓得又鼓舞起来了;她吻着小孩,泪从眼内涌出,对于四面围绕着的恐怖毫不介意,走到了城门。她在田野中放眼一看,她才知道,并不是各个人因为他们住过那被震毁的房屋,便都要在它的下面被压击而死。她静静地立在最近的歧路旁,期待着那个人,那除了小菲利普外便算是她世上最亲爱的那一个,看他是否还能够出现。她又望前走,因为她期待的人并不来,可是人群的聚集却不住地增多,于是她又转回来,还是期待着;最后流着泪,漫步走入一座阴暗的,被笠松荫盖着的山谷,为他的她相信已经死亡了的灵魂祈祷;然而在这山谷中遇见了她的爱人,怎样地欣幸啊,山谷仿佛成了伊甸园。她这时充满了感动向他诉说一切,她说完了,就把小孩子递给他接吻。

耶罗尼谟接过他来,在难以形容的父性的欢悦中爱抚着他,他一望见生疏的面孔便啼哭了,于是他就以永久的钟爱吻住了他的小嘴。这时美丽的夜色已经由远而近,荡漾着非常柔和的香气,这样地银光灿烂,这样地幽静,是只有一个诗人能以梦到的。在月光闪灼之下,沿着山谷都躺遍了人,大家铺设开青苔与翠叶的温柔的床褥,从这样一个大苦难的日子里去充分休息。并且因为这些可怜的人们还是不住地呻吟：这个人塌倒了他的房屋，那个人死去了他的妻子，更有人失掉了他的一切，于是耶罗尼谟同约瑟菲就缓步走进一座浓密的丛林，为的是不要因为他们灵魂里秘密的狂乐给别人更增加愁苦。他们找到了一棵光华灿烂的石榴树，它那带满了芬芳的果实的枝干伸展得非常遥远，夜莺在树顶上唱着极欢悦的歌曲。耶罗尼谟靠着树干坐下，约瑟菲抱着菲利普倒在他的怀中，铺盖上他的外套休息着。树荫在他们身上筛出散乱的光点，在他们将要睡着时，月亮已经在晨曦之前憔悴了。因为他们总是没有终了，谈讲着修道院的花园，牢狱，以及他们彼此所受过的苦厄；并且非常地感动，如果他们一想，有怎样大的劫数必须落到人间，而只有他俩却因之变为幸福！他们决定，地震不久即会完全停止了，决定先到拉广斯普求去找约瑟菲的一个亲密的女友，她希望向她借到一笔小小的款项，用这点钱再在那儿上船，通往耶罗尼谟世族亲属所居住的西班牙，在那里去规定他们的幸福生活。谈到这里，他们接了无数的亲吻，便睡着了。

他们睡醒时，太阳已经高高地悬在天空，他们的附近又添了许多家族，在火旁料理着简便的早餐。耶罗尼谟也就想起来，他应当怎样地为他亲爱的人去找得食物，同时有一个衣冠齐整的青年人，怀中抱着一个小孩，向约瑟菲走来，谦逊地问她，她肯不肯将这可怜虫在她的怀里放一会儿？他的母亲是受了伤正倒在那边的树下。约瑟菲认出他是一个熟识的人，态度有一点仓皇失措；可是他误解了她仓皇失措的原因，便又申说："只要很短的一会儿便可以了，堂娜约瑟菲，这孩子自从那把我们一切都弄成不幸的时刻起，一点儿奶都没有吃呢。"她说："堂费南多·我梅次，我的不言语是由于另外一个原因；在这恐怖的时代没有人肯拒绝，从他所能以有的东西中分一些给旁人。"她于是把她自己的孩子交给父亲，接过来这个旁人的小孩放在她的怀中。堂费南多非常感戴她的盛意，问他们是否愿意一块儿加入他的小团体，一个草率的早餐正在那儿炉火边预备好了。约瑟菲回答，她很喜欢承受这个敦请，耶罗尼谟也毫无异议，他就随着堂费南多走向他的家族的团体，她被他的两位妻妹很温雅很热诚地接待着,她看她们真是极和蔼的年轻的淑女。堂费南多的妻堂娜蔼危脚部负了很重的伤躺在地上,她也十分和睦地拉约瑟菲在她身旁坐下,因为她看见她可怜的男孩是在她的怀中。他那肩部受了伤的岳父堂裴德也非常亲爱地向她点头。

在耶罗尼谟同约瑟菲的胸中激动起异样的感想。他们亲眼看着承受这样多的忠诚盛意,他们便不知道关于他们的往事该当如何设想了,什么刑场呀,牢狱呀,以及那行刑的警钟;可真是他们仅仅地从那里做了一场梦幻吗?那仿佛是,人们自从经过了一番把他们都轰然震吓了的可怕的打击之后,将一切都重新和解了。在他们的回忆中他们简直不能追溯地震以前的事件了。只有堂娜伊利沙白,她昨天早晨本也会被一个女友邀请去参观那行刑的活剧,可是没有去,今天她却时时地以梦一般的眼光来看着约瑟菲。但是,各处传来的恐怖而不幸的新消息又把他们几乎离开了现实的灵魂引回来到这纷扰的人间了。大家说,那座城是怎样地在女人才觉得头晕后,男子看来好像是分娩似的,它便完全毁去;僧侣们怎样地手持十字架乱跑着叫喊:"世界的末日到了!"人们怎样地回答一个卫兵,那是禀奉了副王的命令想到一个教堂里去乘机掠窃的:"打倒智利的副王!"副王在这个恐怖的时间怎样地必须放下绞台,来制止那盗窃的行为;一个没有罪的人从一所正燃烧着的房子后面脱离跑出,被房主人捉错了,他也怎样即刻被人绞死。

约瑟菲为了堂娜蔼危的伤痛料理了许多事体,当各楼的议论正在极热闹地说来说去的时候,堂娜蔼危也抢着机会问,在这可怕的日子她是怎样经过的?约瑟菲就以紧迫的心情向她说了一些愁苦的大概,就看见泪珠迸自这位夫人的眼中,她非常地欣慰;最后堂娜蔼危拉过她的手,紧握着,暗示给她不要往下说了。约瑟菲觉得真是置身于极幸福的境地。一种她不能遏制的情感把那在这世界上送来了这样多的痛苦的往日称为天的恩惠,仿佛是上天从来还没有向她施与过的恩惠。并且事实上,在这些使一切的人类的无常的财产都毁灭而全自然化为废墟的可怕的瞬序中间,人类的精神都像是一朵美丽的花似的升发起来了。在月光所能及的田野上边看见各样阶级的人们混在一起,公侯同乞丐,贵妇同村婆,官僚同工人,教士同修女,互相怜悯,互相帮助,凡是能以保持他们的生命的东西,他都很欢喜地不吝分给,仿佛这普遍的浩劫把幸免而逃脱出来的一切的人们都变成"一个"家族。如今大家都叙说起种种非常的行为,代替了昔日茶余酒后供为消遣资料的无谓闲谈;那些在社会中从不被人注意的人们也显示出罗马人的伟大;例如:大胆,对于危险的快乐的不介意,克己和神圣的牺牲,生命的毫无踌躇的抛弃,它竟像是无意义的财产一般,在不远的几步内还会失而复得呢。是的,因为在这一天大半没有一个人不曾有一些足以令人感动的事发生,更没有一个人自己不曾做过一些勇敢的行为,所以各个人心中的痛苦都掺杂了这样多的甜美的快乐,致使他们简直不能说明,他们的普遍的幸福的能量是否在这方面增加了的,正如他们在那方面所损失了的那样地多。

耶罗尼谟挽起约瑟菲,当他俩静寂无言地在这种观察中觉得疲倦了以后,他以不能言说的快乐偕着她在石榴林的叶荫下走来走去。他向她说,他目睹这些人们的仁爱的心情和一切的关系的善化,他将他那航海到欧罗巴去的念头也取消了;他将胆敢在那对于他的事件表示恩惠的副王的面前伏首,如果他还在世上的话;并且他希望(这时他吻了她一下)同她还留在智利。约瑟菲回答说,她也起了同样的感想;只要是她父亲还在世上,他确信是能以同她和解的;但是她以为与其伏首请罪还是不如到拉广斯普求去好,到那里再用文牍来同副王求赦免的事件,无论如何反正人是在海港的附近,最妙的当然是如果这事得到如愿的转还,那么再回圣雅各更不是难事了。短短的沉思之后,耶罗尼谟十分赞美这个计划的聪颖。生活的将来的闪光在面前飞灼着,两人又走了一会儿,才转了回来。

这时已经是下午了,因为地震完全过去了,来往聚集的逃亡的人们不过才稍微地得到一点儿安宁,可是一个消息又传来了,在那惟一的被地震所幸免了的多迷尼卡派礼拜堂中将由院中的教长亲身召集一个庄严盛大的法会,向上天请求对于将来的不幸的防遏。各处的群众都站立起来,潮涌一般跑向城里去。在堂费南多的团体里发生问题,是否他们也应该参加这个圣会,混入大队伍的当中。堂娜伊利沙白心情紧迫地想起,昨天在教堂里曾发生了怎样的一种不幸;可是感恩节将在今天举行了,大家因为危险已经完全过去,总该能够以更大的感动与和平把自己交给那纯真的情感吧。约瑟菲立刻兴奋地站了起来,她说,她从来还不曾这样深地感到激动,使她拜倒在造物的面前,今天他却施展了他这样神秘而崇高的威严。堂娜蔼危也很生动地说明约瑟菲的同样的意见。她因此主张,都应当去参加这个法会,她让堂费南多引导着全体,于是大家(堂娜伊利沙白也在内)都从他们的座位站立起来。

可是伊利沙白的胸腔忽然强烈地喘息起来,她在准备出发时显出犹豫的样子,大家问她是怎样不舒服。她答道,她也不知道为什么,在她心中有了一种不幸的预感。于是堂娜蔼危便劝解她,请她留在她和她的受了伤的父亲的身边。约瑟菲说:"那么,对我是很方便的,堂娜伊利沙白,请你接过这将要同我们一块儿去的小宝宝(指费南多的小孩)吧。""很好。"堂娜伊利沙白回答,并且准备着抱他;可是这孩子对于在他身上所发生的不适很可怜地哭起来了,没有法子能以把他哄好,于是约瑟菲笑着说道,她还肯抱着他,并且又把他吻得安静了。于是堂费南多请求挽着她走,因为她举止的端详慈蔼处处使他敬服;耶罗尼谟背着小菲利普,伴着堂娜宽史坦次·伊克萨雷;其余的加入这个团体的人们都随在后边;在这样的次序中这队人都走向城里去。

他们刚刚走了五十来步,便听见那同堂娜蔼危严肃而秘密地谈完了一段谈话的堂娜伊利沙白不住地叫着:"堂费南多!"并且看着她不安宁的步履向队伍赶来。堂费南多站住了转回身去;他等着她,没有离开约瑟菲;她却也在略微远一点的地方停留不进,仿佛是在等着他对面地走来似的,于是他问道:"什么事?"堂娜伊利沙白虽说显示出不愿意的样子,却不能不走近了他,在他耳边低低地说了几句,正好约瑟菲不能够听见。堂费南多说:"啊? 不幸的事件,真能因此发生吗?"堂娜伊利沙白带着一副疑惑的面貌在他耳边喳喳地继续着说。堂费南多在面上升起恼烦的红色;他答道:"好吧! 堂娜蔼危放心吧!"于是他又偕着他的同伴走去了。

等到他们来到多迷尼卡派的礼拜堂时,风琴的悦耳的声音已经远远地令人听见,里边浩荡着非常众多的人群。人们的拥挤一直伸展到大门外礼拜堂前的空场上,男孩们高高地攀在墙壁的画框上,充满了期待的眼光,在手中握着他们的便帽。悬挂着的灯笼光芒四射,在薄暮的暗中石柱投射出极神秘的阴影,礼拜堂最后边的用涂彩的玻璃做成的大圆窗明亮得竟像是那照映着它的那轮晚日;风琴停止了,寂静管领着全体的群众,好像人人的怀里都没有一点声音。在基督教的礼拜堂里对于上天从来没有燃起过这样热诚的火焰,像是今天圣雅各的多迷尼卡派的礼拜堂里似的。更没有人在他的胸怀里会有比耶罗尼谟和约瑟菲更热烈的燃烧!

圣会由一个老牧师的说教开始了,他穿着祭典的礼服,升坛讲说。他开头是赞美,褒扬,还有感谢,他的战栗的、被宽大的法衣所包裹的手高高地向天空举着,他说想不到在这世界毁灭为废墟的一部分还能有人抬起头向着上帝哀诉。他详细地叙说,全能的暗示已经发生了;世界的裁判绝不是荒诞不羁的事;当他用手指着那大殿上的裂痕,说昨日的地震不过是仅仅的一个预先的征兆时,一种悚惧颤动了全体的群众。他用他流水般的说教的口才说到城内风俗的败坏;那在 Sodom 同 Gemorth① 都不曾见过的恐怖现在来惩罚它了;他又附加着说这上帝的永久的宽免,使它还没有全体地被地震毁灭。但是,当牧师趁着这个机会说到那在卡尔梅利特修女们的修道院的花园里犯下的罪恶时,有如利剑一般地刺透了那两个不幸者的已经完全被说教所撕裂了的心;他说世上一切的顾忌都是不合乎上帝意旨的,他在一种充满了诅咒的转变中把那犯罪者的灵魂都一字一句地点着名儿交给地狱中的魔鬼!

这时堂娜宽史坦次牵动着耶罗尼谟的手腕,她叫道:"堂费南多!"可是他这样深思而秘密地靠着她的耳边回答:"不要声张,堂娜,不要转动你的瞳子,您装作像是晕倒了的样子;我们就可以借此离开礼拜堂了。"可是在堂娜宽史坦次还未实行这聪敏的设法逃脱的计策之先,一种呼声已经

---

① 这是在亚拉伯罕时代因地震而没入死海中的两个城。

嚷了出来,把牧师的高明的说教声打断:"远远地躲开吧,你们圣雅各的市民们,这里站着的是这罪深孽重的人!"另外一个声音十分恐怕地问道:"在哪里?"立时顺着这个声音组成一片惊悚的空气。又有第三个嚷着说:"在这儿!"他充满了神圣的逞凶的心,去拉约瑟菲的头发,如果不是堂费南多把她握住,恐怕她同他的孩子都已倒在地上了。

"你们都疯了吗?"这个青年抱着约瑟菲呼叫着:"我是堂费南多·莪梅次,你们都认识的,城内指挥官的儿子。""堂费南多·莪梅次?"紧贴在他前面的一个鞋匠这样叫着,他是给约瑟菲做过鞋的,他认识她,他至少也能很确凿地认得出她的秀美的脚。他显出大胆的骄恣的样子,转过身来向着阿推伦的女儿:"那么谁是这孩子的父亲?"这一问,堂费南多面色苍白了。他时而惴惴地看着耶罗尼谟,时而瞟着大众里是否有个认识他是谁的一个人。约瑟菲被种种奇怪的关系激动着嚷道:"这不是我的孩子,倍得利罗师傅,你相信吧!"这时,她的灵魂非常恐怖地望着堂费南多:"这个年轻的先生是堂费南多·莪梅次,城里指挥官的儿子,你们都会认识他的!"鞋匠问道:"市民们,你们里边可有谁认识这个年轻的人?"四围又有很多的人们嚷道:"谁认识耶罗尼谟·路给拉,谁就出来!"事逢其会,这个小让①被骚扰得害起怕来,他就离开约瑟菲的怀往堂费南多的腕中蠕动。因此一个声音喊起来了:"他'是'孩子的父亲!""他'是'耶罗尼谟·路给拉!"又是一声呐喊;"他们'都是'亵渎神明的人们!"这是第三声;紧接着是:"全体聚集在耶稣的庙堂中的基督徒们! 拿起石块吧! 打他们!"这时耶罗尼谟出来了:"待住! 你们这群畜生! 你们若是寻找耶罗尼谟,他在这里! 你们放开那没有罪的人!"

盛怒的人群被耶罗尼谟的表白弄迷惑了。他们急于停住;大家的手都放开了堂费南多;因为正在这时有一位阶级重要的海军军官挤过人群的暴动跑来盘问:"堂费南多·莪梅次! 您猝然发生了什么事件?"于是堂费南多完全地解了围,用一种真诚英勇的明智回答:"堂阿仑莎·窝诺雷

---

① 让(Juan),人名,今译胡安。——编者注

亚,您看呀这些凶手,若不是这位慈悲的人自己诈称为耶罗尼谟·路给拉平息了疯狂的群众,我险些儿丧了性命。如果您肯的话,请您为了他们双方面的安全起见把他和这位年轻的太太带走吧;也要带去这个恶棍(同时他捉住了倍得利罗师傅),是他激起了这全体的暴动!"鞋匠嚷道:"堂阿仑莎·窝诺雷亚,我问你,凭你的良心说,这个女人到底是不是约瑟菲·阿推仑?"因为,堂阿仑莎是认识约瑟菲的,正踌躇着难以回答,并且有更多的声音重新燃起怒火嚷着:"是她,是她!"接着又是:"打死她!"于是约瑟菲便把直到现在还在耶罗尼谟背上的小菲利普和小让都放在堂费南多的怀中,向他说:"堂费南多,您走吧,您救您这两个小孩子,让我们任我们的运命的拨弄吧!"

堂费南多接过这两个小孩道,他宁肯死也不肯认许对于他的团体发生一些伤害。他向海军军官借了一把剑,挽住了约瑟菲,教后边的那两个犯人也跟随着他。大家见他们做了这样的准备,非常谦恭地让开了一条通路,他们竟从礼拜堂里走了出来,并且自信是脱离了危险。可是他们才走到同样充满了人的礼拜堂前的空场时,忽有一个声音在追随他们出来的发狂的群众中喊道:"这个人是耶罗尼谟·路给拉——你们市民们,我认识他,因为我是他的生身父!"并且他用一个可怕的棍子把堂娜宽史坦次身边的耶罗尼谟殴打在地上。堂娜宽史坦次叫道:"耶稣马利亚!"向着她姐丈跑来;可是"修道院的淫妇!"的呼声已经叫起来了,第二次的殴击把她打倒在耶罗尼谟的一旁。另外一个生人嚷道:"奇怪啊!我认得这是堂娜宽史坦次·伊克萨雷!"鞋匠说:"谁教他们骗我们!还要找那真的约瑟菲,把她也弄死!"堂费南多一见堂娜宽史坦次的死尸,怒火上焚了;他拔剑去砍,若不是这鞋匠一转身脱开了他盛怒之下的剑击,这煽起恶端、狂惑的刽子手早已被他劈成两段了。究竟他一人不能征服了向他涌来的群众,约瑟菲便叫道:"永久别离吧,堂费南多和我亲爱的孩子们!"——又转向大家说:"这里来杀我,你们这群饮人血的虎狼!"她并且故意地跳入人群当中,好结束这番争斗。倍得利罗鞋匠用棍子把她打倒了。他身上溅了她的鲜血,他呼号着:"你们把那私生子也送到地狱里去!"他又重新充满了还没有饱的杀欲向前冲去。堂费南多,这个神圣的英雄,背靠着礼拜堂,磐石般地站立着,他左手抱着两个小孩,右手执剑。来一个杀一个;一个狮子也不能比他防御得更好了。七条血狗死着倒在他的面前,那狂惑的党徒的首领也受了伤。可是倍得利罗鞋匠绝不停息,直到他握住了一个孩子的腿把那孩子从他的怀里扯出来,高高地摇了一个圈,把他摔死在礼拜堂的柱角上。因此,一切都寂静了,大家都散开了。堂费南多看见他的小让死在他面前,脑浆迸裂,他对着苍天充满了无名的痛苦。

海军军官又走到他这儿来,设法安慰他,诚挚地说,虽说是也还有种种的原因,但他对这件不幸却不能辞去怠惰迟疑的过错;可是堂费南多说,他对于他没有什么责难的,现在只求他设法把这几条尸首搬开。在黄昏后的夜的黑暗中把这些尸首抬到堂阿仑莎的寓中,路上堂费南多抱着痛哭流涕的小菲利普在后面跟随着。当晚他也就住在堂阿仑莎的家里;他用尽了虚假的话很久没有把这件不幸事件的原委告诉给他的妻听,一来因为她是病着,再者,他也实在不知道她将怎样对于这种事变去评判他的行为。可是不久以后,有一位客人把那一切的事都报告给她了,这位高尚的妇人在静寂中哭尽慈母的苦痛,并且在一天早晨含着颗光明的残余的泪珠抱着他向他吻着。因此堂费南多和堂娜蔼危把这可怜的小孩当作义子;如果堂费南多把菲利普看得同小让一样,如同两个孩子都在他的怀抱中一般,那么对他大半是该当欢喜的。

五、(奥)莱　瑙

芦苇歌[①]

(1)

薄日向那边辞去，
疲倦的白昼已经入寝。
这里的弱柳垂入平池，
这样地寂静，这样幽深。

我却须离开了我的爱人：
流吧，泪珠儿，如雨涟涟！
这里哀惋地柳叶轻盈，
风中震荡着、震荡着芦管。

你天涯的人儿！明亮而轻柔地
闪照我寂静的、深沉的苦恼，
仿佛长庚的星象闪烁着
透过了苇丛，穿过了柳梢。

[①] 原载于 1926 年 12 月 26 日《沉钟》半月刊第 10 期，题为《芦苇之歌》，初收《北游及其他》。编入《冯至选集》时，改题为《芦苇歌》。此据《冯至选集》编入。——编者注

(2)

阴暗了,阴云聚拢来,
雨滴也点点地迸落,
风声如诉地哀鸣:
"池沼啊,何处是你的星光铄铄?"

寻求消灭了的星光,
深深地在这激荡的湖里。
你的爱再也不微笑着
俯向我深痛的衷曲!

(3)

在那幽僻的林径,
我愿缓缓地步着斜阳,
傍着荒凉的苇岸,
思念着你呀,我的姑娘!

当着林丛转为阴郁,
芦管微响着充满神秘,
哀哀地诉,低低地语,
必致使我呀,哭泣,哭泣。

我仿佛听到你的娇音
在那儿轻轻地浮漾,
并且在池中沉没了
你可爱的、可爱的歌唱。

（4）

美好的月的光泽
滞留在宁静的池面，
把它苍白的玫瑰编缠着
芦苇碧绿的花环。

麋鹿游耍在山岗，
向茫茫的夜色翘望，
在芦苇深处时时地
飞禽们梦一般地动荡。

我的目光噙泪低沉；
一个甜美的相思啊，
像是寂静的夜祷，
穿透我最深的灵魂！

六、(德)E．T．A．霍夫曼

亚瑟王厅堂①

    亲爱的读者,关于那座久享盛名的商业城但泽②你一定早已就听人说过。也许你从许多的记载中认识了在那儿一切的名胜;但如果你自己在更早的时候在那儿住过一次,并且用自己的眼睛瞻仰过我现在引你去的那座奇异的厅堂,那于我该是最好最方便的了。我指的是亚瑟王厅堂③。

    在正午的时候,商业的贸易拥挤着,争持着,上上下下地波动着这充满了各种民族的人们的大厅,纷扰的喧哗迷乱了你的听觉。但若是贸易的时间过去了,若是商人们都坐在饭桌旁,只有少数的人从这当作两道大街中间的,穿堂门的厅中忽忽地跑来跑去,那么,在但泽住过的亲爱的读者呀,你最好在那时去看访亚瑟王厅堂。于是有一种神秘的暗光从阴森的窗门潜入,在四壁丰满装饰着的绘画雕像都为之生动。麋鹿带着非常的巨角,异兽以吐火的目光向你俯瞰,使你不能凝视他们;厅内越朦胧,中央大理石的王像于你也变得更为可怕。在大幅的画图上搜集着一切的善因恶果,还缀着人名,但却都早已失去了道德上的意义,因为善事已经不明了地高高浮漾于浓雾中,罪恶呢,许多奇美的妇女穿着斑烂闪烁的衣裳,都妖媚地现了出来,要诱惑你以那甜美的细语。你最好把目光转在那

---

①   原载 1927 年 7 月北新书店出版的《沉钟》特刊号。——编者注

②   但泽,城市名,该城二次大战前归属德国,称但泽;二次大战后归属波兰,改名为格但斯克。

③   在但泽的长街(Langen Markt)上,中古骑士会餐比武之所。是一座见方的大厅,花岗石柱,雕饰着传说中的各样的画图与雕刻。现在成了贸易市场。

几乎围绕了厅的四壁的那条窄画上,在那上边很生动地描画出帝国直辖时代的、彩衣民兵漫长的队伍。尊崇的市民长以聪明睿智的面貌在前边骑在活泼的、装饰华美的骏马上;击鼓的、吹号的、战兵都是这样勇敢生动地前行,使你即刻听见了那愉快的军乐,并且相信,他们就要从那大窗户那儿出去走向长街①。

　　因为他们就要前进了,亲爱的读者,你若是一个敏速的画家,你就不能不用笔同墨水把那光华的市民长同他奇美的侍童描画下来。在桌子四围早已放好了公开的价目的纸笔墨,材料用具都在手边,并且引诱你不能抵抗。亲爱的读者,这在你是允许的,但在那青年商人特劳戈特则不可,他在这同样的开始上边便陷入许多的苦恼与悲哀之中了。——"请你即刻作一个报告. 把近来的商务报知汉堡的朋友们,亲爱的特劳戈特先生!"——商店主人埃里亚斯·罗斯这样说;特劳戈特最近要同他合股做事,并且须同他惟一的女儿克里斯蒂娜结婚。特劳戈特很费事地在许多的桌旁寻得一个小位置;他铺好了纸,蘸了笔,正要用一个极美丽的、书家的字头开始,当着他还要把他所写的事务再想一遍,目光向高处举起的时候。——真是偶然,他正立在那描画在一队中的人物的前边,他们的面貌屡屡地与他以一种奇异不能理解的哀情。——一个严肃的,近乎忧郁的人,褐色的髻着的胡须,华美的衣裳,骑在一匹黑马上,一个奇美的青年牵引着缰绳,从他丰富的髻发同彩色的服装看来近似一个女子;那个人的相貌同身材激动起特劳戈特的内心的恐惧;但从那美好的青年的面上反照给他一个甜美的预觉的全宇宙。他再也不能从这两个人物中解放,并且这件事现在也就发生了,他只是望着那奇异的画像,还不知不觉地用笔在纸上画来画去,竟不去拟埃里亚斯·罗斯先生的送往汉堡的报告书。该是已经有一些时候延续下去了,当着有一个人在后边叩着他的肩头,以阴郁的声音叫道:"好,——真好! ——我爱这样,这样才能做点什么!"——特劳戈特由梦中惊醒,他赶快转回来,像是一道闪电击着了他——惊讶与

―――――――――

① 　一条由东往西穿过但泽的大街。

当着埃里亚斯先生正在执笔急书,那年老的生疏的人走近了在那儿站立着、羞耻无言的、年轻的特劳戈特;他说:"你仿佛不称合你的地位,亲爱的先生! 一个真正的商人是不能这样闹着玩的,不去作适当其分的商业报告,只画些人图。"——特劳戈特必须忍受这对于一个人太过分了的责备。他很窘迫地回答:"啊,上帝,这只手写过多少出奇的报告书.但是时常为我发生出这样离奇的事件!"——"咳,我的亲爱的,"老人微笑着说,"那该并不是离奇的事件。我在事实上相信,你一切的报告书绝不如这样的出色,像这用聪明的手完整精洁地勾画出的人形。那是真确地有自己的天才在其中。"在言谈之际,老人把那变成了人物画的报告书从特劳戈特的手中取出,细心地摺起,收藏起来,深深地透进了特劳戈特的灵魂,他觉得他是做了一件比报告书更美丽的事;一种奇异的精神从他心中燃起,其时埃里亚斯·罗斯把信写完了,还苦苦地申斥他:"你的儿戏几乎要使我丢掉了一万马克!"于是他比往次更大声、更坚定地回答:"先生的行为不要这样地奇特,不然我一生也不给你写商业报告了,我们是不同道的人!"——埃里亚斯用双手把假发扶正,以凝定的眼光吃吃地说:"亲爱的伙伴,好儿子! 你怎么说出这样骄傲的话呢?"那年老的不认识的人从中调解,几句话很适当地就恢复了平和;他们就走向埃里亚斯先生的家里,参与他请他们吃的午餐。克里斯蒂娜小姐穿着绮丽清洁的礼服接待客人,随即用她伶俐的手刷洗沉重的、银质的调羹。

亲爱的读者,当着这五个人正在围着桌子坐着,我本来能以很好地在你目前把他们的形象一一举示出来,但我只打算做到一种概括的轮廓,并且比起特劳戈特在那有预兆的报告中所大胆描画的要恶劣得多;因为午餐不久便终了,亲爱的读者,我要为你写出的,勇敢的特劳戈特的故事激策着我以不能抵抗的威力!

埃里亚斯·罗斯先生戴着一团圆的假发,亲爱的读者,你在前边已经知道了;我也无须多加叙说,因为按照他的谈话你现在便看见了这圆胖矮小的人是穿着肝脏色的外套,背心同裤子缀着黄金的纽扣在你的面前。关于特劳戈特我要说的很多,因为我说的正是他的故事。所以他在这里边出现了。但是现在,如果这个是真的,就是一个人的思想同感情同行为都能够从外表把它们由这个人的内里感觉出来,并且就这样铸就了,形成了他身体的形式,使得发生了这个人全人格的怪奇妙的和谐,如果那我们所谓性格的东西,是只能感觉到,不能解释出,那么,我的话,就靠它们的本身,总算已经把特劳戈特他自身的肉体方面显示给你看过了。但如果情形并不如此,那么我的话就都白费,你就可以立时把我的故事当着没有读过一般。这两个不认得的人是叔侄,从先是卖零货的小贩,现在是靠他们获的利来做正式的买卖了,而且是埃里亚斯·罗斯先生的朋友,即是,同他有大宗的钱财交易。他们住在 Königsberg①,穿着完全是英国式,带着一个伦敦的桃花心木的靴篦,他们具有艺术的才调,是很文雅、有学识的人。叔父有一间美术品陈列室,搜集着图画(那幅夺来的报告信也在内)。

亲爱的读者,因此在我惟一紧要的,便是把克里斯蒂娜很生动地表现出来,因为我知道,要不然她那轻快、活泼的身材立刻就要消逝了,并且这样是好的,我即刻把她的一些姿态写下。她能以就消逝吗! 亲爱的读者,你想,一个中等身材,营养丰美的姑娘,大约有二十二三岁,圆圆的脸,短小的、弯弯的鼻梁,亲切的、蓝光的眼,从眼中真是对着各个人都优美地微笑:"我就要结婚了!"——她有非常的雪白的皮肤,头发正好是不太红——正适合接吻的双唇——一个有些儿大的嘴,她还奇异地张开,就露出来两列珠齿。若是火焰从邻家失了火的房子里向她的屋子侵来,她还要很快地喂过她的金丝雀,把新洗的衣服装好,然后才跑到铺子里,叫埃里亚斯·罗斯知道,现在他的房子也要烧起来了。杏仁饼她没有做坏过一次,并且她弄的酪汁是回回都凝固刚好,因为她从来不把她的调羹搅动错过一次,但只回回都是搅得对——埃里亚斯·罗斯先生在绿酒杯中已经倒了最后一杯陈旧的法郎士酒,我还要赶快地注明,因为克里斯蒂娜要

---

① 柯尼斯堡,原东普鲁士首府,第二次世界大战后,该城以及所在地区划归苏联,改名为加里宁格勒。

嫁给特劳戈特,所以她非常爱他;若她不做一回太太,她在全世界中须如何地开始生活呢!

　　饭后埃里亚斯·罗斯先生建议同朋友们到堤岸上去散步。特劳戈特该是如何的欢喜,离开这个聚会,因为在他内心中还从未感到像今天这样多的惊奇;但这是不可能的;因为他正要从门那儿出去,还不曾吻一次他的未婚妻的手,埃里亚斯便捉住他的衣裾叫道:"敬爱的女婿,好的伙伴.你真要离开我们吗?"于是他必须留住。

　　有某一个物理学的教授,曾经说过宇宙的精神像是一个勇敢的实验者,在处处建筑了一座座卓越的发电机,从机中引出那充满了神秘的电线穿过全人生,我们最好是躲着它或是循顺着它;但有时在瞬间我们必须踏在线上边,电花同爆裂就穿透了我们内心,在其中一切就都忽然地改了形象。当特劳戈特不自觉地描画着那两个生动地站立着在他身后的人的时候,他的确就一定踏在这样的一根线上了,因为那两个不认识人的奇特的形貌刺激着他像是闪电般的凶猛,他现在就觉得那些从先在他只是朦胧地猜想到或梦想到的观念,如今都很清楚地明了了。那种从前一谈到那些掩藏在他心底,像是神圣的秘密的事物的上边的时候的,那些从先绊住他舌头的羞怯便消逝了;因此当着叔父攻击那亚瑟王厅堂中奇异的半画半雕刻的图画是缺少趣味的时候,并且当着他又继续去责难那些小幅画把兵士们表现奇幻了的时候,特劳戈特就大胆地主张说:虽然这些东西都真正是与那良好的趣味的原则不相吻合,可是他自己也一样地经验到,像许多许多人所的确经验到的一般;即是说,在这亚瑟王厅堂中,他经验到一种奇异古怪的世界已经向他展开了,并且还有许多的像甚至于以充满了生命的目光,像是以清楚的言语使他在这上边想起,他也是一个有力的艺术家,能雕能画正如那个人,它们便是从那人神秘的工作室里产生出来的。在事实上埃里亚斯先生看来比平常更蠢了,当这个青年说过这高远的话后,但是那位叔父却以严厉的表情说:"我再说一次,我不懂得,你怎么要当商人,不更好地完全转成一个艺术家。"

　　老人对付特劳戈特太严厉了,所以特劳戈特在散步时同那亲切和蔼的侄子在一起。"啊，天呵！"侄子说，"我是如何地倾慕你为你那美丽的才能！啊，我若是能够像你似地描画！——天才的方面我是不缺乏的，我曾画过很美好的眼睛同鼻子同耳朵，从三至四，甚至于全头部，但是上帝啊，这个职业！这个职业！"——"我想，"特劳戈特说，"人只要追寻真的天才同对于艺术的真爱好，他就无须认识旁的事务了。"——"你想做一个艺术家吗？"侄子说，"咳，你能够怎样说！你看，我的朋友，对于这件事我想得比任何事都更多，是的，我就是一个这样的艺术的积极的崇拜者，我是更深沉的潜入它的本质内，比起我所能说的；因此我只能表露一点暗示。"侄子说这句话时看来是如此的博学深奥，使特劳戈特对他自然地感到一些敬畏。"你要承认我，"侄子闻了一点鼻烟，打了两次喷嚏后，又接续下去，"你要同意我，艺术在我们的生活中编绣着花朵——娱乐，同那在做过正经的事务后的休息，这便是在艺术上一切的努力的最值得赞美的目的。这目的愈完全地达到，制作也就愈为出色。在生活的自身中，这个目的是很明鲜地表露出来，只有按着这种意见去观察艺术的人能享受一种满足愉快，那些违背了事物的本质，把艺术看作至要，看作最高的生活趋向的人是时常永久得不到这种愉快的。因此，我的亲爱的，你不要把我叔父的话记在心里，从你生活的正经的事务中转向另外的一种企求，那是无依无靠地晃来晃去像是一个可怜的小孩子！"现在侄子止住了，他等候着特劳戈特的答话；但他却不知道，他应该说什么。侄子所说的一切，于他显出不能言喻的荒谬。他满足地问："那么，但是什么叫做生活的正经的事务呢？"侄子怔怔地看他一会。"呵，我的上帝，"他最后说出来，"究竟你要承认我，一个活着的人就必须生活，在那里职业的穷苦的艺术家简直是不能存在的。"他于是以巧妙的字句同精构的成语无目的地乱谈起来。意思大半就是这样的——所谓生活，他的意思是不说别的，就只不要欠债，有很多的钱，够吃够穿，有一个漂亮的妻子，还要驯顺的小孩子，他们在那礼拜日的外套上都不弄上一点油渍……这些话绞缠着特劳戈特的心：最后聪明的侄子离开了他，他很快乐，他一人在他的房子里。

"究竟我怎么处理，"他自言自语，"为这可怜的，恶劣的生活！——在光华灿烂的春天的美丽的早晨,若是和暖的微风吹过城里的阴暗的街道,它那微微的低语般的风声仿佛在叙说在外边的树林田野间开展的一切宇宙的惊奇,我却还忧郁而没有情趣地潜伏在埃里亚斯·罗斯先生的烟熏的账房里。在那里许多苍白的面孔的人们坐在粗笨的写字桌前,在大账本中夹杂着纸张的紊乱,数钱的声响,一些不能了解的声音打破了这愁惨的寂静,在那寂静中大家都忙着工作。——可是工作什么?——为什么在那儿想,在那儿写?——只为的是柜中的金钱日见增多,只为的是法夫尼尔的灾害一切的宝物更为辉煌闪照!① ——这样一个画家或是雕刻家究竟怎样才能走出去,高高地抬起头去呼吸爽快的春光,春光燃起那充满了美丽的形象的内心世界,使它在生动快乐的生活中升起! 从那阴暗的林丛中现出奇异的形体,那是他的精神创造的并且永是他的所有,因为在他内心中居住着一种光明的、颜色的、形式的、充满了神秘的魔力,他还能够,把他内心的眼睛所看到的把住,同时官感地表现出来,——是什么阻碍着我,从这可诅咒的生活方法里把我解放出来?——那个奇异的老人早已确真地说我可以叫做一个艺术家,但是那美好的青年尤其是如此的表示。他虽然没有说什么,但是于我,他的目光说得更为清晰,它说出这样久在我心中感到的一种预觉,同对于向上努力的怀疑的压迫。我真不能够吗,扔掉这可怜的经营,做成一个卓越的画家?"

特劳戈特把他从先所描画的都取出来,以试验的目光翻来看去。今天有许多幅比起往日来对他都显出分外不同了,实在是更好了。最后一张他儿童时代的孩气的试作落在他的手中,在那幅画上,自然是残旧了,可是还清晰地描画着那年老的市民长同那美丽的侍童的轮廓,于是他回忆起来,那两个人像在那时候已经奇异地影响着他,并且他有一次正当黄昏,像是被一种不可抵制的力从游戏中引入亚瑟王厅堂,在那里他精密地

---

① 在斯堪的纳维亚的神话中,法夫尼尔成了那宝物的所有人,那宝物是他父亲莱特玛从优吉那里榨取来的。优吉是从一个矮子那里得来这宝物,那矮子为报复起见,预言说,以后那些轮流占有这宝物的人,都要有各种可怕的灾害。

把那幅画画了下来。——特劳戈特看着这幅画,被深深的哀感的渴望苦恼着,——他还须按着日常的规则在账房里工作两点钟;今天却是不可能了,他不去工作,跑了出去登上卡尔山①。在那里他望见激荡的大海;在波浪中,在奇怪形状的蒙在赫拉②上边的浓厚的云雾中他观察着,有如在一座魔术的钟中去侦视他将来的命运。

亲爱的读者,你相信吗,是不是从爱的最高的国度里降入我们怀内的,最初必须在失望的痛苦里启示给我们? ——那都是在艺术家的心情中搅扰着的疑虑。——他看见他的理想,觉到他的无力,去捉住它;它过去了,他以为不再回来。——可是,他又生出一种圣洁的勇敢,他战斗争持,在甜美的想望中消逝了绝望,它使他勇敢前进,总去追求爱的偶像,他看她越看越近了,却常常是达不到。

特劳戈特就是被那种失望的痛苦很有势力地缠住了。——当他在早晨把那还在桌子上放着的画图又看了一遍,一切都显出平庸没有精彩了;现在他记起一位深知艺术的朋友的话,他常常说,大的罪过都是那些艺术的中等才能的人们作成的,他们把那表面的感动当作艺术的内含的真的职分。特劳戈特是很倾向着,把亚瑟王厅堂同他与那两个奇妙神秘的人中间的那段因缘同样当作这样的表面的刺激,诅咒着回到账房里,在埃里亚斯·罗斯先生身边工作,他也不注意那时常加在他身上的抱怨,他很快地停了工作,便跑到野外去。埃里亚斯·罗斯先生以一种对于病的同情也就忍受了。因为他以为这死一般苍白的青年当真是在生病。

过了一些时候之后,多米尼克市集③的日子到了,市集结束后特劳戈特就要同克里斯蒂娜结婚,并且就要通知商业同人,他做了埃里亚斯·罗斯先生的伙伴了,他把这个时候当作他一切美丽的希望与梦都要愁惨的分离的时候;他的心里就非常地悲哀,当着他一看见克里斯蒂娜充满了忙

---

① 卡尔山是一座但泽附近,在奥里瓦村的风景很丰富的山。
② 赫拉是但泽附近的半岛。
③ 从先在但泽很有名的一个市集,年年八月初五起始。

碌,看见她怎样在中层的楼上把一切都擦洗涂磨,亲手熨摺帘帐,把那些铜具都给它们最后的擦光的时候。

有一天,在许多不认得的人的稠密的群中,特劳戈特从他背后听见了一种语声,它的音调是很熟悉地穿透他的心胸。"这些纸料真该是这样恶劣吗?"特劳戈特迅速地一转身,他看见,正如他所预料的,那奇异的老人挨近一个经理人,售卖一些纸张,纸的价格在这时低落得太厉害了。美丽的青年立在年老人的后边,射给特劳戈特一种哀情的亲切的目光。他很快地走向老人说:"请你允许,我的先生,你要卖的纸在事实上价格只像是你所说的这样高;确乎可以预先见到,在几日内还要改变的。若是你听从我的意见,那么你把这纸的交易再推延几天。"——"咳,我的先生!"老人粗鲁而干燥地回答,"我的事情于你有什么关系呢?你可知道,在这时候,单是这样的纸于我不是没有用的,但是现钱更是必需的吗?"特劳戈特在这上边很是窘迫,老人这样错猜了他的好意,他已经要离开了,其时那青年含着泪请求一般地看着他。"我是想好了,我的先生!"他迅速地回答老人,"我还不能够就承认,你将蒙很大的损失。那么你把纸卖给我吧,在这个条件之下,我支付你以那在几日内就要涨起来的高的价格。"——"你是一个奇怪的人,"老年人说,"能够那样子,像我不能了解的,你为什么要使我沾得便宜呢?"——他在说话时把一种闪闪的目光望着青年,他把他美丽的蓝眼羞怯地低沉下去。二人随着特劳戈特到了账房里,在那里老人收受了钱,他以一种阴暗的表情把钱放在衣袋里。这时青年轻轻地问特劳戈特说:"你是不是几个礼拜前在亚瑟王厅堂描画了那样美丽的人物的那个人?"——"是的,"特劳戈特回答,同时他觉得,关于报告书那可笑的一幕的回忆好像使他羞红了脸。"呵,就是了,"青年接续着说,"不要看我太奇怪——"老人含怒看着青年,他即刻沉默了。——特劳戈特不能征服在这两个不认得的人面前感到的压迫,他们终于走去了,他都没有胆量去问一问他们的生活的情形。

在事实上,这两个人物的出现具有这样的惊奇,就是店里的雇员也被它吸引住了。那个粗蠢的司账员把笔放在耳后边,双手捧着头,眨着眼凝望老人。"上帝保护我,"他说,当着那不认得的人已经走去了,"从他那鬈着的胡须同黑的外套看去简直像是 13 世纪圣约翰教堂里的旧像!"——那老人虽有贵族的风采同深沉严肃的古德意志人的面貌,但埃里亚斯先生还恶意把他看作波兰的犹太人,他喃喃地叫:"蠢畜生,现在把纸卖了,在八天内至少能多得百分之十的利!"他自然不知道这先商议妥当了的加价,那是特劳戈特从他自己的荷包里拿出来的;几天后他真的这样办了,当着他在亚瑟王厅堂又遇见了老人同青年的时候。

老人说:"我的儿子告诉我,你也是艺术家,于是我领受了,要不然我是要拒绝的。"——他们正傍着那支撑着厅堂的圆顶的四条花岗石柱中的一条站立着,很近地在特劳戈特从先画在报告书里的那两个画像的前面,没有顾虑,他就说到那画像同老人与青年有绝大的相像。——老人很奇怪地微笑,把手放在特劳戈特的肩头,轻轻地、密切地说:"你还不知道吗,我是德国的画家贝克林格(Godofredus Berklinger),在许久之前当我还是一个学艺的学生时候,我自己画了这如此恰你的意的画像? 为纪念,我把我自己画成那个了市民长,那牵马的幼童就是我的儿子,你是很容易认识的,若是你看一看这两个人的面貌与身材!"——特劳戈特惊讶得不能言语;但他不久便看到,这老人自以为是比二百年还古的古画的画师,必定是陷入特别的疯狂中了。"究竟那大半是,"老人继续着说,同时他把头向高处举起,骄傲地向四围看,"是个美丽的、青春的、开花的、艺术家的时代,我怎样有荣誉为那聪睿的亚瑟王同他的会餐桌①以彩色的图画修饰起来。我相信,那就是亚瑟王自己,有一次当我正在工作的时候,他以很高贵的风姿向我走来,警戒我望卓绝的方面努力,我那时还不曾达到的那种境界!"——"我的父亲",这时青年说,"是一个艺术家,像是那少数的几个,我的先生,你绝不会后悔的,若是他允许你去看他的作品。"这时老人

---

① 传说中不列颠王亚瑟是很有名的,当盎格鲁-撒克逊的军队侵入时,他是古代的凯尔特民族的防御者。他同十二个很勇敢的骑士往来,他们围绕一张圆桌坐着,所以称为会餐圆桌的骑士。

在已经荒凉了的厅堂中走来走去,他现在催促着青年起程;可是特劳戈特请求他把他的图画指示给他。老人以尖锐穿透心胸的目光看他许久,终于很严肃地说:"事实上你是有一些危险的,在你学年尚未开始之前,你现在已经努力要去迈入深深的圣地。但是——也可以!——若是你的目光还太微弱,不能够看见,你至少也该可以模糊地感觉到一些罢,明天早晨到我这儿来吧。"

他把他的寓所指示给他;特劳戈特在第二天早晨不曾失败,很快地就从事务中解脱出来,走上远远的街道向着那奇异的老人跑去。那个完全古德意志的装束的青年,给他开开门,引他走入一间广廓的屋里,在屋的中央他看见老人坐在一张小椅子上对着一块绷好了的,灰地的画布。"正是好时候,"老人对着他说,"我的先生,你来了,因为我刚在那幅大画上画完了我最后的一笔,那幅画我已经画了一年多了,消耗了不少的心血。这幅画与那幅同样大,表现'失乐园'的画正配成一对,那是我在前年完成的,你也能够在我这儿观看它。这幅就是,像你所看的,'得回的乐园';那该使我很悲哀,若是你硬要批评出一种寓意。只有笨拙无能的人才作出寓意的图画;我的画没有什么'意义',它就'是'一幅画就得了。你看这一组一组的人类,动物,果实,花卉,石头都联合来造成一个和谐的全体,它的高声的美丽的音乐就是光荣之纯洁的和弦。"——于是老人开始举出那些单独的组合,他教特劳戈特注意这区别光线与阴影的秘密,注意那花卉同金属的光辉,注意那些奇特的形体,它们从百合花的花心中升起来,就把它们的自身缠绕在那班正随着音乐的弦跳舞着的美丽的少男少女们身上;他又唤起他的注意,到那个有胡须的人身上,他在他的目光里同动作里带着强壮的青春的勇气,仿佛是在同各样的怪兽攀谈。老人的话愈激动,但是愈错乱愈不能理会,"你这高尚的老人,叫你的金刚石冠永久地闪烁!"他最后嚷起来,兴奋的目光盯在画布上,"脱却你在头上蒙着的依西斯①的面纱,当着邪魔走近你时!——你为什么把你暗淡的衣裳小心地折

---

① 依西斯,埃及女神。

拢在胸脯？——我要看你的心——那是智慧之石，在它前边一切神秘都公开了！——究竟你不是我吗？——在我面前你步履为什么这样勇敢这样有力？——你要同你的画师战争吗？你相信，那个红宝石，你的心，放出火花，能够裂碎我的胸膛吗？——起来！——走出来！——来！我创造了你，——因为我是"——这时老人倒下了像是中了闪电一般。特劳戈特把他扶起来，青年迅速地拉过一张小靠椅，他们请他坐下，他好像沉入一种温暖的睡眠中。

"亲爱的先生，你现在知道了，"青年温柔地轻轻地说，"关于我的好的老父亲是怎样的状态。恶劣的命运剥却了他一切生命的花叶，从先他为艺术活着，很多年以来他已经对它冷淡了。他整天地对着这绷着的画布枯坐，僵凝的目光盯在那上边；那样他就叫做是绘画，一幅这样的画的说明把他陷入怎样奇异的情形中，你方才已经见到了。此后还有一个不幸的思想追逐着他，那种思想给我制造出一个悲惨的、伤心的生活；但是我把它当做一个该当的恶运，我给这恶运扫荡，就扫荡在它把他也抓入其中的振动里边。你若是要知道这奇异的内幕，你就随我到耳房里，那里有许多我父亲的早年的成功的作品。"

特劳戈特怎样的惊讶，当他看到了一列图画，那仿佛是有名的荷兰画师画出来的。大部分都是关于人生，例如，一幅是一队从打猎归来的宴会，正在以唱歌或游戏取乐，诸如此类的题目。它们都具有一种深的意义，尤其是头部的表情，这里是特别地实现出一种生动的活跃的能力。特劳戈特已经要走回堂屋，当他在门旁见到一幅画，在画前他中了魔似的站定了。那是一位非常可爱的少女穿着古德意志的服装，完全就像是那个青年的面貌，只是更丰满，更深地着了色，形体也仿佛大了一点。由于看见这美丽的女人的面貌，无名的迷惑的悚惧振动起特劳戈特。在力同血气上这幅画完全像是范·德雷克的①。黑眼睛充满了渴望俯照着特劳戈特，甜美的唇儿半开半抿，仿佛在轻轻谈些亲爱的话。——"我的上

① 范·德雷克（Anthony van Dyck，1599—1641），鲁本斯的最有名的学生。

帝！——我的上帝！"特劳戈特从深心中叹息出来，"哪里——她在什么地方呢？"——"我们走吧。"青年说。特劳戈特叫起来，有如得到了疯狂的快乐："啊，真是她呀，我的灵魂的爱人，这样久在我心里负担着的，但只有在我的模糊的情绪里认识的！——哪里——她在哪里？"泪珠从年轻的贝克林格的眼中迸出；他仿佛，像是经了俄然的痛苦痉挛起来，他要用力矜持。"你来，"他最后用坚定的声音说，"那画像是我不幸的姊姊菲里齐塔斯。她是永久地逝去了！——你绝不能看见她！"

大约失去感觉了，特劳戈特回到外边的堂屋里。老人还在睡眠，但是他忽然醒来，怒眼凝视特劳戈特嚷道："你要做什么？——你要做什么？我的先生！"——青年赶上前，使他记起，他方才还把他的新画指给特劳戈特看呢。贝克林格仿佛把一切都想起来了，病一般地软弱，沉郁的声音说："亲爱的先生，原谅吧，一个年老人是怎样容易忘记！"——"贝克林格画师，"特劳戈特说，"你的新画是出奇的美丽，我从来还没有看过这样的画，在画到这样地步之前，必须用很多的努力同工作。在我内心中感到非常的、不能抵抗的对于艺术的冲动，我迫切地请求你，我亲爱的老画师，收我做你的勤勉的学生。"老人又快乐又兴奋，拥抱着特劳戈特向他说定，做他的诚恳的先生。

于是，特劳戈特天天到老画师那里去，他在艺术中有了很大的进步。他的事务对于他完全冲突了，他变成这样的疏忽，使埃里亚斯·罗斯先生苦苦地抱怨，但终归还是任着特劳戈特在一种潜伏的病的托辞之下从账房中跑去；因为结婚的日子也拖延成不定期，引起克里斯蒂娜的不少的苦恼。"你的特劳戈特先生，"一个同行的朋友向埃里亚斯先生说，"仿佛感受一种内心的忧郁，大半是旧日的心血的敷余，只要一结婚便能溶释了。他太苍白，太疯狂了。"——"为什么不呢，"埃里亚斯先生回答。他停了一会又继续说："狡猾的克里斯蒂娜对于他做了鬼祟的事吗？那个司账员，是一个钟情的驴子，他总是握住她的手吻她。我知道，特劳戈特完全中了魔似地爱我的女儿。——难道还有一些嫉妒吗？——那么，我要去侦探那青年先生的深意！"

但是无论他怎样小心地侦察，但是总不能发现到底是什么；他向那同行朋友说："特劳戈特是一个特别的人，必须叫他按着他的道儿走去。就设使他没有五万塔勒①在我的商店里，我也知道，我要怎样办，既然他一点事也没有做。"

特劳戈特在艺术中大半能以迈入一种真实的、光明的生活了，如果对于那美丽的，他时常在奇异的梦中看见的菲里齐塔斯的炽热的爱情不焦灼着他的心。那幅像是不见了。老人把它拿开了，特劳戈特怕使他生气，也不敢望那上边问。年老的贝克林格更为诚挚，他不要特劳戈特的教程的酬金，他却把他穷苦的家计在各方面都给他帮助。特劳戈特从那年轻的贝克林格口中知道，老人是在变卖一座小的陈列室时被人欺骗，特劳戈特买的那些纸几乎是他收到的代价同所有的财产的残余。特劳戈特只是不能同青年亲切地谈话，老人以非常奇怪的方法保护他，并且将他严厉地申斥，如果他自由活泼地同朋友闲谈。特劳戈特感受着这个更为痛苦，当他从全灵魂中爱上了这个青年，因为他同菲里齐塔斯的十分的相像。是的，在青年的身边他屡屡地觉得，像是那幅可爱的画像光朗地伴着他站立，他感到了甜美的爱的气息；于是他能以把那个竟像是可爱的菲里齐塔斯的自身的青年压住了他的炽热的心房。

冬天过去了，美丽的春天已经在林野中光明地展放。埃里亚斯·罗斯先生劝告特劳戈特用乳精去疗养，或者到泉边常洗澡。克里斯蒂娜又为结婚快乐起来，虽然特劳戈特很少在她面前出现，更少地想到同她的关系。

有一次，一个非常重要的结账整日地把特劳戈特关在账房里，他必须趁着吃饭的空闲，在很晚的黄昏走向贝克林格的远远的寓所。在堂屋里他没有遇见人，从耳房中响出来一种琴声。他在这里还从不曾听见过音乐。他偷着听——有一种唱歌的声音，时而又中断了，伴着这音乐像是一声低沉柔弱的叹息。他把门开开——天哪！背向着他，端坐着一个女子，

---

① 银币名。

古德意志的装束,纵着花条的高领,完全像是那画中的人物!——在特劳戈特无意地走进来的扰乱中,女子立起来,把琴放在桌上,身子一转。就是她,就是她自己!——"菲里齐塔斯!"特劳戈特充满了惊奇叫,他要在这可爱的天人面前跪倒,那时他感到有人在身边捉他的衣领,用很大的力量把他拉出去。"诅咒的!——无双的坏东西!"老人把他曳开嚷道,"这是你对于艺术的爱吗?——你要谋杀我!"他就把他推出门外。一把刀子闪烁在他的手中;特劳戈特跑下楼梯;特劳戈特昏迷了,欢喜与惊驰,半疯地跑回他的寓所。

特劳戈特不能睡眠,在床上辗转。"菲里齐塔斯!——菲里齐塔斯!"他千番万遍地叫,被痛苦与相思撕裂了,"你是在那里——你是在那里,我不应该看你,把你抱在我的怀内吗?——你爱我,呵,我十分知道!——在这样深深穿透了我的心的痛苦里,我感到,你在爱我!"

春日的阳光明亮地照在特劳戈特的房内,他匆忙地起来,决定了,不管代价要多少,也要去探究贝克林格寓中的秘密。他匆匆地跑向老人那里,但他的情感是无法描写的,当他一看,贝克林格寓所的窗子都打开了,女仆们正在打扫屋子。他预觉的,果然发生了。贝克林格在夜晚同他的儿子离开这所房,走了,没有人知道往哪儿去。一辆双套的马车拉走了画箱同两件小行囊,在其中锁好了贝克林格一切可怜的所有物。他们在哪里,一切的寻问都是徒然;没有一个车夫把车马租给特劳戈特所描写说的那两个人,自然的,甚至在城门前他亦不能知得底细;总之,贝克林格是不见了,仿佛是在靡非斯特的外氅中飞去了①。

特劳戈特完全陷入失望中,跑回家里。"她是走了——她是走了,我的灵魂的爱人——一切,一切都失掉了!"他这样嚷,在大门前正遇见埃里亚斯·罗斯先生,由他身边闯入他的屋里。"上天下地的上帝啊!"埃里亚斯先生叫,同时他搔动着他的假发——"克里斯蒂娜!——克里斯蒂娜!"——他叫得全家振动。"克里斯蒂娜——讨厌的孩子,没用的女儿!"

---

① 靡非斯特,《浮士德》传说中的人物。

店房的听差都涌出来带着恐惧的面貌,司账员愕然问道:"可是罗斯先生!"——这时埃里亚斯还不住地:"克里斯蒂娜——克里斯蒂娜!"——克里斯蒂娜小姐走进房门,把她的大草帽儿脱下,问父亲究竟为什么咆哮得这样厉害。——埃里亚斯先生向她发起气来:"我禁止你总是这样地一个人跑开。女婿是一个忧郁的人,并且怀着嫉妒像是土耳其人。现在他在里边坐着,正为这浪荡的未婚妻发怒哀号。"克里斯蒂娜惊奇地看着司账员,但是他用暗示的眼光指着账房里的玻璃柜,那是罗斯先生用来保存桂皮水的。"你进去吧,去安慰你的未婚夫,"他从那里走着说,克里斯蒂娜回到她的房里,换了一换衣裳,把该洗的拿出来,因为礼拜日的烤肉同女厨子商妥一些必须的用具,还讲了一些城里的新闻,于是她就要去看,她的未婚夫究竟是缺乏什么。

亲爱的读者!你知道,在特劳戈特的遭逢的事件上,我们必须把我们必须走的一定的顺序完成。我们不能做旁的。——在绝望中跟随来一种抑郁错乱,但不至迫于危机,随后过去了,变为微痛,在这时,"自然"便送了来它的奏效的药方。

在这哀感而舒适的痛苦的时代特劳戈特在几日后坐在卡尔山上,又去望海浪同蒙盖着赫拉的浓厚的云雾。但并不像那一回他要去侦视来日的命运:一切都消失了,他所希望的同预觉的。"啊,"他说,"我对于艺术的职分是苦的欺骗;菲里齐塔斯是一个幻象。它引诱着我去相信,没有地方能以生存,除了在一种病痛的疯狂的幻想中的那个东西。——它是消逝了!——我还是我!——回到牢狱里!——那是判定了!"——特劳戈特又在账房中工作,同克里斯蒂娜的结婚期也从新规定了。在婚期的前一天,特劳戈特站在亚瑟王厅堂中,不是没有内心的痛切的悲伤,他凝视着那老的市民长同年轻的侍童的神秘的画像,正这时,那说先要购买贝克林格的纸的那个经理人出现在他的面前了。没有思量,几乎是不知不觉地,他走向他的跟前问:"你可认识那个褐色鬓须的奇异的老人吗,那在许多时之前在这儿同着一个美丽青年出现的?"——"我怎么不知道呢,"经理人答,"那就是老的疯狂画家贝克林格。"——"可是你知不知,"特劳戈特往下问,"他在哪里,他现在住在什么地方?"——"我怎么不知,"经理人回答,"他同他的女儿已经从很长久的时候便安静地住在苏伦特。"①"同他的女儿菲里齐塔斯?"特劳戈特这样大声严厉地嚷,使一切人都向他转过身来。"就是呀,"经理人平静地望下说,"那就是那谨慎地跟随着老人的美丽的青年。半个但泽城都知道,那是一个女孩,虽然那疯狂的老先生还自信,没有一个人能够这样猜测。那在他成了预言了,若是他的女儿同人结了婚,他必须得不到好死,所以他要叫人们一点也不知道她,并且决定无论在什么地方都把她装做自己的儿子。"——特劳戈特僵僵地站立着,立刻跑过大街,——出了城门到野外,走入林丛,大声地哀叫:"我这不幸的人!——那就是她,就是她,我傍着她坐了一千回——呼吸她的气息,抚摩她的温柔的手——凝视她的明眸——听她甜美的语声!——可是她不在了!——不是!——还在!——随着她往艺术之邦!——我要认识命运的暗示!——去呀!——去往苏伦特!"

他跑回家里去。埃里亚斯·罗斯正挡住他的道路,他捉住他,拉到房里去,"我绝不同克莱斯蒂娜结婚了,"他喧嚷,"她像是 Voluptas(快活),像是 Luxuries(放荡),她的头发像 Ira(忿怒),那在亚瑟王厅堂的画上表现的。啊,菲里齐塔斯!菲里齐塔斯!——美好的爱人!——你怎样伸出你的玉腕渴望地向着我!——我来了!——我来了!"他从新又拉住那失神的商店主人,继续着说:"并且你,埃里亚斯,要知道,你再也不能看见我在你倒霉的商店里,你那诅咒的文书账簿困着我做什么,我是一个画家,一个卓越的画家,贝克林格是我的先生,我的父亲,我的一切;你,你什么也不是,什么也不是!"——于是他使埃里亚斯战栗;但是他超乎寻常地叫起来:"帮忙呀!帮忙呀!——你们来——帮助呵!女婿是疯了——我的同伴疯了——帮助呵!帮助!"——大家都从商店里跑过来;特劳戈特把埃里亚斯放开了,疲惫地倒在椅子上,大家都围起他来;但当他又忽然跳起,用粗野的眼光嚷"你们要做什么?"时,他们又排成一列,埃里亚斯先

---

① 苏伦特(Sorrent),意大利的城。

生在中间，走出门去。

不久，外边索索地响，像是从绸制质的衣裳发生出来的，有一个声音问："你真是疯了吗，亲爱的特劳戈特先生，或只是闹着玩呢？"那是克莱斯蒂娜。——"我并没有疯，亲爱的天使，"特劳戈特回答，"但同样也不是玩笑。诚挚的人，你好好安憩吧，明天的婚礼是不能举行了，我绝对不能同你结婚了！"——"本来那也不是必须的，"克里斯蒂娜心平气和地说，"从一些时候以来，你并不是很特殊地洽我的意；我知道，在这事上有些人们估量的方法又不同，若是他们能把我，我这有钱的、美丽的克里斯蒂娜·罗斯小姐，当作新娘引到家里！——再见吧！"她就走去了。——"她指的是司账员。"特劳戈特想。心境平定了，他到埃里亚斯先生那里去，与他确切地分开，此后用不着再把他当作女婿或是当作伙伴。埃里亚斯先生都很快意，并且非常地快乐，反反复复地在商店里保证说，他很感谢上帝把这疯狂的特劳戈特推开了，当着这个疯子已经远远地——远远地离开了但泽城。

特劳戈特的生活走入一个美丽光明的新境界，当他终于达到了那渴望的国土。在罗马德国的艺术家们请他入了他们研究的团体；于是这样的事发生了，他在那里耽搁的更久，比起那要寻找菲里齐塔斯的渴望所容许要有的时间，这事情是他直到此时为止都自己催赶得如此地紧的。但是渴望渐渐平和了，它具形在他内心像是一团充满了欢欣的美梦，它那熏熏的闪光流绕他的全生命，甚至于使他相信，他把他一切的行为，同艺术的工作，都转向一个神洁预觉的高高超乎尘寰的境地。各个他以他勇敢的艺术才能创造的女子的画像都具有美丽的菲里齐塔斯的相貌。青年的画家们非常地赞美这奇异可爱的面庞，它的模型是在全罗马都寻不着的；他们三遍五次地攀问特劳戈特，他究竟在什么地方见到了这个美人。特劳戈特总是害羞，不肯说他在但泽的奇异的故事；直到几月后终于有一次，一个柯尼斯堡的老朋友，也是在罗马从事绘画的，叫做马图茨夫斯基，他亲切地确说："他在罗马看见过这个特劳戈特在他一切的画里描画的女郎。人能想到特劳戈特的狂欢；他不更长久地隐瞒了，究竟是什么这样有力地、不能抵制地驱使他从事艺术,来到意大利;大家都觉得特劳戈特在但泽的奇迹是这样非常有趣,于是都劝他,赶快去寻求那失掉了的爱人。

马图茨夫斯基的帮忙是最可感谢的,他不久就寻索出那女孩的住所,在那上边他还知道,她的确是一个老的穷苦画家的女儿,父亲正在山上的三位一体礼拜堂里画壁画。一切都很对。特劳戈特立刻同马图茨夫斯基跑向礼拜堂,并且相信,当真地在那正站在很高的架子上边的画家的身上认出来是那年老的贝克林格。他们都不曾注意老人的相貌,从礼拜堂又跑向他的寓所。"就是她!"特劳戈特叫,当他瞥见画家的女儿在望楼上立着从事一些妇女的工作。"菲里齐塔斯!——我的菲里齐塔斯!"特劳戈特这样大声地嚷,闯进房里去。女孩非常恐怖地望着他。她有菲里齐塔斯的面貌,但并不是她。可怜的特劳戈特的痛苦的欺骗以千刀万刃穿透了他负伤的心。——马图茨夫斯基以简单的言语向女孩说明一切。她双颊绯红,眼睛低下,在她美好的羞怯中,看去非常地可爱;特劳戈特,又要快快地走开时,现在却像是被轻柔的带子绊住了,他虽然还以痛苦的眼光去看那活泼的女孩。马图茨夫斯基向这美丽的多莉娜说了各样愉快的话;这奇异的一幕把她陷入一种紧张中,那紧张随即缓和下去。多莉娜打开"她眼睛的阴暗的幔帐",以甜美的微笑看这两个不认识的人。同时她说,父亲不久便从工作归来,他很愿意见到他很尊重的德国的艺术家。特劳戈特必须承认,除菲里齐塔斯外再也没有女孩比多莉娜更这样感动他的深心了。在事实上她同菲里齐塔斯很相近了,只是她姿态在他看来是没有那样细腻,且轮廓太显得锋锐,而她的头发更黑暗。那是拉斐尔同鲁本斯所画的人物。

不久,老人走进来了,这次特劳戈特看得清楚,老人在那上边站着的礼拜堂的木架的高处,是把他欺骗了。不是那个勇敢的贝克林格,这个老画家是一个矮小、瘦弱、胆小、被穷困压迫着的人。礼拜堂里是一个欺骗的投影在他平平的下巴上添了贝克林格的黑色的鬑鬑的胡须。老人在艺术的谈话中表明出很深邃的实在的学识,特劳戈特决定同他订了交谊,在最初是这样地痛苦,但渐渐地也就快意了。

多莉娜,优美,爱娇,孩子气的坦白,分明地泄露出她对于这青年德国艺术家的倾慕。特劳戈特也衷心地回答她。他同这美丽的十五岁的女孩熟识了,使他整日都在那小小的家庭里,他的工作屋移入一座邻着她的寓所的空房里,终于成了她的一家人了。于是他在精细的方法上用他的财产把她穷苦的境遇改善,而且老人除了特劳戈特将要娶多莉娜之外,绝不往旁的方面想。他甚至一点没有隐藏地对特劳戈特这样说。这使特劳戈特不少地惊驰,因为他又清楚地想到他的这次旅行的目的,而且觉察出这或者也不过是那样的结果。菲里齐塔斯又生动地立在他的面前,但他也不能离开多莉娜。——在奇怪的态度上他不能那样想,把那消逝了的爱人的占有当作自己的妻。菲里齐塔斯表现给他只是一个精神的像,他既不能失,又不能得。是爱的永久精神的内在——决不是身体的占据和占有。——但是多莉娜在他意念中时常当作他的亲爱的女人,甜美的悚惧震动着他,温柔的热情穿流他的脉络,但他又觉得对于他第一次的爱不忠实,若是他一任他自己同一个新的不能排解的结合羁绊住。相反的感情在特劳戈特的内心中争持,他不能自决;他躲避那个老人。老人却信以为,特劳戈特要欺瞒他亲爱的女孩。他曾经说过特劳戈特的婚姻已经是定了局的事,并且他在这种意思之下容忍着多莉娜同特劳戈特的亲密的关系,不然那女孩的声誉便要遭诽谤。但终于那意大利人的血在他身内沸腾,一天他确定地向特劳戈特说明,他必须同多莉娜结婚,不然就离开他,因为他就是一点钟也不能忍受那亲切的交际了。特劳戈特被痛切的忿怒与伤心所苦恼。老画家在他看来显然是一个下贱的媒人:他自己的行为在他仿佛很可鄙,他的丢开菲里齐塔斯他觉得又罪恶、又羞惭。——同多莉娜的分别撕碎了他的心,但他又很有力地从那甜美的关系中解救出自己。他驰往那不勒斯,同苏伦特。

一整年都消逝在贝克林格与菲里齐塔斯的热烈的访求中,但一切都是枉然,没有人知道一些关于他们的消息。他所能捉到的一切只是一种轻激的猜度,这又仅仅建筑在一个传说上,在许多年之前曾经有一位德国的老画家在苏伦特出现。像是在汹涛的海上荡来荡去,特劳戈特最后停留在那不勒斯；他又更勤勉地从事艺术，对于菲里齐塔斯的相思也就渐渐地减少，在他的怀中溶释了。但他没有一回看见一个只要在身体、脚步同动作上有一点儿像多莉娜的美丽的女孩，不非常痛苦地感到那甜美可爱的女孩的不在。在作画时他从不想及多莉娜，却只想菲里齐塔斯：她永是他固定的理想。

后来他收到从故乡来的信。埃里亚斯·罗斯先生，如支配人的报知，他已经辞了世；很需要特劳戈特归来，好同那司账员谈判一些事务，司账员已经娶了克里斯蒂娜，并且承继了商业。特劳戈特在最近便的路上走回但泽。

他又立在亚瑟王厅堂内傍着花岗石柱，对着市民长同侍童，他想着那如此痛苦地颠沛着他的生活的奇迹，被深深的失望的悲哀所困恼，他凝视那青年画像，他好像以活泼的目光向他致礼，仿佛以美好甜悦的声音低语："毕竟你不能丢掉了我！"

"我真看准了吗？阁下真的又在这里快活健康，完全从恶劣的忧郁中医治好了吗？"——一个熟悉的声音这样夹杂在特劳戈特的身边，那是那熟识的经理人。"我不曾寻着了她。"特劳戈特不自觉地说。——"可是谁？先生不曾寻着了谁？"经理人问。——"画家贝克林格同他的女儿菲里齐塔斯，"特劳戈特回答，"我在全意大利都把他们找遍了，在苏伦特没有人知道关于他们的消息。"经理人以直僵的目光看着他，吃吃地说："你在哪里寻求画家同菲里齐塔斯？——在意大利？在那不勒斯？在苏伦特？"——"就是呀，自然的！"特劳戈特愤怒地嚷。但是经理人频频地拍起巴掌来，不住地叫："咳我的好人！咳我的好人！但是特劳戈特先生，特劳戈特先生！"——"究竟是什么在那上边如此可怪呢？"特劳戈特说，"你举动得莫要这样癫痴。诚然是为了爱人旅行到苏伦特。——是的，是的！我爱菲里齐塔斯，随她转移。"但是经理人一条腿跳起来，继续着叫："咳我的好人！咳我的好人！"直到特劳戈特将他止住，用严厉的目光问："究竟你说为上帝，你为什么觉得这样惊奇？"——"但是特劳戈特先生，"经理人最后开始说，"你真不知道吗，勃朗特斯台特先生，我们尊崇的市议员，我们商社中的长者,他在靠近卡尔山下小松林中,康拉斯哈默那边①,有一座别墅叫做'苏伦特'? 他买了贝克林格的画,并且把他同他的女儿都请到别墅里去住,这就叫做往苏伦特去。他们在那儿住了一年之久,尊敬的特劳戈特先生,你只要用你那两只可爱的脚立在卡尔山上,你大半便能以望入花园,还看见菲里齐塔斯小姐穿着同那幅画上一样的奇异的古德意志的裙裳在那游玩,完全不用到意大利去旅行。后来那老人——究竟那是一件悲哀的故事!"——"你说。"特劳戈特忧郁的说。——"是的,"经理人继续着,"年轻的勃朗特斯台特从英国回来,看见了菲里齐塔斯小姐,爱上了她。在花园里他卒然见到了她,很罗曼地双膝跪在她面前并且发誓,他要娶她,从她父亲残暴的压迫之下解放出来。老人正逼立在他们身后,两个青年的人并不曾注意,正在那一瞬间,当着菲里齐塔斯说'我要成为你的'时,老人以一种沉着的呼号倒下死了。他看去非常地难过——全身发青流血,因为他的动脉爆裂了,人不知是怎么回事。后来菲里齐塔斯小姐也不能忍受年轻的勃朗特斯台特的种种行为,她终于嫁给玛丽恩魏德尔的宫邸兼刑事的顾问官马特乌斯。你尊贵的先生能够以旧日的爱去拜访刑事顾问官夫人。玛丽恩魏德尔究竟不是这样的像是那真正的意大利的苏伦特。那位可爱的太太该是很舒适了,并且生了几个小孩子使世界更为丰富。"

特劳戈特无言呆呆地从那儿跑去。他的事迹的结局使他充满了苦恼与离奇。"不是,那不是她,"他叫,"那不是她——不是菲里齐塔斯,那在我怀中燃起永久的渴望的,我追随着她到了他乡的那个天人,她在我前边永久地在我前边闪照,像是我在甜美的希望放光的幸福之星! ——菲里齐塔斯! ——刑事顾问官马特乌斯夫人,哈,哈,哈! ——刑事顾问官马特乌斯夫人!"——特劳戈特,被荒凉的苦恼捉住,大声地笑起来,像是从先,他跑过奥利瓦门,跑过朗富门②,到了卡尔山上。他望入苏伦特,泪珠

---

① 康拉斯哈默(Konradshammer),但泽附近的村庄。
② 奥利瓦门,但泽西北,现已塌毁。郎富门,与奥利瓦门方向相反的一座城门。

从他的眼内流出。"啊，"他嚷，"你这永久支配的威权，你的苦辣的嘲弄是怎样深，怎样不能医治的深放在我们可怜的人的软弱的心上！但是不是，不是，捉住了火焰的小孩子为什么不去享受那光和热，而哀诉这不能医治的痛苦！——命运显然把它的手放在我身上，但是我的蒙昧的视力并没有认识出这工作的更高一层的性质，而且一向还擅自欺骗自己，以为那个老画家所创造出的，所这样神秘地在生活中搅醒起的，那个迎接我的那些形式，在我都是相等的东西，我能把它们弄下来放在这地上的苦恼生活的不久长的存在之内。不，不，菲里齐塔斯，我决不曾丢掉了你，你永久是我的，因为你的本身实在是在我内心里生存着的创造的艺术。那么——那么我才认识了你。刑事顾问官马特乌斯夫人与你何关，于我何关！——我想，完全没有！"

"我还不知道，敬重的特劳戈特先生，你须与她有什么关系，"这时一个声音说。——特劳戈特从梦中惊醒，不知是怎么回事，他看他自己又是在亚瑟王厅堂中倚着花岗石柱，说那句话的人是克里斯蒂娜的丈夫。他给特劳戈特送来一封才从罗马寄来的信。马图茨夫斯基写：

"多莉娜比从先更美丽更娇爱了，只是面色苍白了，对于你的相思，亲爱的朋友！她时时刻刻地等候着你，因为那件事固定在她的灵魂中，你能够永不丢掉她。她衷心地爱你。我们何时能再见你呢？"

"我很愿意我们在今天把事务结束，"特劳戈特读完了信，对克里斯蒂娜的丈夫说，"因为我明天便要往罗马，那里一个亲爱的未婚妻热切地等候着我。"

七、(德)海 涅

1　乘着歌声的翅膀……[①]

乘着歌声的翅膀，
心爱的人，我带你飞翔，
向着恒河的原野，
那里有最美的地方。

一座红花盛开的花园，
笼罩着寂静的月光；
莲花在那儿等待
它那知心的姑娘。

紫罗兰轻笑调情，
抬头向星星仰望；
玫瑰花把芬芳的童话
偷偷地在耳边谈讲。

跳过来暗地里倾听
是善良聪颖的羚羊；

---

① 此诗选译自《抒情插曲》(1822—1823)，译文收录于《海涅诗选》，由人民文学出版社于1956年5月出版，共收录诗歌67首。——编者注

在远远的地方喧腾着
圣洁河水的波浪。

我们要在那里躺下，
在那棕榈树的下边，
啜饮爱情和寂静，
沉入幸福的梦幻。

2　罗累莱[1][2]

不知道什么缘故，
我是这样的悲哀；
一个古代的童话，
我总是不能忘怀。

天色晚，空气清冷，
莱茵河静静地流；
落日的光辉
照耀着山头。

那最美丽的少女
坐在上边，神采焕发，
金黄的首饰闪烁，
她梳理金黄的头发。

她用金黄的梳子梳，

① 　此诗选自《归乡集》(1823—1824)，收录于《海涅诗选》。——编者注
② 　罗累莱(Lorelei)是传说中的一个魔女，她坐在莱茵河畔一座巉岩顶上，用歌声引诱河上的船夫。

还唱着一支歌曲；
这歌曲的声调，
有迷人的魔力。

小船里的船夫
感到狂想的痛苦；
他不看水里的暗礁，
却只是仰望高处。

我知道，最后波浪
吞没了船夫和小船；
罗累莱用她的歌唱
造下了这场灾难。

3　中国皇帝①②

我父亲是一个俗汉，
一个庸俗无聊的小人；
但是我喝我的烧酒，
我是伟大的皇帝至尊。

这是一种魔术的饮料！
我在我的心里发现：
只要我喝了烧酒，
中国就立刻富强。

这个世界中央的国家
就变成一片花的原野，
我自己几乎成为男子汉，
我的老婆也怀了孕。

到处都是丰满、富饶，
病人都恢复了健康；

---

① 此诗选自《时代的诗》(1829—1856)，收录于《海涅诗选》。——编者注
② 这首诗讽刺普鲁士国王威廉四世的唯心主义。

我的宫廷圣人孔夫子①
得到最清楚的思想。

兵士的粗面包——多快乐！
变成了扁桃仁蛋糕；
我国内所有的穷人
都穿着绒衣、绸衣逍遥。

全体的贝勒、贝子，
和那些伤兵伤将，
都摇摆他们的辫子，
又得到青春的力量。

大宝塔建筑完成②，
这信仰的象征和保障，
最后的犹太人在那里受洗，
还得到金龙勋章。

革命的精神都消失，
最高贵的满人在喊：
"我们不要宪法，
我们要棍子、皮鞭！"

爱斯古拉普③的弟子们

---

① 指唯心主义哲学家谢林（Schelling）。
② 指科隆大教堂。
③ 爱斯古拉普（Äskulap），希腊医神。

谏诤我不要喝酒，
但是我喝我的烧酒，
是为我国家的幸福。

再来一杯,再来一杯!
味道像甘露琼浆!
幸福的百姓也有葡萄酒,
他们欢呼:万寿无疆!

4　西利西亚的纺织工人①②

忧郁的眼里没有眼泪，
他们坐在织机旁，咬牙切齿：
"德意志，我们在织你的尸布，
我们织进去三重的诅咒——
我们织，我们织！

"一重诅咒给那个上帝，
饥寒交迫时我们向他求祈；
我们希望和期待都是徒然，
他对我们只是愚弄和欺骗——
我们织，我们织！

"一重诅咒给阔人们的国王，
我们的苦难不能感动他的心肠，
他榨取我们最后的一个钱币，
还把我们像狗一样枪毙——

---

① 此诗选自《时代的诗》(1829—1856)，收录于《海涅诗选》。——编者注
② 1844 年，西利西亚(Schlesien)地方的纺织工人不堪剥削者的压迫，进行反抗，这是德国早期工人运动中的大事件。海涅此诗就是为声援这次运动而写的。

我们织,我们织!

"一重诅咒给虚假的祖国,
这里只繁荣着耻辱和罪恶,
这里花朵未开就遭到摧折,
腐尸和粪土养着蛆虫生活——
我们织,我们织!

"梭子在飞,织机在响,
我们织布,日夜匆忙——
老德意志,我们在织你的尸布,
我们织进去三重的诅咒,
我们织,我们织!"

1844 年

5 德国，一个冬天的童话①

序 言

下面这篇诗，是我今年一月在巴黎写的，那地方的自由空气侵袭到一些章节里，比我本来所希望的更为尖锐。我不得不立即把些好像不适应德国气候的地方加以冲淡和删削。虽然如此，当我在三月把原稿寄给我的汉堡出版者的时候，还有各种各样的顾忌提出来要我考虑。我必须再一次搞这讨厌的修改工作，可能会有这样的情况，那些严肃的声音不必要地减弱了，或者被幽默的铃声过于轻快地给掩盖了。有些赤裸的思想，我在急躁的愤怒中又扯掉了它们的无花果叶②，这也许伤害了一些假装正经的、脆弱的耳朵。我很抱歉，但我一意识到有些更大的作家也犯过类似的错误，就足以自慰了。为了作这样的辩解，我完全不想提到阿里斯托芬③，因为他是一个绝对的异教徒，他的雅典观众虽然受过古典教育，但是很少懂得道德。我引塞万提斯和莫里哀为证，④就能更为合适；塞万提斯写作

---

① 此长诗最早由人民文学出版社于 1978 年 1 月出版。——编者注

② 无花果叶，西方的艺术作品在裸体形象的阴部多用无花果叶遮盖作为饰物。

③ 阿里斯托芬（Aristophanes，公元前 446？—前 385？），古希腊喜剧作家，他的喜剧中有许多地方对于当时政治、社会以及思想问题进行讽刺。

④ 塞万提斯（Cervantes，1547—1616），西班牙小说家，《唐·吉诃德》的作者（今译《堂吉诃德》。——编者注）。莫里哀（Molière，1622—1673），法国喜剧作家。

是为了两个卡斯提州①的高等贵族,莫里哀是为了凡尔赛伟大的国王和伟大的宫廷!啊,我忘记了,我们生活在一个十分资产阶级化的时代,可惜我已预先看到,在史卜累河畔,要不就在阿尔斯特河畔②,有教养阶层的许多女士们对于我的可怜的诗篇将要轻蔑地皱起多少有些弯曲的小鼻子。但是我以更大的遗憾预先看到的,是那些民族伪善者的大声疾呼,他们如今与政府的嫉恨相配合,也享受检查制度充分的宠爱和尊敬,并能在日报上领先定调子,用以攻击那些敌人,而那些敌人同时也是他们至高无上的主子们的敌人。对于这些身穿黑红金三色制服的英勇走卒的不满,我们心里是有所警惕的。我已经听到他们的醉话:"你甚至亵渎我们旗帜的颜色,你这诬蔑祖国的人,法国人的朋友,你要把自由的莱茵河割让给他们!"你们放心吧。我将要重视而尊敬你们旗帜的颜色,如果它值得我的重视和尊敬,如果它不是一种无聊的或奴性的儿戏。若是把这黑红金的旗帜树立在德国思想的高峰,使它成为自由人类的旌旗,我就愿意为它付出最宝贵的满腔热血。你们放心吧,我跟你们同样地热爱祖国。为了这种爱,我把十三年的生命在流亡中度过,也正是为了这种爱,我又要回到流亡中,也许长此下去,无论如何决不哭哭啼啼,也不做出愁眉苦脸的可怜相。我是法国人的朋友,正如我是一切人的朋友一样,只要他们是理性的和善良的,我自己也不会愚蠢或卑劣到这样地步,以至于去希望德国人和法国人这两个人类优秀的民族互相扭断头颅,使英国和俄国从中得利,使地球上所有的容克地主和僧侣都幸灾乐祸。你们安心吧,我永远不会把莱茵河割让给法国人,理由很简单:因为莱茵河是属于我的。诚然,它属于我,是由于不能出让的与生俱来的权利,我是自由的莱茵河的更为自由的儿子,在它的岸上安放过我的摇篮,我完全不能理解,为什么莱茵河

---

① "两个卡斯提"(Kastilien),西班牙中部的两个州,即旧卡斯提与新卡斯提。"伟大的国王"指法王路易十四。

② 史卜累(Spree)河畔指柏林。阿尔斯特(Alster)河畔指汉堡。

应属于任何一个别人,而不属于本乡本土的人们。至于亚尔萨斯和洛林①,我自然不能那么轻易地把它们并入德国,像你们所干的那样,因为这两个省的人民是牢固地联系着法国的,由于他们在法国大革命中所获得的权利,由于那些平等法律和自由制度,这些法律和制度使资产阶级的心情觉得很舒适,而对于广大群众的胃却还远远不能满足。可是,亚尔萨斯人和洛林人将会再与德国联合,倘若我们完成法国人已经开始的事业,倘若我们在实践中超越了法国人,像我们在思想领域中已经做到的那样,倘若我们突飞猛进,直到完成思想的最后结论,倘若我们摧毁了奴隶制度,直到它最后的隐身所天堂,倘若我们把居住在地上人间的神从他的屈辱中救出来,倘若我们成为神的解救者,倘若我们使可怜的剥夺了幸福权利的人民、被嘲弄的创造精神和被凌辱的美又得到他们的尊严,正如我们伟大的先师们所述说、所歌颂的和我们作为弟子们所希望的那样——诚然,不只是亚尔萨斯和洛林,全法国随后也要归属我们,全欧洲,全世界——全世界将要成为德意志的!每当我在栎树阴下散步时,我常常梦想德国的这个使命和世界权威。这就是我的爱国主义。

我将要以最后的决心,断然不顾一切,总之,以无限忠诚在另一本书里回到这个题目上来。② 对于最坚决的反对论调,我会给以重视,如果它出自一种信念。就是最粗暴的敌对态度我也要耐心原谅,甚至对于白痴我也要答辩,只要他自以为是认真的。与之相反,我的完全沉默的蔑视却给予那毫无气节的败类,他从可厌的嫉妒心和肮脏的私人陷害出发,想方设法在舆论中败坏我良好的名誉,同时还运用爱国主义的、要不就是宗教的和道德的假面具。德国政治的和文艺的新闻界的无政府状况,在这样的关系中时常被一种使我不胜惊讶的本领所利用,诚然,舒服特勒③并没

---

① 亚尔萨斯(Elsass)、洛林(Lothringen)是法国东北部与德国为邻的两个省。关于这两个省的归属问题,在历史上德国和法国常发生争执。

② 这时海涅还在写另一部著作《关于德国的通信》(*Briefe über Deutschland*),作为这篇诗的补充,但是没有完成,只写了第一封信。

③ 舒服特勒(Schufterle),意思是坏蛋,是席勒剧本《强盗》中的一个反面人物。

有死，他还永远活着，多年来他就是文艺界绿林强盗中一个组织完善的匪帮的领袖，那些强盗在我们新闻报纸的波希米亚①森林中搞他们的营生，隐蔽在每个灌木丛、每片树叶后面，听从他们尊严的首领的最轻微的口哨。

还有一句话。《冬天的童话》是目前由霍夫曼-康培出版社出版的《新诗》的末卷。为了能印成单行本，我的出版者必须把这篇诗送交主管的官厅请它特别照顾，新的改动和删削都是这个更高级的批判的结果。

亨利希·海涅

1844 年 9 月 17 日 汉堡

德国，一个冬天的童话

第一章

在凄凉的十一月，
日子变得更阴郁，
风吹树叶纷纷落，
我旅行到德国去。

当我来到边界上，
我觉得我的胸怀里
跳动得更为强烈，
泪水也开始往下滴。

---

① 波希米亚（Böhmen），在捷克斯洛伐克西北部，席勒剧本中的强盗们在这一带的森林里活动。

听到德国的语言，
我有了奇异的感觉；
我觉得我的心脏
好像在舒适地溢血。

一个弹竖琴的女孩，
用真感情和假嗓音
曼声歌唱，她的弹唱
深深感动了我的心。

她歌唱爱和爱的痛苦，
她歌唱牺牲，歌唱重逢，
重逢在更美好的天上，
一切苦难都无影无踪。

她歌唱人间的苦海，
歌唱瞬息即逝的欢乐，
歌唱彼岸，解脱的灵魂
沉醉于永恒的喜悦。

她歌唱古老的断念歌①，
歌唱天上的催眠曲，
用这把哀泣的人民，
当做蠢汉催眠入睡。

我熟悉那些歌调与歌词，

---

① 宗教上麻痹劳苦人民乐天知命、不要起来反抗的歌曲。

也熟悉歌的作者都是谁；
他们暗地里享受美酒，
公开却教导人们喝白水。

一首新的歌，更好的歌，
啊朋友，我要为你们制作！
我们已经要在大地上
建立起天上的王国。

我们要在地上幸福生活，
我们再也不要挨饿；
绝不让懒肚皮消耗
双手勤劳的成果。

为了世上的众生
大地上有足够的面包，
玫瑰，常春藤，美和欢乐，
甜豌豆也不缺少。

人人都能得到甜豌豆，
只要豆荚一爆裂！
天堂，我们把它交给
那些天使和麻雀。

死后若是长出翅膀，
我们就去拜访你们，
在天上跟你们同享
极乐的蛋糕和点心。

一首新的歌,更好的歌!
像琴笛合奏,声调悠扬!
忏悔的赞诗消逝了,
丧钟也默不作响。

欧罗巴姑娘已经
跟美丽的自由神订婚,
他们拥抱在一起,
沉醉于初次的接吻。

虽没有牧师的祝福,
也不失为有效的婚姻——
新郎和新娘万岁,
万岁,他们的后代子孙!

我的更好的、新的歌,
是一首新婚的歌曲!
最崇高的庆祝的星火
在我的灵魂里升起——

兴奋的星火热烈燃烧,
熔解为火焰的溪流——
我觉得我无比坚强,
我能够折断栎树!

自从我走上德国的土地,
全身流遍了灵液神浆——

巨人又接触到他的地母，①

他重新增长了力量。

【说明】

    这首长诗的第一章，表达了作者经过十二年的流亡生活又踏上祖国土地时所感到的内心的激动。诗中提到两种截然不同的歌，一种是弹竖琴的女孩弹唱的"断念歌"和"催眠曲"，一种是作者所要制作的更好的、新的歌。前一种歌的作者指的是当时一些反动的浪漫主义诗人们，他们与教会合流，用虚伪的爱情和宗教麻痹人民，脱离现实，为封建统治阶级的利益服务。后一种歌则充满信心和热情，宣传早期社会主义思想，在世界上消除剥削。在《序言》中提到的"另一部书"即《关于德国的通信》里，有一段话和诗里的精神是一致的："消灭对天堂的信仰，不仅具有道德的重要性，也有政治的重要性：人民群众不再以基督教的忍耐承受他们尘世上的苦难，而是渴望地上的幸福。共产主义是这转变了的世界观的自然的结果，并且遍及全德国。"

第二章

当小女孩边弹边唱，

弹唱着天堂的快乐，

普鲁士的税关人员

把我的箱子检查搜索。

他们搜查箱里的一切，

---

① 巨人，指希腊神话中的安泰（Antäus）。安泰的父亲是海神，母亲是地神。安泰在和敌人战斗时，只要一接触到他的母亲大地，他便有不可战胜的新的力量。

翻乱手帕、裤子和衬衣；
他们寻找花边，寻找珠宝，
也寻找违禁的书籍。

你们翻腾箱子，你们蠢人！
你们什么也不能找到！
我随身带来的私货，
都在我的头脑里藏着。

我有花边，比布鲁塞尔、
麦雪恩的产品更精细，①
一旦打开我针织的花边，
它的锋芒便向你们刺去。

我的头脑里藏有珠宝，
有未来的王冠钻石，
有新的神庙中的珍品，
伟大的新神还无人认识。

我的头脑里有许多书，
我可以向你们担保，
该没收的书籍在头脑里
构成鸣啭的鸟巢。

相信我吧，在恶魔的书库

---

① 布鲁塞尔是比利时的首都，麦雪恩（Mecheln）是比利时北部的城市；两地都以制
造精巧的花边闻名。

都没有比这更坏的著作，
它们比法莱斯勒本的
霍夫曼的诗歌危险更多。①

一个旅客站在我的身边，
他告诉我说，如今我面前
是普鲁士的关税同盟，
那巨大的税关锁链。

"这关税同盟"——他说——
"将为我们的民族奠基，
将要把四分五裂的祖国
联结成一个整体。

在所谓物质方面
它给我们外部的统一；
书报检查却给我们
精神的、思想的统一——

它给我们内部的统一，
统一的思想和意志；
统一的德国十分必要，

---

① 法莱斯勒本的霍夫曼（Hoffmann von Fallersleben，1798—1874），姓霍夫曼，出生
在法莱斯勒本，资产阶级自由主义诗人。由于德国人中姓霍夫曼的比较多，故附
加地名，以示区别。1840—1841 年，他先后出版两卷《非政治的诗歌》，诗歌中有
浮浅的自由思想，被普鲁士政府撤销他在布累斯劳（Breslau）大学的教授职位。
但与此同时，霍夫曼为了争取德国统一，写出《德国人之歌》，该诗以"德国，德国超
越一切……"开端，后被沙文主义的德国用做国歌。

向内向外都要一致。"

【说明】

作者进入德国国境,受到普鲁士税关人员的检查,但是作者认为,自己头脑里的革命思想是任何反动势力所不能禁止或没收的。在这一章诗的后四节,作者借用一个旅伴对于以普鲁士为首的德意志各邦的关税同盟的"称赞",讽刺了关税同盟和书报检查令。当时由于德国工业逐渐发展,德国资产阶级提出关税统一和政治统一的要求,普鲁士政府于1834年发起关税同盟,除奥地利外,德意志各邦大多数都参加了。关税同盟对于德国经济的发展,起了一定的促进作用,但它也为普鲁士在经济上的领导地位打下基础。海涅为德国的民主统一而斗争,可是由于痛恨反动的普鲁士在德意志各邦称霸,他也就全盘否定关税同盟,这是带有片面性的。至于书报检查令,则完全是反动的。它肇端于1819年德意志同盟议会通过的《卡尔巴特决议》,这决议对德国人民的进步活动从各方面进行迫害;1841年,普鲁士政府又颁布《新书报检查令》,扼杀进步思想的传播。海涅是书报检查的受害者,他的著作经常受到检查官的删削涂改。

第三章

在亚琛古老的教堂
埋葬卡罗鲁斯·麦努斯①——
(不要错认是卡尔·麦耶尔,

---

① 亚琛(Aachen)是德国边界毗邻比利时的一座古城,查理曼大帝(Karl der Grosse,742—814)埋葬在亚琛的教堂里。卡罗鲁斯·麦努斯(Carolus Magnus)是查理曼大帝的拉丁名字。

麦耶尔住在史瓦本地区。①)

我不愿作为皇帝死去

埋葬在亚琛的教堂里；

我宁愿当个渺小的诗人

在涅卡河畔斯图克特市②。

亚琛街上,狗都感到无聊,

它们请求,做出婢膝奴颜：

"啊外乡人,踢我一脚吧,

这也许给我们一些消遣。"

在这无聊的巢穴

一个小时我就绕遍。

又看到普鲁士军人,

他们没有多少改变。

仍旧是红色的高领,

仍旧是灰色的大氅——

("红色意味法国人的血"

---

① 史瓦本(Schwaben)是德意志民族的一个支族,居住在德国南部,这个地区也叫做史
瓦本。史瓦本诗派的诗人思想保守,写些歌颂自然和民族主义的诗歌,海涅常批评
和讽刺他们。卡尔·麦耶尔(Karl Mayer,1786—1870)是史瓦本诗派中的一个诗
人。海涅在《史瓦本镜鉴》(*Der Schwabenspiegel*)中写道："卡尔·麦耶尔先生,他的
拉丁名字叫做卡罗鲁斯·麦努斯,……他是一个无力的苍蝇,歌唱金甲虫。"
② 史瓦本诗派的诗人们大都聚集在涅卡(Neckar)河畔的斯图加特(Stuttgart),史瓦
本的方言把它叫做斯图克特(Stukkert)。

当年克尔纳这样歌唱。①)

仍旧是那呆板的队伍，
他们的每个动转
仍旧是形成直角，
脸上是冷冰冰的傲慢。

迈步仍旧像踩着高跷，
全身像蜡烛般地笔直，
曾经鞭打过他们的军棍，
他们好像吞在肚子里。

是的，严格训斥从未消逝，
他们如今还记在心内；
亲切的"你"却仍旧使人
想起古老的"他"的称谓。②

长的髭须只不过是
辫子发展的新阶段：
辫子，它过去垂在脑后，③
如今垂在鼻子下端。

骑兵的新装我觉得不错，
我必须加以称赞，

---

① 克尔纳(T. Körner，1791—1813)，德国反拿破仑的民族主义诗人。"红色意味法国人的血"，是克尔纳的诗句。
② 18 世纪末以前，德国习惯上级对下级讲话，不称"你"，而称"他"。
③ 在 18 世纪，普鲁士的士兵都拖着辫子，19 世纪初才废止。

特别是那尖顶盔，
盔的钢尖顶指向苍天。①

这种骑士风度使人想起——
远古的美好的浪漫谛克，
城堡夫人约翰娜·封·梦浮康，
以及福格男爵、乌兰、蒂克②。

想起中世纪这样美好，
想起那些武士和扈从，
他们背后有一个族徽，
他们的心里一片忠诚。

想起十字军和骑士竞技，
对女主人的爱恋和奉侍，
想起那信仰的时代，
没有印刷，也没有报纸。

是的，我喜欢那顶军盔，
它证明这机智最高明！
它是一种国王的奇想！
画龙不忘点睛，那个尖顶！

---

① 威廉四世在 1842 年给普鲁士军队颁布新服装，头戴尖顶盔。

② 约翰娜·封·梦浮康（Johanna von Montfaucon）是柯兹培（A. V. Kotzebue，1761—1819）在 1800 年发表的与之同名的一部剧本的女主角，剧本取材于 14 世纪。福格男爵（Freiherr Fouqué，1777—1843）、乌兰（J. L. Uhland，1787—1862）、蒂克（L. Tieck，1773—1853），都是当时闻名的浪漫主义作家，他们的诗歌和小说多取材于中世纪。这里海涅故意用乌兰、蒂克与浪漫谛克协韵。"浪漫谛克"是浪漫主义的音译。

我担心,一旦暴风雨发作,
这样一个尖顶就很容易
把天上最现代的闪电
导引到你们浪漫的头里!——

(如果战争爆发,你们必须
购买更为轻便的小帽;
因为中世纪的重盔
使你们不便于逃跑。)①

我又看见那只鸟,
在亚琛驿站的招牌上,
它毒狠狠地俯视着我,
仇恨充满我的胸膛。

一旦你落在我的手中,
你这丑恶的凶鸟,
我就揪去你的羽毛,
还切断你的利爪。

把你系在一根长竿上,
长竿在旷远的高空竖立,
唤来莱茵区的射鸟能手,
来一番痛快的射击。

———————————

① 这一节在发表时删去,是根据手稿补上的。

谁要是把鸟射下来，

我就把王冠和权杖

授给这个勇敢的人！

向他鼓吹欢呼："万岁，国王！"

【说明】

　　作者在这一章里抒发了他对普鲁士反动政府的仇恨。通过关于普鲁士军人的服装和举止行动的描述，反映了普鲁士军队的顽固和愚昧。并指出，德国反动的浪漫主义诗人与普鲁士国王威廉四世沆瀣一气，从文武两方面美化中世纪，维护封建制度。作者最后号召莱茵区的人民对准普鲁士国徽上的鹰鸟进行射击，直到把它射下。莱茵区虽属于普鲁士，但是莱茵区的人民长期受到法国资产阶级革命的影响，思想进步，反普鲁士统治的势力较大。

第四章

夜晚我到了科隆，

听着莱茵河水在响。

德国的空气吹拂着我，

我感受到它的影响——

它影响我的胃口。

我吃着火腿煎鸡蛋，

还必须喝莱茵葡萄酒，

因为菜的味道太咸。

莱茵酒仍旧是金黄灿烂，

在碧绿的高脚杯中，

要是过多地饮了几杯，
酒香就向鼻子里冲。

酒香这样刺激鼻子，
我欢喜得不能自持！
它驱使我走向夜色朦胧，
走入有回声的街巷里。

石砌的房屋凝视着我，
它们好像要向我讲起
荒远的古代的传说，
这圣城科隆的历史。

在这里那些僧侣教徒
曾经卖弄他们的虔诚，
乌利希·封·胡腾描写过，
蒙昧人曾经统治全城。①

在这里尼姑和僧侣
跳过中世纪的堪堪舞②；
霍赫特拉顿，科隆的门采尔，

———————

① 乌利希·封·胡腾（Ulrich von Hutten，1488—1523），宗教改革时代的人文主义
者，参与《蒙昧人书札》（*Epistolae obscurorum virorum*，1515—1517）的写作，讽刺
当时的僧侣，称僧侣为蒙昧人。
② 堪堪舞（Cancan）是 1830 年后流行于西欧的一种热狂放荡的舞蹈，作者用以指教
会僧侣的热狂行动。

在这果写过狠毒的告密书。①

这里火刑场上的火焰，
把书籍和人都吞没；
同时敲起了钟声，
唱起"圣主怜悯"歌。

这里，像街头的野狗一般，
愚蠢和恶意献媚争宠；
如今从他们的宗教仇恨，
还认得出他们的子孙孽种——

看啊，那个庞大的家伙
在那儿显现在月光里！
那是科隆的大教堂，
阴森森地高高耸起。

它是精神的巴士底狱②，
狡狯的罗马信徒曾设想：
德国人的理性将要
在这大监牢里凋丧！

---

① 霍赫特拉顿（Hochstraaten，1460—1527），科隆的神学者，人文主义者的首要敌人，海涅称他为"科隆的门采尔"。门采尔（W. Menzel，1798—1873），反动作家，在 1835 年建议德国政府查禁"青年德意志"派进步作家的著作，其中包括海涅的著作。
② 巴士底狱（Bastille），法国专制政府用以镇压人民的牢狱，1789 年大革命时被起义的人民摧毁。

可是来了马丁·路德①，
他大声喊出"停住！"——
从那天起就中断了
这座大教堂的建筑。

它没有完成——这很好。
因为正是这半途而废，
使它成为德国力量
和新教使命的纪念碑。

你们教堂协会的无赖汉②，
要继续这中断的工程，
你们要用软弱的双手
把这专制的古堡完成！

真是愚蠢的妄想！你们徒然
摇晃着教堂的募捐袋，
甚至向异端和犹太人求乞，
但是都没有结果而失败。

伟大的弗朗茨·李斯特
徒然为教堂的工程奏乐，③
一个才华横溢的国王

---

① 马丁·路德（Martin Luther，1483—1546），德国宗教改革的领袖。
② 教堂协会，1842 年在科隆成立，目的是完成科隆大教堂的修建。
③ 弗朗茨·李斯特（Franz Liszt，1811—1886），匈牙利音乐家，1842 年 9 月教堂继续修建开始时，他公开演奏，募集基金。

徒然为它发表演说！①

科隆的教堂不能完成，
虽然有史瓦本的愚人
为了教堂的继续建筑，
把一整船的石头输运。②

它不能完成，虽然有乌鸦
和猫头鹰尽量叫喊，
它们思想顽固，愿意在
高高的教堂塔顶上盘旋。

甚至那时代将要到来，
人们不再把它完成，
却把教堂的内部
当做一个马圈使用。

"要是教堂成为马圈，
那么我们将要怎么办，
怎样对待那三个圣王，
他们安息在里边的神龛？"③

---

① 普鲁士国王威廉四世也为教堂继续修建作过演说。
② 教堂协会在斯图加特的分会，为了教堂修建，运来一船石头。
③ 《新约·马太福音》里记载，基督诞生时，有三个东方的博士来朝拜。后来在传说中这三个博士演变为三个国王。这三个圣王的名字叫做：巴塔萨尔（Balthasar）、梅尔希奥（Melchior）和卡斯巴（Caspar），其中卡斯巴是黑人的国王。1169年，他们的遗骨移到科隆，随后就供在大教堂的神龛内。

我这样听人问，在我们时代
难道我们还要难以为情？
三个圣王来自东方，
他们可以另找居停。

听从我的建议，把他们
装进那三只铁笼里，
铁笼悬在明斯特的塔上，
塔名叫圣拉姆贝尔蒂①。

裁缝王坐在那里②
和他的两个同行，
但是现在我们却要用铁笼
装另外的三个国王。

巴塔萨尔先生挂在右方，
梅尔希奥先生悬在左边，
卡斯巴先生在中央——天晓得，
他三人当年怎样活在人间！

---

① 圣拉姆贝尔蒂（Sankt Lamberti）教堂在明斯特（Münster）。在农民战争时期，有三
个再洗礼派的领袖被杀害，他们的尸体装在三个铁笼里，悬挂在这个教堂的塔顶
上示众。这三人都是裁缝出身。

② 以下五节是在单行本里增添的；最初在《新诗》里发表时，只有这样一节，这节在单
行本里删去了：
三头统治中如果少一个，
就取来另外的一个人，
用西方的一个统治者
代替那东方的国君。
这里所说的"西方的一个统治者"，系指普鲁士国王。

这个东方的神圣同盟①，

如今被宣告称为神圣，

他们的行为也许

不总是美好而虔诚。

巴塔萨尔和梅尔希奥

也许是两个无赖汉，

他们被迫向他们国家

许下了制订宪法的诺言，②

可是后来都不守信用——

卡斯巴先生，黑人的国王，

也许用忘恩负义的黑心

把他的百姓当做愚氓。

【说明】

像前一章对于普鲁士反动政府一样，作者在莱茵河畔最大的城市科隆，面对着科隆大教堂，抒发了他对于封建制度的精神支柱教会，尤其是天主教教会的憎恨。这座大教堂兴建于 1248 年，到了 16 世纪，因宗教改革停止建筑，有三百年之久。1842 年，又继续修建，直到 1880 年才全部完成。作者把这座大教堂看做是锢闭人民精神的牢狱。他在回顾天主教教会在中世纪所犯下的罪行的同时，他认为这次继续修建的活动，是当时德国反动势力猖狂的一种表现。他希望，这个建筑不要完成，就是已完成的教堂内部，将来也只会被当做

① 指普、奥、俄三国在 1815 年结成的神圣同盟。同盟的目的是维护维也纳会议的决议，镇压革命运动。
② 普鲁士国王威廉三世在 1813 年向全国宣布，将制订宪法，但他后来背弃了这个诺言，他的儿子威廉四世也没有实行。

一座马圈使用。最后,作者用基督教会中关于三个圣王的传说,影射"神圣同盟"三个主要国家普鲁士、奥地利、沙皇俄国的统治者对人民的压迫和欺骗。

第五章

当我来到莱茵桥头,
在港口堡垒的附近,
看见在寂静的月光中
流动着莱茵父亲。

"你好,我的莱茵父亲,
你一向过得怎样?
我常常思念着你
怀着渴想和热望。"

我这样说,我听见水深处
发出奇异的怨恨的声音,
像一个老年人的轻咳,
一种低语和软弱的呻吟:

"欢迎,我的孩子,我很高兴,
你不曾把我忘记;
我不见你已经十三年,
这中间我很不如意。

在碧贝利希我吞下石头,

石头的滋味真不好过!①

可是在我胃里更沉重的

是尼克拉·贝克尔的诗歌②。

他歌颂了我,好像我

还是最纯贞的少女,

她不让任何一个人

把她荣誉的花冠夺去。

我如果听到这愚蠢的歌,

我就要尽量拔去

我的白胡须,我真要亲自

在我的河水里淹死!

法国人知道得更清楚,

我不是一个纯贞的少女,

他们这些胜利者的尿水

常常掺合在我的水里。

愚蠢的歌,愚蠢的家伙!

他使我可耻地丢脸,

他使我在政治上

也有几分感到难堪。

---

① 纳骚(Nassau)公国和黑森(Hessen)公国因河运问题发生争执。黑森政府于1841
年2月在碧贝利希(Biberich)附近的莱茵河里沉下一百零三艘船的石头,阻挡纳
骚公国的通航。

② 尼克拉·贝克尔(Nikolaus Becker,1810—1845),当时一首流行的《莱茵歌》的作
者。这首歌作于1840年,首句是"他们(指法国)不应占有自由的、德国的莱茵河"。

因为法国人如果回来，
我必定在他们面前脸红，
我常常祈求他们回来，
含着眼泪仰望天空。

我永远那样喜爱
那些可爱的小法兰西——
他们可还是穿着白裤子？
又唱又跳一如往昔？

我愿意再看见他们，
可是我怕受到调侃，
为了那该诅咒的诗歌，
为了我会当场丢脸。

顽皮少年阿弗烈·德·缪塞①，
在他们的前面率领，
他也许充当鼓手，
把恶意的讽刺敲给我听。"

可怜的莱茵父亲哀诉，
他如此愤愤不平，
我向他说些慰藉的话，
来振奋他的心情。

———————————

① 阿弗烈·德·缪塞(Alfred de Musset，1810—1857)，法国诗人，他写了一首诗《德国的莱茵河》，给贝克尔的《莱茵歌》以尖锐的讽刺。

"我的莱茵父亲，不要怕
那些法国人的嘲笑；
他们不是当年的法国人，
裤子也换了另外一套。

红裤子代替了白裤子，
纽扣也改变了花样，
他们再也不又唱又跳，
却低着头沉思默想。

他们如今想着哲学，
谈论康德、菲希特、黑格尔，
他们吸烟，喝啤酒，
有些人也玩九柱戏①。

他们像我们都成为市侩，
最后还胜过我们一筹；
再也不是服尔泰的弟子，
却成为亨腾贝格的门徒。②

不错，他还是个顽皮少年，
那个阿弗烈·德·缪塞，
可是不要怕，我们能钳住

---

① 九柱戏是一种赌赛的游戏。一端摆上九根棒形的圆柱，赌赛者从另一端用木球向
圆柱抛去，以撞倒圆柱多少定胜负。
② 服尔泰（Voltaire，1694—1778），法国启蒙运动的思想家。（今译伏尔泰。——编者
注）亨藤贝格（E. W. Hengstenberg，1802—1869），一个反动的柏林大学神学教授。

他那可耻的刻薄的口舌。

他若把恶意的讽刺敲给你听，
我们就向他说出更恶意的讽刺，
说说他跟些漂亮女人们
搞了些什么风流事。

你满足吧，莱茵父亲，
不要去想那些恶劣的诗篇，
你不久会听到更好的歌——
好好生活吧，我们再见。"

【说明】

　　海涅把莱茵河比作一个久经事变的老人，把它叫做"莱茵父亲"。海涅少年时期，莱茵区被拿破仑率领的法国军队占领，受到法国资产阶级革命思想的影响，人民享有较多的自由，这是在德国任何其他地区所没有的；拿破仑失败后，莱茵区由普鲁士统治，许多方面又恢复老样子，海涅对此深感不满。作者在与"莱茵父亲"的对话中，表达了他对那个时期的怀念，嘲讽了德国狭隘的民族主义，也描述了法国的现状，完全不是革命时期那种朝气蓬勃的景象了。最后作者预示，他在第一章里所提到的"更好的歌"，不久将要代替那种狭隘的民族主义的"恶劣的诗篇"。

第六章

有一个护身的精灵，
永远陪伴着巴格尼尼，
有时是条狗，有时是

死去的乔治·哈利的形体。①

拿破仑每逢重大的事件，
总是看到一个红衣人。
苏格拉底有他的神灵，
这不是头脑里的成品。②

我自己，要是坐在书桌旁，
夜里我就有时看见，
一个乔装假面的客人
阴森森站在我的后边。

他斗篷里有件东西闪烁，
他暗地里在手中握牢，
一旦它显露出来，
我觉得是一把刑刀。

他显得体格矮胖，
眼睛像两颗明星，
他从不搅扰我的写作，
他站在远处安安静静。

我不见这个奇异的伙伴，
已经有许多的岁月。

---

① 巴格尼尼（N. Paganini，1782—1840），意大利提琴演奏家。乔治·哈利（Georg Harrys，1780—1838），德国作家，有一段时间陪伴巴格尼尼作演奏旅行。
② 古希腊唯心主义哲学家苏格拉底（Sokrates）认为人的身内有一个神灵，人能听到神灵的声音，按照声音的指使行动。

我忽然又在这里遇见他，
在科隆幽静的月夜，

我沿着街道沉思漫步，
我见他跟在我的后边，
他好像是我的身影，
我站住了，他也停止不前。

他停住了，好像有所期待，
我若迈开脚步，他又紧跟，
我们就这样走到
教堂广场的中心。

我忍不住了，转过身来说：
"现在请你向我讲一讲，
你为什么在这荒凉深夜
跟随我走遍大街小巷？

我总在这样时刻遇见你，
每逢关怀世界的情感
在我的怀里萌芽，每逢
头脑里射出精神的闪电。

你这样死死地凝视我——
在这斗篷里隐约闪烁，
请说明，你暗藏什么东西？
你是谁，你要做什么？"

可是他回答，语调生硬，
他甚至有些迟钝：
"不要把我当做妖魔驱除，
我请求你，不要兴奋。

我不是过去时代的鬼魂，
也不是坟里跳出的草帚，
我并不很懂得哲学，
也不是修辞学的朋友。

我具有实践的天性，
我永远安详而沉默，
要知道：你精神里设想的，
我就去实行，我就去做。

纵使许多年月过去了，
我不休息，直到事业完成——
我把你所想的变为实际，
你想，可是我却要实行。

你是法官，我是刑吏，
我以仆役应有的服从
执行你所作的判决，
哪怕这判决并不公正。

罗马古代的执政官，
有人扛着刑刀在他身前。
你也有你的差役，

却握着刑刀跟在你后边。

我是你的差役,我跟在
你的身后永不离叛,
紧握着明晃晃的刑刀——
我是你的思想的实践。"

【说明】

　　这章诗表达了海涅的一个重要的观点,即思想必须见诸行动。海涅在《论德国宗教和哲学的历史》中说,我们的思想"使我们不得安宁,直到我们赋予它以形体,促使它成为感性的现象为止。思想要成为行动,语言要成为肉体"。他还说,罗伯斯庇尔的革命行动就是卢骚①的思想的实践。作者在这里把自己分为两个人:一个是思想者,一个是实行者;一个是法官,一个是刑吏。后者紧紧跟在前者的后边,带有几分恐怖气氛,迫切地要求思想要行动,判决要执行。

第七章

我回到屋里睡眠,
好像天使们催我入睡,
躺在德国床上这样柔软,
因为铺着羽毛的褥被。

我多么经常渴望
祖国的床褥的甜美,
每当我躺在硬的席褥上

---

① 　今译卢梭。——编者注

在流亡中长夜不能成寐。

在我们羽毛被褥里,
睡得很香,做梦也甜,
德国人灵魂觉得在这里
解脱了一切尘世的锁链。

它觉得自由,振翼高扬
冲向最高的天空。
德国人灵魂,你多么骄傲,
翱翔在你的夜梦中!

当你飞近了群神,
群神都黯然失色!
你一路上振动你的翅膀,
甚至把些小星星都扫落!

大陆属于法国人俄国人,
海洋属于不列颠,
但是在梦里的空中王国
我们有统治权不容争辩。

我们在这里不被分裂,
我们在这里行使主权;
其他国家的人民
却在平坦的地上发展——

当我入睡后,我梦见

我又在古老的科隆，
沿着有回声的街巷
漫步在明亮的月光中。

在我的身后又走来
我的黑衣乔装的伴侣。
我这样疲乏，双膝欲折，
可是我们仍然走下去。

我们走下去。我的心脏
在胸怀里霍然割裂，
从心脏的伤口处
流出滴滴的鲜血。

我屡次用手指蘸血，①
我屡次这样去做，
用血涂抹房屋的门框，
当我从房屋门前走过。

每当我把一座房屋
用这方式涂上标记，
远处就响起一声丧钟，
如泣如诉，哀婉而轻细。

---

① 作者在这里运用了《旧约·出埃及记》第12章犹太人在门框上涂抹羊血作为标志
的故事。不过意义正相反，犹太人涂抹羊血是为了免于灾难，诗里的主人公在人
家的门框上涂抹了他的心血，是对这家的惩罚；立即响起一声丧钟，这意味着他的
伴侣将执行他的判决。

天上的月亮黯然失色，
它变得越来越阴沉；
乌云从它身边涌过
有如黑色的骏马驰奔。

可是那阴暗的形体
仍然跟在我的后边，
他暗藏刑刀——我们这样
漫游大约有一段时间。

我们走着走着，最后
我们又走到教堂广场；
那里教堂的大门敞开，
我们走进了教堂。

死亡、黑夜和沉默，
管领着这巨大的空间；
几盏吊灯疏疏落落，
恰好衬托着黑暗。

我信步走了很久
沿着教堂内的高柱，
只听见我的伴侣的足音
在我身后一步跟着一步。

我们最后走到一个地方，
那里蜡烛熠熠发光，
还有黄金和宝玉闪烁，

这是三个圣王的圣堂。

可是这三个圣王，
一向在那里静静躺卧，
奇怪啊，他们如今
却在他们的石棺上端坐。

三架骷髅，离奇打扮，
寒伧的蜡黄的头颅上
人人戴着一顶王冠，
枯骨的手里也握着权杖。

他们久已枯死的骸骨
木偶一般地动作；
他们使人嗅到霉气，
同时也嗅到香火。

其中一个甚至张开嘴，
做了一段冗长的演讲；
他反复地向我解说，
为什么要求我对他敬仰。

首先因为他是个死人，
第二因为他是个国王，
第三因为他是个圣者——
这一切对我毫无影响。

我高声朗笑回答他：

“你不要徒劳费力！
我看，无论在哪一方面
你都是属于过去。

滚开！从这里滚开！
坟墓是你们自然的归宿。
现实生活如今就要
没收这个圣堂的宝物。

未来的快乐的骑兵
将要在这里的教堂居住，
你们不让开，我就用暴力，
用棍棒把你们清除。”

我这样说，我转过身来，
我看见默不做声的伴侣，
可怕的刑刀可怕地闪光——
他懂得我的示意。

他走过来，举起刑刀，
把可怜的迷信残骸
砍得粉碎，他毫无怜悯，
把他们打倒在尘埃。

所有的圆屋顶都响起
这一击的回声，使人震惊！
我胸怀里喷出血浆，
我也就忽然惊醒。

【说明】

这一章是前一章的继续。作者通过一个梦叙述那个"黑衣乔装的伴侣"怎样实践他的革命思想。作者再一次用他在第四章里已经提到过的三个圣王来比喻旧时代陈腐的事物。这三个残骸早就应该把圣堂让给"未来的快乐的骑兵"居住,但他们盘踞在那里,不肯退出。其中一个甚至说,因为他是"死人""国王""圣者",所以有理由在这里受人尊敬。最后只有用暴力把他们打倒。在描写这个梦以前,作者对于德国人满足于只在思想中寻求自由的落后状态给以讽刺。诗人席勒在 1801 年写过《新世纪的开端》一诗,其中提到法国人主宰陆地,英国人占领海洋,德国人则走向内心,"自由只在梦国里存在,美只在诗歌中繁荣"。可见这种逃避现实的唯心主义的思想在落后的德国是相当普遍的,甚至席勒对此都不以为耻,而加以颂扬。

第八章

从科隆到哈根①的车费,
普币五塔勒六格罗舍②。
可惜快行邮车客满了,
只好乘坐敞篷的客车。

晚秋的早晨,潮湿而暗淡,
车子在泥泞里喘息;
虽然天气坏路也不好,
我全身充溢甜美的舒适。

---

① 哈根(Hagen),德国西部城市,莱茵河流经该城。——编者注
② 塔勒和格罗舍,是当时普鲁士货币的名称。

这实在是我故乡的空气，

热烘烘的面颊深深感受！

还有这些公路上的粪便，

也是我祖国的污垢！

马摇摆它们的尾巴，

像旧相识一样亲热，

它们的粪球我觉得很美，

有如阿塔兰特的苹果①。

我们经过可爱的密尔海木②，

人们沉静而勤劳地工作，

我最后一次在那里停留，

是在三一年的五月。

那时一切都装饰鲜花，

日光也欢腾四射，

鸟儿满怀热望地歌唱，

人们在希望，在思索——

他们思索，"干瘪的骑士们③，

---

① 阿塔兰特(Atalanta)是希腊传说中善跑的美女。向她求婚的人必须跟她赛跑，谁
　若胜过她，才能娶她。但是跟她赛跑的人都输了。后来爱神给希波梅内斯
　(Hippomenes)三个金苹果，希波梅内斯在赛跑时，故意把金苹果抛在地上，阿塔
　兰特弯腰去拾苹果时，希波梅内斯跑到她前边去了。
② 密尔海木(Mühlheim)，德国西部城市名。——编者注
③ "骑士们"指普鲁士的士兵。

不久将要从这里撤走，

从铁制的长瓶里

给他们斟献饯行酒！

'自由'来临，又舞蹈，又游戏，

高举白蓝红三色的旗帜①，

它也许甚至从坟墓里

迎来死者，拿破仑一世！"②

神啊！骑士们仍旧在这里，

这群无赖中有些个

来时候是纺锤般地枯瘦，

如今都吃得肚皮肥硕。

那些面色苍白的流氓，

看来像"仁爱""信仰"和"希望"，

他们贪饮我们的葡萄酒，

从此都有了糟红的鼻梁——

并且"自由"的脚脱了臼，

再也不能跳跃和冲锋；

法国的三色旗在巴黎

从塔顶忧郁地俯视全城。

皇帝曾经一度复活，

---

① 白、蓝、红，是莱茵区旗帜的颜色。
② 莱茵区人民想往死去的拿破仑的再来，主要是为了摆脱普鲁士的统治。

可是英国的虫豸却把他

变成一个无声无息的人,

于是他又被人埋入地下。①

我亲自见过他的葬仪②,

我看见金色的灵车,

上边是金色的胜利女神,

她们扛着金色的棺椁。

沿着爱丽舍田园大街,

通过胜利凯旋门,

穿过浓雾蹈着雪,

行列缓缓地前进。

音乐不谐调,令人悚惧,

奏乐人都手指冻僵。

那些旌旗上的鹰隼

向我致意,不胜悲伤。

沉迷于旧日的回忆,

人们都像幽灵一般——

又重新咒唤出来

---

① 拿破仑失败后,1814 年被放逐到地中海上的厄尔巴(Elba)岛。1815 年 3 月拿破仑逃回法国,掌握政权一百天,被反法联盟军击败,因禁在位于南大西洋的英国属地圣海伦娜(Sankt Helena)岛上,于 1821 年死在那里。

② 拿破仑的灵柩运回法国后,法国政府在 1840 年 12 月 15 日为拿破仑举行葬礼,葬在巴黎荣军院里。关于这次葬礼的凄凉景象,海涅在一部报道法国的政治、艺术与人民生活的著作《路苔齐亚》(Lutezia)第一部分第二十九节里有类似的叙述。

统治世界的童话梦幻。

我在那天哭泣了。
我眼里流出眼泪，
当我听到那消逝了的
亲切的喊声"皇帝万岁！"

【说明】

　　作者乘车从科隆去哈根（Hagen），路过密尔海木（Mühlheim）。海涅于1831年5月离开祖国去巴黎时，曾路过这里。这个莱茵区的城市当时在法国1830年7月革命的鼓舞下，革命热情高涨，人们以为可以把普鲁士的士兵赶走。这里还表达了莱茵区居民对于拿破仑的怀念。关于拿破仑，恩格斯在《德国状况》（1845）里说："对德国来说，拿破仑并不像他的敌人所说的那样是一个专横跋扈的暴君。他在德国是革命的代表，是革命原理的传播者，是旧的封建社会的摧毁人。"（《马克思恩格斯全集》第2卷第636页）后来恩格斯在《暴力在历史中的作用》一文中也指出，莱茵居民在1848年以前一直是"亲法的"，并且说："海涅的法国狂，甚至他的波拿巴主义也不过是莱茵河左岸人民普遍情绪的反映？"（《马克思恩格斯全集》第21卷第508页）但是十二年后，作者重来此地，只见一切如故，普鲁士的军队仍旧在这里驻扎，并且通过关于拿破仑葬仪的叙述，他告诉德国人说，现在的法国也不是革命时期的景象了，代之而起的是资产阶级唯利是图的市侩社会。这一章可与前边的第五章参照。

第九章

我早晨从科隆出发，
是七点四十五分；

午后三点才吃午饭，
这时我们到了哈根。

饭桌摆好了。这里我完全
尝到古日尔曼的烹调，
祝你好，我的酸菜，
你的香味使人魂销！

绿白菜里蒸板栗！
在母亲那里我这样吃过！
你们好，家乡的干鱼！
在黄油里游泳多么活泼！

对于每个善感的心
祖国是永远可贵——
黄焖熏鱼加鸡蛋
也真合乎我的口味。

香肠在滚油里欢呼！
穿叶鸟，虔诚的小天使①，
经过煎烤，拌着苹果酱，
它们向我鸣叫："欢迎你！"

"欢迎你，同乡，"——它们鸣叫——
"你长久背井离乡，
你跟着异乡的禽鸟

---

① 穿叶鸟，原文 Krammetsvogel，属于鸫鸟类，北京民间叫做穿叶儿，所以译为穿叶鸟。

在异乡这样长久游荡！"

桌上还有一只鹅，
一个沉静的温和的生物。
她也许一度爱过我，
当我俩还年轻的时候。

她凝视着，这样意味深长，
这样亲切、忠诚，这样伤感！
她确实有一个美的灵魂，
可是肉质很不嫩软。

还端上来一个猪头，
放在一个锡盘上；
用月桂叶装饰猪嘴，
仍然是我们家乡的风尚。

【说明】

这是一首游戏诗，没有多少含义。在德国，人们用鹅比喻愚蠢的女人。"用月桂叶装饰猪嘴"，讽刺庸俗社会里对拙劣诗人的吹捧。

第十章

刚过了哈根已是夜晚，
我肠胃里感到一阵寒颤。
我在翁纳①的旅馆里

———————————

① 翁纳(Unna)，位于当时的威斯特法伦(Westfalen)省。——编者注

才能够得到温暖。

那里一个漂亮的女孩
亲切地给我斟了五合酒①；
她的鬈发像黄色的丝绸，
眼睛是月光般地温柔。

轻柔的威斯特法伦口音，
我又听到，快乐无穷。
五合酒唤起甜美的回忆，
我想起那些亲爱的弟兄。

想起亲爱的威斯特法伦人，
在哥亭根我们常痛饮通宵，
一真喝到我们互相拥抱，
并且在桌子底下醉倒！

我永远这样喜爱他们，
善良可爱的威斯特法伦人，
一个民族，不炫耀，不夸张，
是这样坚定、可靠而忠心。

他们比剑时神采焕发，
他们有狮子般的心胸！
第四段、第三段的冲刺②，

① 五合酒是用甘蔗酒、糖、柠檬叶、茶、水混合成的一种饮料。
② 第四段、第三段，在击剑术中是容易伤及对手的两段程序。

显示得这样正直、公正！

他们善于比剑，善于喝酒，
每逢他们把手向你伸出
结下友谊，便流下眼泪；
他们是多情善感的栎树。

正直的民族，上天保佑你们，
他赐福于你们的后裔，
保护你们免于战争和荣誉，
免于英雄和英雄事迹。

他总把一种很轻微的考验
赠送给你们的子孙，
他让你们的女儿们
漂漂亮亮地出嫁——阿门①！

【说明】

作者路过威斯特法伦（Westfalen）省的翁纳（Unna）城，回想起他在哥亭根（Göttingen）大学读书时威斯特法伦社团的团友们。海涅一度参加过这个社团。大学里社团的活动经常是喝酒比剑。这些人青年时很正直，而且多情善感，但是后来大都与世浮沉，过着庸俗的市民生活。最后两节，作者为他们所祈求的，也正是作者所不愿见到的实际情况。这是海涅讽刺诗中的另一种手法。

---

① 阿门（Amen），是基督教会里祈祷或祝福完毕时的一个常用的词，有千真万确、全心所愿等含义。

第十一章

这是条顿堡森林，
见于塔西图斯的记述，
这是古典的沼泽，
瓦鲁斯在这里被阻。①

柴鲁斯克族的首领，
赫尔曼，这高贵的英雄，
打败瓦鲁斯；德意志民族
在这片泥沼里获胜。

赫尔曼若没有率领一群
金发的野蛮人赢得战斗，
我们都会成为罗马人，
也不会有德意志的自由！

只有罗马的语言和习俗
如今会统治我们的祖国，
明兴甚至有灶神女祭师，
史瓦本人叫做吉里特！②

---

① 古罗马历史家塔西图斯(Tacitus，50？—120？)著有《日尔曼尼亚》一书，书中记载
　了条顿堡森林的战役。属于日尔曼人的柴鲁斯克族(Cherusker)的首领赫尔曼
　(Hermann)于 9 年在条顿堡森林中击败瓦鲁斯(Varus)统帅的罗马军队。
② 古罗马的女灶神名维斯塔(Vesta)，她的女祭师必须永葆童贞，看守"永恒之火"。
　明兴(München)是德国南部的重要城市，一般译为慕尼黑。吉里特(Quirite)是罗
　马公民的尊称。

亨腾贝格成为脏腑祭师，
拨弄着祭牛的肚肠。
奈安德会成为鸟卜祭师，
他观察鸟群的飞翔。①

毕希-裴菲尔要喝松脂精②，
像从前罗马妇女那样，——
（据说，她们这样喝下去，
小便的气味会特别香。）

劳麦不会是德国的流氓，
而是个罗马的流氓痞子。③
弗莱里拉特将写无韵诗，
像当年的贺拉修斯。④

那粗鲁的乞丐杨老爹，
如今会叫做粗鲁怒士。⑤
天啊！马斯曼将满口拉丁，

---

① 脏腑祭师（Haruspex），古罗马的一种祭师，他们根据祭牛内脏的部位占卜。奈安德（Neander，1789—1850），柏林神学教授。鸟卜祭师（Augur）根据鸟的飞翔预言神的意图。

② 毕希-裴菲尔（Birch-Pfeiffer，1800—1868），德国女演员兼剧作家。

③ 劳麦（F. V. Raumer，1781—1873），德国反动的历史学家。

④ 弗莱里拉特（F. Freiligrath，1810—1876），德国 19 世纪 40 年代的革命诗人。贺拉修斯（Horatius，公元前 65—前 8），古罗马诗人。古罗马诗是不押韵的。

⑤ 杨（F. L. Jahn，1778—1852），德国体育学家，他早年参加反拿破仑的战争，后来思想保守，成为国粹主义的民族主义者。

这个马可·图留·马斯曼奴斯。①

爱真理的人将在斗兽场

跟狮子、鬣犬、豺狼格斗，

他们决不在小幅报刊上

去对付那些走狗。

我们会只有一个尼罗，

而没有三打的君主。

我们会把血管割断，

抗拒奴役的监督。②

谢林将是一个塞内卡，

他会丧身于这样的冲突。③

我们会向柯内留斯说：

"任意涂抹不是画图！"④——

感谢神！赫尔曼赢得战斗，

赶走了那些罗马人；

瓦鲁斯和他的师旅溃败，

---

① 马斯曼（H. F. Massmann，1797—1874），德国语言学家兼体育学家，也是国粹主义者。作者把他和罗马政治家兼演说家马可·图留·西塞罗（Marcus Tullius Cicero，公元前106—前43）相比，所以把马斯曼的姓拉丁化，并冠以西塞罗的名字。

② 尼罗（Nero，37—68），罗马暴君，他迫使他的师傅政治家兼哲学家塞内卡（Seneca，？—65）割断血管自杀。德意志联邦共有三十六邦，所以说是"三打"。

③ 谢林（F. W. Schelling，1775—1854），德国唯心主义哲学家，1841年普王威廉四世把谢林从明兴召往柏林，因此作者想到塞内卡的下场。

④ 柯内留斯（P. V. Cornelius，1784—1867），德国画家。"任意涂抹不是画图"，是拉丁文谚语，诗中用的拉丁原文"Cacatum non est pictum"。

我们永远是德国人!

我们是德国人,说德国话,
像我们曾经说过的一般;
驴叫做驴,不叫阿西奴斯①,
史瓦本的名称也不改变。

劳麦永远是德国的流氓,
还荣获了雄鹰勋章。
弗莱里拉特押韵写诗,
并没有像贺拉修斯那样。

感谢神,马斯曼不说拉丁,
毕希-裴菲尔只写戏剧,
并不喝恶劣的松脂精
像罗马的风骚妇女。

赫尔曼,这都要归功于你,
所以为你在德特摩尔城②
立个纪念碑,是理所当然,
我自己也曾署名赞成。

【说明】

　　在这一章里作者对于德国的国粹主义者进行尖锐的讽刺。这些

---

① 拉丁语称驴为 asinus,音译为阿西奴斯。
② 德特摩尔(Detmold)是条顿堡森林东边的一座城市。1838 年起始在那里给赫尔曼建立纪念碑。

国粹主义者在荒远的古代去寻找所谓"德意志的自由"。在海涅写这篇长诗的同时,马克思在《黑格尔法哲学批判导言》里写道:"具有条顿血统并有自由思想的那些好心的热情者,却到我们史前的条顿原始森林去找我们自由的历史。但假如我们自由的历史只能到森林中去找,那么我们的自由历史和野猪的自由历史又有什么区别呢? 况且谁都知道,在森林中叫唤什么,就有什么回声。还是不要触犯原始的条顿森林吧!"(《马克思恩格斯全集》第 1 卷,454—455 页。)这一章诗的主题和马克思的这段话是一致的。作者还利用德语和拉丁语的文字游戏,把德国人名拉丁化,对当时德国文化界的显赫人物给以嘲讽,而对于古代的罗马也不像一般资产阶级学者那样加以美化。

第十二章

在夜半的森林里
车子颠簸着前进,
戛然一声车轮脱了轴,
我们停住了,这很不开心。

驿夫下车跑到村里去,
在夜半我独自一人
停留在树林子里,
四周一片嗥叫的声音。

这都是狼,嗥叫这样粗犷,
声音里充满了饥饿。
像是黑暗里的灯光,
火红的眼睛闪闪烁烁。

一定是听到我的来临，、
这些野兽对我表示敬意，
它们把这座树林照明，
演唱它们的合唱曲。

这是一支小夜曲，
我看到，它们在欢迎我！
我立即摆好姿势，
用深受感动的态度演说：

"狼弟兄们，我很幸福，
今天停留在你们中间，
满怀热爱对我嗥叫，
有这么多高贵的伙伴。

我这一瞬间感到的，
真是无法衡量；
啊，这个美好的时刻，
我是永远难忘。

我感谢你们的信任——
你们对我表示尊敬，
这信任在每个考验时刻
都有真凭实据可以证明。

狼弟兄们，你们不怀疑我，
你们不受坏蛋们的蒙骗，
他们向你们述说，

我已叛变到狗的一边。

说我背叛了,不久就要当
羊栏里的枢密顾问——
去反驳这样的诽谤,
完全对我的尊严有损。

我为了自身取暖,
有时也身披羊裘,
请相信,我不会到那地步,
热衷于羊的幸福。

我不是羊,我不是狗,
不是大头鱼和枢密顾问——
我永远是一只狼,
我有狼的牙齿狼的心。

我是一只狼,我也将要
永远嗥叫,跟着狼群——
你们信任我,你们要自助,
上帝也就会帮助你们!"

这是我的一段演说,
完全没有预先准备好;
柯尔卜把它改头换面

刊印在奥格斯堡《总汇报》。①

【说明】

　　这是很重要的一章。海涅流亡在巴黎，经常对两方面作战。他一方面受以普鲁士为首的德国反动势力的迫害，另一方面有些资产阶级自由主义激进派的"革命者"也对他进行攻击。这些资产阶级自由主义激进派的"革命者"往往提出些空洞的口号，不切实际，海涅认为这对于革命事业没有好处，给以批评。因此他们认为海涅是背叛了革命而与敌人妥协，甚至给海涅制造流言，肆意诽谤。作者在这一章里申述了他忠于革命的立场。与一般惯用的比喻相反，作者把狼比做坚定的革命者，不是比做坏人。在夜里，他和这些"狼弟兄"会合，表明了他的态度。读这一章可以参考这篇长诗的《序言》。

第十三章

太阳在帕德博恩上升②，
它的神情十分沮丧。
它实际在干一件讨厌的事——
把这愚蠢的地球照亮！

它刚照明了地球的一面，
它就把它的光迅如闪电
送到另一边，与此同时
这一面已经转为黑暗。

---

① 海涅在巴黎，经常给奥格斯堡（Augsburg）的《总汇报》（*Allgemeine Zeitung*）写通讯。柯尔卜（G. Kolb，1798—1865）长期担任《总汇报》的编辑，为了能取得书报检查的通过，他往往任意删改海涅的通讯。
② 帕德博恩（Paderborn），威斯特法伦省的一个城市。

石头总为西锡福斯下滚，
达纳乌斯女儿们的水筲
总不能把水盛满，①
太阳照亮地球，总是徒劳！——

当晨雾已经散开，
我看见在大路旁
曙光中有耶稣的塑像
被钉在十字架上。

我看见你，我可怜的表兄，
每一次我都满怀忧愁，
你这呆子，人类的救世主，
你曾要把这世界解救！

高级议会的老爷们，
他们把你虐待摧残。
谁叫你谈论教会和国家
也这样肆无忌惮！

这是你的厄运，在那年代

---

① 西锡福斯(Sisyphus)，希腊传说中科林特(Korinth)的第一个国王，非常狡诈，死后被罚在阴间把一块沉重的大理石从山下搬运到山顶，每逢快到山顶时，那块石头便从山上滚下来。达纳乌斯(Danaos)，古希腊的一个国王，有五十个女儿，除一个女儿外，这些女儿在结婚的第一夜都把她们的丈夫杀死。她们被处罚在阴间永远用一个底下有窟窿的水桶取水。这两个故事通常用以比喻永远不能完成的沉重的工作。

还没有发明印刷术；

不然关于天上的问题

你也许会写成一本书。

对地上有所讽喻的字句，

检查官会给你删去，

书报检查在爱护你，

免得在十字架上钉死。

啊！只要把你的山上说教①

改变为另外一种文词，

你能够不伤害那些善人，

你有足够的才能和神智！

你却把兑换商、银行家

甚至用鞭子赶出了圣殿②——

不幸的热狂人，你如今

在十字架上给人以戒鉴！

【说明】

    这一章的前三节表达了作者一种消极的悲观思想，对人类的进步持怀疑态度，这和他对革命事业热烈欢迎，对"更好的歌"抱有信

---

① 耶稣的山上说教阐述了他所宣传的教义，事见《新约》中《马太福音》第 5—7 章，《路加福音》第 6 章。

② 《新约·马可福音》第 11 章："耶稣进入圣殿，将里面做买卖的人赶出去，推倒兑换银钱之人的桌子……教训他们说：'经上不是说，"我的殿必称为万国祷告的地方"吗？你们竟将这殿当做盗贼的巢穴了'。经士和众祭司长听见这话，就图谋要杀害他。"

心,是互相矛盾的。这种矛盾的思想在海涅的作品里经常有所反映。作者用十字架上的耶稣比喻彻底的革命者在旧社会里所遭受的难于避免的命运。海涅对于基督教会,尤其是对于天主教会是深恶痛绝的,但他对于原始的耶稣的形象则表示尊敬和同情。他虽然在这里用一种嘲讽口吻把他叫做"表兄",叫做"呆子",但仍然把耶稣说成是穷人的朋友、富人的敌人,是彻底的革命者。

第十四章

潮湿的风,光秃的大地,
车子在泥途中摇荡;
"太阳,你控诉的火焰!"
我的心里这样响,这样唱。

这是那古老民歌的尾韵,
我的保姆常常歌唱——
"太阳,你控诉的火焰!"
它像号角一般鸣响。

歌词里有一个凶手,①
他生活愉快,得意扬扬;
最后发现他在树林里
吊在一棵老柳树上。

---

① 这首民歌的歌词全文没有流传下来。内容大意是:少女娥悌里(Ottilie)被凶手杀死,临死前曾喊道:"太阳,你控诉的火焰!"后来那凶手被秘密审判的复仇者吊死在一棵树上。这首民歌的两节片段,海涅曾记在他的《回忆录》(Memoiren)里。

凶手的死刑判决书
被钉在柳树的树干；
这是复仇者的密审——
"太阳,你控诉的火焰!"

太阳是有力的控诉者,
它使人给凶手定下罪案。
娥悌里临死时喊道:
"太阳,你控诉的火焰!"

我想起这首歌,也就想起
我的保姆,那慈爱的老人,
我又看见她褐色的脸,
脸上有褶子和皱纹。

她出生在明斯特地区,
她会歌唱,也会讲说
许多阴森森的鬼怪故事,
还有童话和民歌。

我的心是多么激动,
当老人说到那个王女,①

---

① 这是格林(Grimm)兄弟《童话集》中《牧鹅女》的故事。一个王后有一个女儿,嫁给
远方的一个王子。王后叫女儿骑一匹能讲话的马去成婚,并由一个侍女护送。马
名法拉达(Falada)。在路上侍女威胁王女,把新娘的衣服骗过来穿在自己身上,
冒充王女与王子结婚,并命王女在城外放鹅。她还下令杀死能讲话的法拉达,把
马头挂在城门上,但是马头还能讲话。王女从城门走过,她便和马头交谈。最后
揭穿了侍女的罪行,王女与王子结婚,将侍女处死。诗中王女与法拉达的对话,和
童话中的对话基本上是一致的。

她孤零零独坐荒郊，
把金黄的头发梳理。

她被迫充当牧鹅女
在那里看守鹅群，
傍晚赶着鹅又穿过城门，
她十分悲伤，不能前进。

因为她看见一个马头
突出地钉在城门上，
这是那匹可怜的马，
她骑着它到了异乡。

王女深深地叹息：
"噢，法拉达，你挂在这里！"
马头向着下边叫；
"噢，好苦啊，你走过这里！"

王女深深地叹息：
"要是我的母亲知道！"
马头向着下边叫：
"她的心必定碎了！"

我屏止呼吸倾听，
当老人讲到红胡子的事迹，
她态度更严肃，语气更轻，

讲说我们神秘的皇帝。①

她向我说，他并没有死，
学者们也信以为实，
他隐藏在一座山中，
统帅着他的武装战士。

山名叫做基甫怀舍，
山里边有洞府一座；
高高圆顶的大厅里
吊灯阴森森地闪烁。

第一座大厅是马厩，
在那里能够看见
几千匹马，装备齐全，
站立在秣槽旁边。

它们都驾了鞍，笼上辔，
可是所有这些马匹，
口也不叫，脚也不踢，
像铁铸的一般静寂。

人们看见第二座大厅里

---

① 红胡子（Barbarossa）皇帝是德意志民族神圣罗马帝国皇帝腓特烈一世（Friedrich I.，1123—1190）的别号。他在 1152 年即皇位，后来参加第三次十字军东征，在小亚细亚的一条河流里淹死。民间传说，他并没有死，回到了德国，带领他的人马睡眠在哈尔次（Harz）山附近的基甫怀舍（Kyffhäuser）的山洞里，将来有一天他还会醒过来。关于海涅对这传说的看法，参看下两章。

战士们在枯草堆上睡倒，
几千名战士，满脸胡须，
都是英勇顽强的面貌。

他们从头到脚全副武装，
可是所有这些好汉，
动也不动，转也不转，
他们都躺得稳，睡得酣。

第三座大厅高高堆积着
宝剑、斧钺和标枪，
银制的铠甲，钢制的盔胄，
古代法兰克的火枪。

大炮很少，可是足够
组成一堆战利品。
一面旗帜高高竖起，
它的颜色是黑红金。

皇帝住在第四座大厅，
已经有许多世纪，
他靠着石桌，手托着头，
坐的也是一座石椅。

他的胡子一直拖到地，
红得像熊熊的火焰，
他屡次蹙紧眉头，
有时也眨动双眼。

他是在睡,还是在沉思？
人们不能查看仔细；
可是一旦时机到了,
他就会猛然兴起。

他便握住那面好旗帜,
他呼喊:"上马！上马！"
他的武装队伍都醒过来,
从地上跳起,一阵喧哗。

一个个都翻身上马,
马在嘶叫,马蹄杂沓！
他们驰向喧嚣的世界,
吹起行军的喇叭。

他们善于骑马,善于战斗,
他们得到了充足的睡眠。
皇帝执行严厉的审讯,
他要把凶手们惩办——

高贵的少女日尔曼尼亚①,
她鬈发金黄,仪表非凡,
曾受过凶手们的暗害——
"太阳,你控诉的火焰！"

———————————

① 日尔曼尼亚(Germania),是德国的拟人称呼。

有些凶手坐在城堡里笑，

他们自以为能够藏躲，

他们逃不脱复仇的绞索——

逃不脱红胡子的怒火——

老保姆的这些童话，

听着多么可爱，多么甜！

我的迷信的心在欢呼：

"太阳，你控诉的火焰！"

【说明】

　　与前一章的第三节相反，作者在这一章里对太阳作了热情的歌颂。作者代表受迫害的人们的心理和希望，说太阳是"控诉的火焰"，用以象征历史的规律，尽管"凶手们"能暂且猖獗一时，但在昭昭红日下，最后他们必定会受到惩罚，真理和正义得到胜利，受迫害者获得解放。作者回忆他重年时期的一个老保姆，她常常给他讲故事、唱民歌，他终生难忘。这里叙述的老保姆给他说唱的一首民歌、一篇童话、一个传说，都是封建社会的产物，含有唯心论、宿命论思想，尤其是关于红胡子的传说，本来就是德国国粹主义民族主义者的幻想，海涅在下边的两章给以尖锐的讽刺，但是在这章里作者只是用以歌颂"控诉的火焰"的威力。

第十五章

一阵细雨淋下来，

冷冰冰像是针尖。

马忧郁地摇着尾巴，

在泥里挣扎，全身流汗。

驿夫吹动他的号角，
我熟悉这古老的角声——
"三个骑士骑马出城门！"①
我觉得恍如梦境。

我昏昏欲睡，我就睡着了，
看啊！最后我梦见
置身于那座奇异的山中，
在红胡子皇帝身边。

他再也不像一座石像
坐在石桌旁的石椅上；
他的外表并不尊严
像人们平日想像的那样。

他蹒跚踱过几座大厅，
东拉西扯和我亲切交谈。
他像一个古董收藏家
把珍品和宝物指给我看。

在武器厅里他向我说明，
人们怎样使用棍棒，
他还把几支剑上的锈
用他的银鼠皮擦光。

---

① 这是一首流行的民歌，见于德国浪漫派诗人阿尼姆（Arnim）与布伦塔诺
（Brentano）合编的民歌集《儿童的奇异的号角》（*Des Knaben Wunderhorn*）。

他拿来一把孔雀羽扇，
给一些铠甲、一些盔胄，
还给一些尖顶盔，
掸去了上边的尘土。

他同样掸掉旗上的灰尘，
他说："我最大的骄傲是——
还没有蠹鱼咬烂旗绸，
旗柄也没有被虫蛀蚀。"

当我们来到那座大厅，
几千名战士装备整齐，
都睡倒在那里的地上，
老人说起话来，满心欢喜：

"我们要轻轻地说话走路，
我们不要惊醒这些人；
一百年的岁月又过去了，
今天正是发饷的时辰。"

看啊！皇帝轻悄悄地
走近那些熟睡的兵士，
在他们每个人的衣袋里
偷偷地掖进一块金币。

我惊异地望着他，
他这么说，面带微笑：

"我发给每个人一块金币
作为一个世纪的酬劳。"

马在养马的大厅里
排成长长的静默的行列，
皇帝搓着自己的手，
好像是特别喜悦。

他数着马匹，一匹又一匹，
拍打着它们的肋部；
他数了又数，他嘴唇颤动
以令人可怕的速度。

"这些马还不够用，"
他最后懊丧地说道——
"兵士和武器都已充足，
但马匹还是缺少。

我派遣出许多马贩子
到全世界四面八方，
他们为我选购良马，
已经有相当大的数量。

等到马的数目齐全，
我就开战，解放我的祖国
和我的德国的人民，
人民忠诚地期待着我。"

皇帝这样说，我却叫道：

"开战吧，你这老伙计，

开战吧，马匹如果不够，

就用驴子来代替。"

红胡子微笑着回答：

"开战完全不要着急，

罗马不是一天筑成，

好东西都需要时日。

今天不来，明天一定来到，

栎树都是慢慢地生长，

罗马帝国有一句谚语：

谁走得慢，就走得稳当。"①

【说明】

　　第十五、十六两章的内容都是在梦中跟红胡子皇帝的对话。第
十四章里所写的红胡子皇帝，由于出自老保姆的口述，在儿童的心中
成为有威望的人物，几座大厅的气氛也是严肃的。但是在第十五章
以后就完全不同了。长期以来，德国国粹主义的民族主义者希望所
谓古代日尔曼精神的再现，把长期睡眠的红胡子皇帝一日将要觉醒
作为祖国复兴的象征。海涅认为这是违反历史规律的。所以在这里
红胡子再也不是审讯"凶手们"、拯救日尔曼尼亚的皇帝，而成为卖弄
古董的可笑的角色了。他口头上说的解放祖国和德国人民，是永远
不会实现的。

---

① 　这句谚语，原诗中用的是意大利文：Chi va piano，va sano。

第十六章

车子的震荡把我惊醒，
可是眼皮立即又合拢，
我昏昏沉沉地入睡，
又做起红胡子的梦。

我跟他信口攀谈，
走遍有回声的大厅，
他问我这，问我那，
渴望我说给他听。

自从许多年，许多年，
也许是从七年战争，
关于人世间的消息，
他不曾听到一点风声。

他问到摩西·门德尔孙，
问到卡尔新，①还很关心地
问到路易十五的情妇，
杜巴侣伯爵夫人②。

我说："啊皇帝，你多么落后！

---

① 摩西·门德尔孙（Moses Mendelssohn，1729—1786），柏林的哲学家。卡尔新（A. L. Karschin，1722—1791），德国女诗人。
② 杜巴侣伯爵夫人（Comtesse du Barry，1741—1793），法王路易十五的情妇。1774 年路易十五死后，退出宫廷。法国大革命期间，罗伯斯庇尔下令将她逮捕，在断头 台上处死。

摩西和他的利百加
已经死了许久,他的儿子
亚伯拉罕也长埋地下。

亚伯拉罕和列亚产生了
名叫费利克斯的小宝贝,
他在基督教会飞黄腾达,
已经是乐队总指挥。①

老卡尔新也同样去世,
女儿克伦克也已死去,
我想,现在还在人间的
是孙女维廉娜·赤西。②

在路易十五统治时期,
杜巴侣活得快乐而放荡,
她已经变得衰老,
当她命丧在规罗亭③上。

那国王路易十五
在他的床上平安死去,

---

① 摩西·门德尔孙的妻子本不叫利百加(Rebekka),《圣经·旧约》中,摩西的妻子叫利百加,所以海涅把门德尔孙的妻子也称为利百加。门德尔孙的第二个儿子叫亚伯拉罕(Abraham),亚伯拉罕的妻子叫列亚(Lea)。亚伯拉罕·门德尔孙的儿子是音乐家费利克斯·门德尔孙(Felix Mendelssohn,1809—1847)。

② 克伦克(K. L. V. Klencke,1754—1812),是卡尔新的女儿,女作家,写戏剧和诗歌。维廉娜·赤西(Helmina von Chézy,1783—1856),是克伦克的女儿,也是女作家,写小说诗歌,与海涅相识。

③ 规罗亭就是断头台,因系医生规罗亭(J. I. Guillotin,1738—1814)所发明而得名。

路易十六却上了规罗亭，
跟王后安东尼特在一起。①

王后完全合乎她的身份，
表现出很大的勇气，
杜巴侣却大哭大喊，
当她在规罗亭上处死。"

皇帝忽然停住脚步，
他对着我瞠目而视，
他说："我的老天啊，
什么是规罗亭上处死？"

我解释说："规罗亭上处死，
是新的方法一种，
不管是什么阶层的人，
都能把他的生命断送。

人们为了这种方法
制造一种新的机器，
这是规罗亭先生的发明，
机器名称就用他的名字。

你被捆在一块木板上；
——木板下沉；——你迅速被推入

---

① 在法国大革命期间，法国国王路易十六和王后安东尼特（Antoinette）都被判死刑，
于 1793 年先后在断头台上被处死。

两根柱子的中间；
——上面吊着一把三角斧；

——绳索一拉，斧子落下来，
这真是快乐而爽利；
在这时刻你的头颅
掉落在一个口袋里。"

皇帝打断了我的话：
"你住嘴，关于你说的机器，
我真是不愿意听，
我起誓不使用这种东西！

尊严的国王和王后！
在一块木板上捆起！
这真是极大的不敬，
违背一切的礼仪！

这样亲昵地用'你'称呼我，
你是什么人，竟如此大胆？
你这小子，等着吧，我将要
把你狂妄的翅膀折断！

当我听你这样说，
怒火在深心里燃烧，
你一呼一吸已经是
叛国罪和大逆不道！"

老人向我咆哮,既无节制,
也不容情,这样愤慨激昂,
这时我也爆发出来
我的最隐秘的思想。

"红胡子先生,"——我大声喊叫——
"你是一个古老的神异,
你去睡你的吧,没有你
我们也将要解救自己。

共和国人会讥笑我们,
他们若看见我们的首领
是个执权杖戴王冠的鬼魂;
他们会发出刻薄的嘲讽。

我再也不喜欢你的旗帜,
我对黑红金三色的喜爱,
已经被当年学生社团里
老德意志的呆子们败坏。①

在这古老的基甫怀舍,
你最好永远呆在这里——
我若是把事物仔细思量,
我们根本用不着皇帝。"

———————

① 学生社团,是从反拿破仑战争时期起,德国大学生普遍组成的一些团体,第十章说
明中提到的威斯特法伦社团也属于这一类。这些社团的政治倾向是各种各样的,
有的从爱国主义演变为狭隘的民族主义,幻想中世纪封建王朝的再现,是很反动的。

【说明】

这一章是前一章的继续，在对话中更显示出红胡子是过去中世纪封建帝王的幽灵，他不可能再起任何作用。他对于 18 世纪末期发生的重大的政治变革一无所知，他的知识只停留在普鲁士王腓特烈二世发动的七年战争(1756—1763)时期。他对于许多新事物不能理解，更不用说法国资产阶级革命期间把国王和王后送上断头台那样在他看来是大逆不道的事了。作者对他讲说送上断头台的程序时，态度非常冷静，而他则怒火如焚，不能忍受。两人的谈话越说分歧越大，最后作者说出他的主要思想："没有你我们也将要解救自己"，"根本用不着皇帝"。

第十七章

我在梦里跟皇帝争吵，
当然只能是在梦里——
在清醒状态中我们不能
跟王侯们谈话这样无礼。

只有梦，在理想的梦境，
德国人对他们才敢
说出在忠实的心里
深藏的德国人的意见。

车子驶过一座树林，
我醒过来，看到路旁的树，
看到赤裸裸枯燥的现实，
我的梦境都被驱除。

栎树严肃地摇摆头颅，
白桦和白桦的树枝
点着头向我警告——我说：
"饶恕我，我高贵的皇帝！

红胡子，饶恕我急不择言！
我知道，你比我更为明智，
我是这样缺少耐性——
可是快点来吧，我的皇帝！

你若觉得规罗亭不如意，
那就还用老的方式：
用剑杀贵族，用绳把市民
和穿粗布衣的农民绞死。

但有时也可以掉换，
用绳索吊死贵族，
砍一砍市民和农民的头，
我们本都是神的创造物。

查理五世的刑事法庭，①
你把它重新建立，
你再把人民划分
按照行会、行帮和等级。

---

① 神圣罗马帝国的皇帝查理五世（Karl V.）在 1532 年颁布刑事法规，是德国的第一
部法典。

古老的神圣罗马帝国①,

你重新恢复它的全体,

给回我们最腐朽的废物,

连同它那一切的把戏。

不管怎样,中世纪在过去

曾真实存在,我甘心容忍——

只要你把我们解救

脱离半阴半阳的两性人,

脱离那冒牌的骑士队伍,②

这个混合物令人作呕,

中古的妄想与现代的骗局,

它不是鱼,也不是肉。

赶走那帮流氓小丑,

把那些戏园子都关闭,

他们在那里效仿远古——

你快点来吧,啊皇帝!"

【说明】

作者从梦中又回到德国的现实。德国反动的统治者把中世纪理
想化,用以麻痹人民,实行复古。有些民族主义者和浪漫派诗人与之
相配合,美化中世纪的封建社会,希望中世纪的帝王骑士们重新出来

---

① 德意志民族的神圣罗马帝国,建立于 962 年,到了 17 世纪已名存实亡,逐渐解体,
1806 年宣告结束。

② 指普鲁士。

表演。作者认为,中世纪曾经是历史上真实的存在,这是可以容忍的,但是"中古的妄想与现代的骗局"的混合物,这种半阴半阳的两性人似的怪现象,是难以容忍的。诗里一再向红胡子说,"你快点来吧",并不是希望他真的再来,而是盼望赶快脱离这不合理的现实。在前两章对红胡子嘲讽和鄙视之后,作者这样说,更足以表明他对当前反动势力的憎恨。

第十八章

明登①是一座坚固的城堡,
有优良的防御和武器!
可是跟普鲁士的堡垒
我不愿有任何关系。

在晚间我到达这里。
吊桥板这样可怕地呻吟,
当我们的车从桥上驶过;
阴暗的壕沟要张嘴吞人。

高高的棱堡凝视着我,
这样威胁,这样恼怒;
宽大的城门哗喇喇打开,
随后又哗喇喇地关住。

啊! 我的灵魂变得忧郁,

---

① 明登(Minden),位于当时的威斯特法伦省。——编者注

像是俄底修斯的灵魂,①
当他听到波利费姆
推岩石堵住了洞门。

一个小军官走到车旁,
来查问我们的名姓。
"我叫作'乌有',是眼科医生,
给巨人们拨除白内障病。"

在旅馆里我的情绪更坏,
饭菜我觉得索然无味,
我立即去睡,可是睡不着,
身上压着沉重的厚被。

是一套宽大的羽毛被褥,
床帐用的是红色绫缎,
金黄的帐顶褪了颜色,
还挂着肮脏的帐穗一串。

该诅咒的穗子! 一整夜
剥夺我可爱的安眠!
它威胁着悬在我的头上
像达莫克雷斯的宝剑②。

---

① 俄底修斯(Odysseus),希腊神话中的英雄,被独眼巨人波利费姆(Polyphem)用石头
堵闭在山洞里。俄底修斯自称"乌有",把喝醉了酒的巨人的独眼刺瞎,得以逃脱。

② 公元前 4 世纪,西西里岛上的暴君狄奥尼斯(Dionys)召宴佞臣达莫克雷斯
(Damokles),在他头上用马尾悬挂一把锋利的宝剑。所谓"达莫克雷斯的宝剑"
已成为谚语,意指幸福中永远有危险威胁着。

屡次好像有一个蛇头，
我听它暗地里嗖叫：
"你现在永远陷身堡垒，
你再也不能逃掉！"

"啊，但愿我，"——我叹息说——
"但愿我是在家里，
在巴黎的鱼市郊区①
跟我的爱妻在一起！"

我觉得屡次也有些东西
抚摩着我的前额，
有如检查官冷酷的手
使我的思想退缩——

宪兵们，全身裹着尸布，
乱糟糟一群白衣的鬼魂
包围了我的床，我也听到
阴森森镣铐的声音。

啊！鬼魂们把我拽走，
最后他们把我拽到
一座陡峭的岩壁，
在岩壁上他们把我捆牢。

---

① 巴黎的鱼市区（Faubourg Poissonnière），海涅于 1841—1846 年住在这里。

罪恶的肮脏的帐顶穗子！
我又同样看见它在动摇，
可是它这时像一只秃鹫，
有利爪和黑色的羽毛。

它这时像普鲁士的鹰，
它抓牢了我的身体，
从我的胸怀里啄食肝脏，
我又呻吟又哀泣。

我哀泣许久——鸡叫了，
这场噩梦也就消退。
在明登汗水湿透的床上，
老鹰又变成了帐穗。

坐着特快驿车继续旅行，
我在毕克堡的土地上①，
在外边自由的大自然里，
呼吸才感到自由舒畅。

【说明】

　　明登（Minden）在威斯特法伦省，有古老的城堡，作者在这里住了一夜。作者说，他不愿意跟普鲁士的堡垒发生任何关系，这就是说，不要被普鲁士政府所拘禁。但是他一走进明登，便觉得好像被拘禁在一座堡垒里了。他做了一夜噩梦，梦见普鲁士的宪兵把他拽走，捆在岩石的峭壁上，一任普鲁士的鹰啄食他的肝脏。这是借用希腊神

---

①　毕克堡（Bückeburg），当时的一个小公国。

话中因盗取天火送给人间而被宙斯惩罚的普罗米修斯(Prometheus)
所遭受的苦难,暗指有革命思想的人在反动势力下所受的迫害。帐
顶上垂下来的肮脏的穗子,时而像是头上的一把宝剑,时而像是一条
蛇,时而像是书报检查官的手,时而又像是普鲁士国徽上的鹰,被作
者写成是这场噩梦的导引线。

第十九章

噢,丹敦,你犯了大错误,
你必须为这错误受罚!
人们能带走他的祖国
在脚上,在鞋底下。①

半个毕克堡公国的领土
都在我的靴子上粘住;
我生平还从未见过
这样发黏的道路。

我在毕克堡城一度下车,
为了看一看祖先的故乡,
我的祖父在那里出生,
祖母却是在汉堡生长。

中午我到达汉诺威②,

---

① 丹敦(G. J. Danton,1759—1794),法国资产阶级革命时期的政治家,属于雅各宾
派右翼,后被罗伯斯庇尔处死。当有人劝他逃亡时,他说,人们不能把祖国系在鞋
底上带走。

② 汉诺威(Hannover),当时是一个王国,首都也叫汉诺威。

我叫人把我的靴子擦净。
我立即出去观看市容，
我要充分利用这次旅行。

我的上帝！这里真是清洁！
街巷里没有粪便。
我看见许多华丽的建筑，
一大片令人惊叹。

我特别喜欢一个大广场，
四周围是堂皇的屋宇；
那儿住着国王，他的王宫，
外表是十分美丽。

(就是这王宫)——在正门前
一边有一个卫兵岗，
红军服扛着火枪在守卫，
既威风凛凛，又是粗犷。

我的向导说："这里住着
托利党老领袖，是个贵族，
虽然老了，却身强力壮，
名叫恩斯特·奥古斯图。①

---

① 恩斯特·奥古斯图（Ernst Augustus，1771—1851），英王乔治三世的儿子，是英国托利党（Tory-Partei，即后来的保守党）领袖，从 1837 年起充当汉诺威国王。由于王位的关系，从 1714 年至 19 世纪中叶，汉诺威曾与英国联合。

他住在这里,幽静而安全,
我们许多亲爱的相识
都小心翼翼地保护他,
胜过一切的卫士。

我有时看见他,他就诉苦,
这职位是多么无聊乏味,
如今他为了这个王位
在汉诺威这里受罪。

他惯于大不列颠的生活,
这里他觉得太狭窄太闷,
忧郁折磨他,他几乎担心
有朝一日他会悬梁自尽。

前天早晨我看见,
他悲哀地蜷曲在壁炉旁;
他亲自给他的病狗
煮一服洗肠子的药汤。"

【说明】

在第十五、十六章里作者在梦中对于国粹主义的民族主义者美化的红胡子皇帝进行了尖锐的讽刺。这一章则通过一个向导的口述让读者知道,一个现实的国王过着怎样一种渺小而可怜的生活。国王住在外表华丽的王官里,但内心十分空虚,生活非常无聊。这是一个没落的、行将灭亡的统治者的写照。这篇长诗印成单行本时,汉堡的书报检查官把这一章从第五节至最后一节都删去了。

第二十章

从哈尔堡乘车到汉堡①
走了一小时。已经是晚间。
天上的星辰向我致意，
空气温和而新鲜。

当我走到我的母亲面前，
她快乐得几乎大吃一惊：
"我的亲爱的孩子！"
她拍着双手发出喊声。

"我亲爱的孩子，这中间
大约有十三年过去！
你一定肚子很饿了，
告诉我，你要吃什么东西？

我有鱼还有鹅肉，
也有甜美的橘子。"
"就给我鱼和鹅肉，
也给我甜美的橘子。"

我吃饭时胃口很好，
母亲幸福而欢喜，
她问我这个，问我那个，
也有些难以回答的问题。

----

① 哈尔堡（Harburg），在汉堡附近，汉堡（Hamburg）是作者这次旅行最后的目的地。

"我亲爱的孩子！你在外国，
可也有人小心照料你？
你的妻子可会操持家务，
给你织补袜子和衬衣？"

"鱼很好吃，亲爱的妈妈，
可是吃鱼时不要说话，
鱼刺容易扎在嗓子里，
这时你不要打扰我吧。"

当我把好吃的鱼吃完，
端上来了鹅肉一份。
母亲又是问这个，问那个，
也有些难以回答的发问。

"我亲爱的孩子！在哪一国
能够生活得最好最美？
德国还是法国？哪个民族
在你心中占优越的地位？"

"德国的鹅肉做得不错，
亲爱的妈妈，可是在法国
他们有更好的香料汁，
他们比我们更会填鹅。"

当鹅肉正在告辞，
橘子又出来款待，

味道是这样甜美，
完全是出乎意外。

但是母亲又开始
很快乐地提出问题，
问到千百件事物，
甚至问到很麻烦的事体。

"我亲爱的孩子！你怎么想？
你是否还总是由于偏爱
搞政治活动？你怀着信念
隶属于哪个党派？"

"这些橘子都很好，
亲爱的妈妈，我真欢喜，
我吞食它甜美的浆汁，
却抛弃它的外皮。"

【说明】

　　这一章和第九章相似，作者以轻佻的语气描绘他和他母亲的会面。十三年不见，一旦重逢，母亲由于对儿子的关心，问这问那，但都不是一言两语所能回答的问题。作者都用答非所问的方法来支吾敷衍。最后在回答"隶属于哪个党派"时，他的回答有较深的含义，说他不属于任何党派，在当时进步的党派中，他只吸取其正确的方面，摒弃不正确的方面。

第二十一章

这座城,大火烧去了一半,
又渐渐地重新修建;
汉堡像一个鬈毛狗
剪去半身毛,十分凄惨。

有些街巷全部消失,
我真是不胜惋惜——
我第一次吻我爱人的
那座房屋又在哪里?

哪里是那印刷所,
那儿印过我的《旅行记》?
哪里是牡蛎酒馆,
那儿我吃过新鲜的牡蛎?

德累克瓦尔街,哪里去了?
这条街我难以找寻!
哪里是那座园亭,①
那儿我吃过多样的点心?

哪里是市政厅,在那儿
元老院②和议会发号施令?

---

① 德累克瓦尔(Dreckwall),汉堡街名,当时许多犹太人在那里居住,重建后改名为旧瓦尔街。园亭,指"瑞士园亭",当时著名的小吃店。
② 元老院,是汉堡的最高行政机构。

都毁于火焰！火焰也不曾
饶恕最崇高的神圣。

人们还为了恐惧叹息，
他们都面容忧戚，
向我述说这一场
大火灾可怕的历史：

"人们只看见浓烟和火焰，
四面八方都同时燃烧！
教堂的塔顶也烈火熊熊，
随后轰然一声塌倒。

古老的交易所也烧毁了，
我们的祖辈在那儿出入，
他们几百年互相交往，
做买卖尽可能以诚相处。

银行,这座城的银灵魂，
它的账簿里一一记载
每个人的银行币值，
感谢上帝！这都没有遭灾！

感谢上帝！人们为此募捐
甚至向最辽远的民族——
一笔好生意——捐款总计
大约有八百万的数目。

（救助金保管人是真正的
基督教徒和善男信女——
他们左手从来不知道
有多少是右手拿去。）①

钱从一切的国家
流入我们张开的手里，
我们也接受食物，
不拒绝任何施与。

人们送来面包、肉和汤，
足够的衣服和床被！
普鲁士国王甚至要
给我们派来他的军队。②

物质的损失得到补偿，
这方面并不难估计——
可是我们的恐惧心情
是谁也不能代替！"

我鼓励着说："亲爱的人们，
你们不要哀泣，不要哭号，
特洛亚是个更好的城，
也遭到烈火的焚烧。③

---

① 这一节在发表时删去，是根据手稿补上的。
② 大火灾后，普鲁士国王曾派来军队，以协助维持秩序为名，扩大普鲁士的势力。
③ 特洛亚（Troja），小亚细亚西北角的一个城市，在特洛亚战争（公元前 1194—前
1184）中，希腊人攻破后，被焚烧。

重新建筑你们的房屋，

淘干你们的污水坑，

你们制订更好的法律，

置办更好的灭火筒。

不要过多把卡晏胡椒粉，

撒入你们假的元鱼汤，①

你们煮鲤鱼这样油腻，

不去鱼鳞，这也不健康。

火鸡对你们害处不多，

可是要提防那种诡计，

有一只鸟把它的卵

下在市长的假发里。②

谁是这只讨厌的鸟，

我用不着向你们说明——

我一想到它，我吃的东西

就在我的胃里翻腾。"

【说明】

　　从这一章起，直到第二十六章，说的都是汉堡，形成长诗最后的组成部分。如果说，在前二十章里，作者讽刺和攻击的对象主要是以

————————————

① 　卡晏（Cayenne）是拉丁美洲法属圭亚那的首府，产胡椒。假元鱼汤系用牛犊的头制成。

② 　这鸟指的是普鲁士国徽上的鹰。普鲁士曾企图使汉堡加入关税同盟。

普鲁士为代表的封建统治下的种种社会现象,那么以后的几章里,作者在汉堡所遇到的,则是资产阶级的庸俗社会。汉堡是一个自由城,资本主义比较发达,当时它也没有参加以普鲁士为首的关税同盟(它是直到 1888 年才参加的)。海涅和汉堡有较为密切的关系,他的叔父所罗门·海涅(Salomon Heine,1767—1844)住在这里。所罗门·海涅是银行家,对海涅有过长期的经济资助。海涅在青年时期(1816—1818)在这里住过,此后还经常来到这里。汉堡在 1842 年 5 月经过一场大火灾,作者在这一章里描述了汉堡市民在火灾后的恐惧心理和不安情绪,也揭发了一些伪善者借着募捐谋利,中饱自己的私囊,并提出警告,要提防普鲁士在汉堡困难时期施展阴谋。

第二十二章

比这座城变化更多的,
我觉得是这里的人,
他们像走动着的废墟,
心情忧郁,意气消沉。

如今那些瘦子更瘦了,
胖子有了更肥的躯体,
孩子们都长大了,大部分
老年人变得有孩子气。

我离开时有些人是小犊,
如今再见已成为壮牛;
有些小鹅变成了蠢鹅,
还自负她们的羽毛娟秀。

老顾德尔涂脂抹粉，
打扮得像个勾魂鸟；①
戴上了乌黑的假鬈发，
白牙齿发光闪亮。

最善于保养的是
我的朋友，那个纸商；
外表像施洗礼的约翰，
头发变黄了，披在头上。②

我只从远处看见某某，
他急速溜过我的身边；
我听说，他的灵魂烧掉了，
他在比伯尔公司保过险。③

我又看见我的老检查官④，
有浓雾中，他弯着腰，
在鹅市场上碰到我，
他好像非常潦倒。

---

① 顾德尔（Gudel），当时汉堡的一个妓女。勾魂鸟，希腊神话中的女妖，名西勒内（Sirene），女人的面貌，鸟的身体，在海岛上用歌声诱引航海者，吸吮人的血液。

② 纸商名米哈艾里斯（E. Michaelis，1771—1847），在法军占领汉堡时期，他为地方做过一些工作，海涅对他有好感。约翰是耶稣的门徒之一，但是耶稣是在约旦河接受约翰洗礼的，见《新约·马太福音》第3章。

③ 某某，指海涅叔父的女婿哈雷（A. Halle）。比伯尔（Bieber）保险公司在大火灾后宣告破产。

④ 老检察官霍夫曼（F. L. Hoffmann，1790—1871），1822—1848年间在汉堡任书报检查官。

我们彼此握一握手，
他眼里浮动着一颗泪珠。
又看见我，他多么高兴！
这是感人的一幕——

我不是人人都看到，
有些人已经死去，
啊！甚至我的龚佩里诺①
我们再也不能相遇。

伟大的灵魂刚刚脱离了
这个高贵的人的躯体，
他翱翔在耶和华②宝座旁
成为光辉的颂神天使。

我到处寻找不到
那伛偻的阿多尼斯③，
他在汉堡的街巷兜售
瓷制的夜壶和茶具。

（小麦耶尔是否还活着，
我实在不能说清，
我没看见他，我却又忘记

---

① 龚佩里诺（Gumpelino），指海涅叔父的朋友银行家龚佩尔（L. Gumpel），他在海涅在汉堡时死去。
② 犹太教称上帝为耶和华（Jehova）。
③ 伛偻的阿多尼斯，指在汉堡沿街兜揽生意的一个小贩，他形貌丑陋，作者用希腊神话中的美少年阿多尼斯（Adonis）称呼他。

在柯耐特那里打听。)①

萨拉斯,那忠诚的鬈毛狗②,

也死了,这个损失真大!

我敢说,康培宁愿为它

失去了六十个作家。

——有史以来,汉堡的居民

就由犹太人、基督徒构成:

就是那些基督教徒

也常常吝于赠送。

基督教徒都相当好,

他们的午餐也不错,

他们支付票据都准时,

最后的期限决不超过。

犹太人又分裂为

两个不同的党派,

老一派去犹太教堂,

新一派在庙里膜拜。③

---

① 这一节在发表时删去,是根据手稿补上的。小麦耶尔(A. J. H. Meyer, 1788—
1859),汉堡作家兼戏剧评论家。柯耐特(J. Cornet, 1794—1860),歌唱家,于
1841—1847 年间任汉堡剧院经理。

② 萨拉斯(Sarras)是汉堡出版家尤利乌斯·康培(Julius Campe, 1792—1867)心爱的
猎犬。海涅的著作绝大部分都是由康培出版的。

③ 从 1816 年起,汉堡的犹太人分为两派,海涅曾长期倾向新的改革派。

新派的人吃猪肉，

他们都善于反抗，

他们是民主主义者；

老派却更有贵族相。

我爱旧派，我也爱新派——

我却凭永恒之神声明，

我更爱某些鱼儿，

熏鲱是它们的名称。

【说明】

这一章叙述汉堡的人的变化，作者形容汉堡大火后的市民好像是"走动着的废墟"。但作者仅就他过去在汉堡认识的一些人从表面上来看人的变化，有的死了，有的老了，有的变得更可怜、更可笑了，范围比较狭窄，没有涉及时代的变化，这章与第九章、第二十章都有类似的缺点，其中的讽刺没有深的含义，有时甚至流于油滑。

第二十三章

作为共和国，汉堡从不曾

像威尼斯、佛罗伦萨那样大。

可是汉堡有更好的牡蛎；

烹调最美，是罗伦茨酒家。①

---

① 意大利的威尼斯和佛罗伦萨，都是在中世纪封建时代成立的城市共和国；汉堡也是个自由城，与意大利城市共和国性质相近。罗伦茨(Lorenz)酒家，是汉堡当时著名的饭馆。

是一个美丽的傍晚，
我和康培走到那里，
我们要共同饱尝
莱茵美酒和牡蛎。

那里也遇到良朋好友，
一些旧伙伴，例如舒菲皮①，
我又高兴地看到；
也还有一些新兄弟。

那是威勒，他的脸②
是个纪念册，在纪念册里
大学里的敌人们用剑痕
清清楚楚地签了名字。

那是福克斯，是热狂的
异教徒，耶和华的私敌，
他只信仰黑格尔，还信仰
卡诺瓦雕刻的维纳斯。③

康培欢欢喜喜地微笑；

---

① 舒菲皮（H.D. Chaufepie，1801—1856），汉堡的医生。
② 威勒（F. Wille，1811—1896），一种文学杂志的编辑，面上带有在大学时与人比剑留下的伤痕。
③ 福克斯（F. A. Fucks，1812—1856），在汉堡当过教师，研究哲学，思想激进。卡诺瓦（A. Canova，1757—1822），意大利雕刻家，雕有爱神维纳斯（Venus）像。

他是慷慨的东道主①，
他的眼睛放射着幸福
像一个光辉的圣母。

我吃着喝着，胃口很好，
我在我的心里思忖：
"康培是出版界的精华，
他真是一个伟大的人。

要是另一个出版商，
也许会让我活活饿死，
但是他甚至请我喝酒；
我永远不把他抛弃。

我感谢天上的创世主，
他创造了葡萄酒浆，
还让尤利乌斯·康培
成为我的出版商。

我感谢天上的创世主，
通过他伟大的'要有②，
海里他创造了牡蛎，

---

① "慷慨的东道主"，原文是安菲特里荚（Amphitryo），莫里哀戏剧《安菲特里昂》（*Amphitryon*）中的主人公，是个慷慨好义的主人。从 1826 年起，一直到海涅逝世，海涅的著作都是由尤利乌斯·康培印行。海涅与康培之间，关于稿费、书报检查、删改、装订等问题，有过不少纷争。但是海涅和康培总是保持较好的关系，因为海涅认为，别的出版商会比康培坏得多，而且康培具有专长，善于发行禁书。从 1835 年起，海涅的著作，在德国各邦是被禁止的。

② "要有"，见《旧约·创世记》第 1 章："神说：'要有光'，就有了光。"

地上创造了葡萄酒！

他也让柠檬生长，
用柠檬汁浸润牡蛎——
主啊，于是让我在这夜里
好好消化吃下的东西！”

莱茵酒引起我的温情，
解脱我胸中的任何困扰，
它在我的胸怀里
又燃起人间爱的需要。

它驱使我走出房屋，
我在街上绕来绕去；
我的灵魂寻找一个灵魂，
窥伺温存的白衣妇女。

在这些瞬间我不能自主，
为了渴望，为了烦闷；
我觉得猫儿都是灰色的，
女人们都是海伦①——

当我来到得勒班街②，
我在闪烁的月光里

---

① 海伦（Helene），古希腊美女。海涅在这里是模拟歌德《浮士德》第一部《魔女之厨》中的最后两行诗："只要你一把这种药汤吞饮，任何女子你都要看成海伦。"
② 得勒班街（Drehbahn）是汉堡的一条街，那里麇集着妓女。

看见一个庄严的女人，
一个胸膛隆起的妇女。

她的圆面庞十分健康，
土耳其蓝玉像她的双瞳，
面颊像玫瑰，嘴像樱桃，
鼻子也有些微红。

头上戴着白亚麻的小帽，
浆洗得硬挺而净洁，
叠褶得像一顶城徽冠冕，
有小城楼和齿形的城堞①。

她穿着罗马式的白上衣，
一直下垂到小腿肚，
多么美的腿肚啊！两只脚
像两根多利式的脚柱②。

那些最世俗的天性，
能够从面貌上看出；
可是一种更高的本质
从超乎常人的臀部流露。

她走近我对我说：
"十三年的别离以后，

---

① 指汉堡城徽的图形。
② 是古希腊多利族人（Dorier）的建筑风格，石柱简单朴素。

在易北河边欢迎你——
我看,你还是依然如旧!

在这个美好的地方,
你也许在寻找那些美女,
她们常常与你相逢,
热狂地和你通宵欢聚。

生活,多头蛇的怪物①,
已经把她们吞咽;
你不能再看见往日
和往日的那些女伴!

被青春的心神化了的
娇美的花朵,你不能再见;
花朵曾经在这里盛开——
如今枯萎了,被狂风吹散。

枯萎、吹散,甚至践踏
在粗暴的命运的脚底——
我的朋友,这是世界上
一切美好事物的遭遇。"

我喊道:"你是谁? 你望着我
像往日的一个梦境——
你住在哪儿,高大的妇女?

---

① 希腊神话中长着九个头的怪蛇。原文是"百头的怪蛇"。

我可否伴你同行？"

那女人微笑着说：
"你错了，我是一个温文、
正派、有德行的淑女，
你错了，我不是那样的人。

我不是那样的一个姑娘，
那样南方的罗勒特女人①——
要知道：我是汉莫尼亚，
是汉堡的守护女神！

你一向是勇敢的歌手，
你却惊呆，甚至恐怖！
你现在还要伴我同行吗？
好吧，你就不要踌躇。"

但是我大笑着喊道：
"我立即跟着你去——
你走在前，我跟在后，
哪怕是走入地狱！"

【说明】

这一章的前半章叙述作者和他的出版商康培的关系，对康培表
示感谢；后半章记载作者和汉堡守护女神汉莫尼亚（Hammonia）的相
遇。作者创造了汉莫尼亚这个形象，是用她来代表汉堡资产阶级庸

---

① 指法国的妓女。罗勒特（Lorette），巴黎地名，那里居住着妓女。

俗的市侩社会,正如红胡子皇帝代表中世纪的封建势力。与有关红
胡子皇帝的几章相比,关于汉莫尼亚的几章在结构上也是相似的:在
第十四章的后半章,谈到红胡子,随后三章(十五、十六、十七)都是跟
那个封建皇帝的争论;这里也是在这一章以后的三章里(二十四、二
十五、二十六)开展了与市侩社会的"女神"的对话。

第二十四章

我不能说明,我是怎样
走上门洞里狭窄的楼梯;
也许是看不见的精灵们
把我给抬了上去。

在汉莫尼亚的小屋子里,
我的时间过得很迅速,
这女神对我永抱同情,
她这样向我倾诉。

她说:"你看,在往日
我最器重那位诗人①,
他曾经歌颂救世主,
弹奏他虔诚的诗琴。

如今在柜橱上还摆着
克罗卜史托克的半身像,

---

① 指德国诗人克罗卜史托克(F. G. Klopstock,1724—1803),著有宗教叙事诗《救
世主》,他在 1770—1803 年住在汉堡。

可是我多年来只把它
当做帽架在那儿安放。

现在你是我宠爱的人，
在床头挂着你的画像；
你看，新鲜的月桂围绕着
这可爱的画像的像框。

只是你对我的儿子们
常常苛责，我必须说清，
这有时太使我伤心；
这样的事再也不要发生。

但愿时间已经治好
你这种恶劣的作风，
即使对待呆子们
也要有较大的宽容。

告诉我说，你怎么会想起，
在这季节旅行到北方？
你看这样的天气
已经是冬天的景象！"

"噢，我的女神！"——我回答说——
"思想在人心深处睡眠，
它们常常醒过来
在不适当的时间。

我表面上过得相当好，
但内心里却是忧闷，
这忧闷天天增长——
我被乡愁所围困。

一向轻快的法国空气，
渐渐使我感到压抑；
我必须在德国这里
呼吸空气，免于窒息。

我渴望泥炭的气味，
和德国的烟草气息；
我的脚因为焦急而颤动，
要踏上德国的土地。

我夜里叹息，我渴望
能够再看见她们，
那住在堤门旁的老妇，
小绿蒂住在附近。①

还有那位高贵的老先生②，
他责骂我总是很严厉，
爱护我又总是宽宏大度，
为了他，我也时常叹息。

---

① 老妇指海涅的母亲，小绿蒂指海涅的妹妹夏绿蒂·厄卜登(Charlotte Embder)。
② 老先生指海涅的叔父所罗门·海涅。

我要从他口里再听到
那句话:'胡涂的年轻人!'
这总是像音乐一般
在我的心里留下余韵。

我渴望一缕青烟①
从德国的烟囱里升起,
渴望下撒克逊的夜莺,
渴望山毛榉林的静寂。

我甚至渴望那些地方,
渴望那些受难的地点,
那里我曳着青春十字架,
戴着我荆棘的冠冕②。

那里我曾经痛哭流泪,
我要在那儿再哭一场——
我相信,人们用热爱祖国
来称呼这痴情的渴望。

我不喜欢这样说;
其实那只是一种宿疾,
我永远怀着害羞的心情,
对众人把我的创伤隐蔽。

———————————

① 荷马《奥德赛》第一章记载,俄底修斯在海上漂流中渴望,只要看到一次有炊烟从
  故乡的山丘上升起,然后才死去。
② 指海涅在青年时期在汉堡所经历的爱情的痛苦。耶稣被钉在十字架上以前,背着
  十字架,头戴荆冠,路上经过十二个地点,受到折磨。

讨厌的是那些流氓，
他们为了感动人的心肠，
炫耀他们的爱国主义，
用他们所有的脓疮。

那是些卑鄙无耻的乞丐，
他们想望的是布施赈金——
施舍一分钱的声望吧，
给门采尔和史瓦本人！

噢,我的女神,你今天
看我有感伤的情绪,
我有些病,我却自加调护,
我不久就会痊愈。

是的,我有病,你能够
使我的灵魂清爽,
用满满的一杯茶；
茶里要掺入甘蔗酒①浆。"

【说明】

作者在这一章里以抒情的语气向汉莫尼亚述说他长期流亡巴黎怀念祖国的心情,但是他声明,这是一种乡愁,是一种病,说不上是什么爱国主义。同时他指出,有些流氓像前边提到过的门采尔和史瓦本诗人之流,他们以爱国主义招摇炫耀,无非是要在社会上骗取不值

---

① 是用甘蔗酿的一种烧酒,一般掺在茶里喝。

分文的声望。

第二十五章

女神给我煮好了茶，
茶里注入了甘蔗酒；
但她自己却不喝茶，
只单独把蔗酒享受。

她的头靠近我的肩膀，
（城徽冠冕，那顶小帽
因而也有些折损），
她谈话用温柔的语调。

"我时常担惊害怕地想到，
你住在伤风败俗的巴黎，
这样完全无人照管，
在轻佻的法国人那里。

你在那里游荡，在你身边
一个德国出版商也没有，
他忠实地告诫你，引导你，
充当你的良师益友。

那里，诱惑是如此强大，
迷人的风姨①如此众多，

---

① 风姨，原文是希腊神话中风的女精灵西尔菲德（Sylphide），这里指轻狂漂亮的女子。

她们有害健康，人们
太容易失去心境的平和。

留在我们这里，不要回去；
这里支配着纪律和道德，
就是在我们中间
也盛行一些幽静的娱乐。

留在我们德国，如今这里
比过去更适合你的口味；
我们在进步，这种进步
你一定亲自有所体会。

书报检查也不再严格，
霍夫曼变得又老又温和，
他不再删削你的《旅行记》
怀着青年人的怒火。

如今你也老了，变得温和，
你将适应于一些事物，
你甚至对于过去
也会用较好的眼光回顾。

是的，说我们过去在德国
过得那样可怕，这是夸张；
人们能用自杀逃脱奴役，

像曾经在古罗马那样。①

人民享受思想自由，
自由是为了广大的人群，
只有少数人受到限制，
那是些写书印书的人。

从不曾有过枉法的专制，
就是最恶劣的煽动犯，
若没有法庭的宣判，
也不褫夺他的公民权。

虽然有种种的时代苦难，
德国并不曾那样坏过——
相信我，在德国的牢狱里
不曾有过一个人死于饥饿。

这么多美好的现象
表现出信仰和温情，
都曾经在过去的时代发扬；
如今到处只是怀疑和否定。

实用的、表面的自由
将会有一天把理想消灭，
理想在我们的胸怀里——
像百合梦一般地纯洁！

———————————

① 参看第十一章第十节。

我们美丽的诗也正在消逝，
它有一些已经消亡，
跟着其他的国王死去的
有弗莱里拉特的摩尔王。①

儿孙将要吃得饱喝得够，
可是难得有沉思的寂静；
乱哄哄上演一场闹剧，
从此结束了牧歌的幽情。

噢，你若是能够保守秘密，
我就把命运书给你打开，
我让你在我的魔镜里，
看一看将来的时代。

我从未向世人宣示的，
我愿意宣示给你：
你的祖国的未来——
啊！只怕你不能保密！"

"啊女神！"——我兴奋地喊叫——
"这会是我的最大的欢喜，
让我看到将来的德国——
我坚守信用，保守秘密。

---

① 弗莱里拉特的一首诗《摩尔王》(Der Mohrenfürst)叙述一个黑人的首领在战场上
失败，被胜利者卖给白人奴役的故事。

我愿向你立下任何誓言，
无论你要求什么方式，
向你做保守秘密的保证——
告我说，我应该怎样发誓！

可是她回答："向我发誓
用亚伯拉罕的方式去做，①
像他叫埃利赛发誓那样，
当埃利赛起程的时刻。

掀起我的衣裳，把你的手
放在我这里的大腿下，
向我发誓你永远保守秘密，
无论是写作还是说话！"

一个严肃的瞬间！ 好像是
远古的微风向我吹拂，
当我按古老的族长习惯
向女神立下誓言的时刻。

我掀起女神的衣裳，
把手放在她的大腿下，
我发誓要永远保密，

---

① 《旧约·创世记》第 24 章：亚伯拉罕对他的老仆说："请你把手放在我大腿底下。
我要你指着耶和华天地的主起誓。(你当放手在我腿底下，我要你指着主天地的
神起誓)"埃利赛(Elieser)是仆人的名字。

无论是写作还是说话。

【说明】

在这一章里，代表资产阶级市侩社会的汉莫尼亚表达了她对于时代的看法：对过去的旧制度采取原谅的态度，认为把它说得那样可怕，是过分的夸张；对现代感到满足，因为一切都在"进步"，这"进步"意味着妥协，无论是反动势力或是革命势力都不要各走极端。同时她对于所谓"沉思的寂静"与"牧歌的幽情"的消失，感到不胜惋惜，这种怀旧的惋惜心情是真正进步的障碍，这种看法反映了德国资产阶级的脆弱性和妥协性。在这样的思想指导下，她要叫作者看一看德国的将来。

第二十六章

女神的两颊这样发红，
（我想，她喝下的甘蔗酒
升上了头），她向我说，
她说话的语调十分忧愁：

"我老了，我降生在
汉堡初建的时候，
母亲是大头鱼女王，
在这里的易北河口。

父亲是一个伟大的君主，

名叫卡罗鲁斯 · 麦努斯①，
比普鲁士的腓特烈大王
更为聪明，更有威力。

他登基加冕时坐过的
那把交椅，现在还在亚琛；
他夜里休息的那个椅子，
遗留给善良的母亲。

母亲把椅子又传给我，
这家具外表粗陋，
可是洛特希尔②拿出他的
全部金钱，我也不肯出售。

你看，一把旧椅子
安放在那个角落。
椅背的皮革已经撕开，
坐垫也被蠹虫咬破。

你走去，你从椅子上
掀起来那个坐垫，
你就看见一个圆洞口，
一口锅在圆洞下边——

---

① 卡罗鲁斯 · 麦努斯，即查理曼大帝，见第三章注。查理曼大帝在 9 世纪初在易北河畔建立了城堡。
② 洛特希尔(M. A. Rothschild, 1744—1812)，德国大银行家，他的儿子们在伦敦、巴黎、维也纳都设有分行。洛特希尔家族在 19 世纪完全掌握国家信贷，有很大的政治影响。

那是一口魔术锅，
种种魔力在锅里沸腾，
把你的头伸入圆洞，
你就看得见将来的情形——

这里你看见德国的将来
有如波涛滚滚的幻境，
但不要悚惧，如果有毒气
从混沌的锅里上升！"

她边说边笑，笑得很离奇，
但是我并没有被她吓住，
我好奇地跑了过去，
把头向可怕的圆洞伸入。

我看见了什么，我不泄露，
因为我已经宣誓保密，
我几乎说不出来，
啊上帝！我嗅到什么气息！——

我想起那使人作呕的
一开场的乌烟瘴气，
便是满怀厌恶，好像是
烂白菜、臭牛皮煮在一起。

随后升起的那些气味，
它们真是可怕，啊上帝！

好像是有人扫除粪便
从三十六个粪坑里①——

我领会，从前圣·鞠斯特
在公安委员会里说过：②
不能用玫瑰油和麝香
治疗人的重病沉疴——

可是这德国将来的气息，
超过我的鼻子任何时候
所感受到的一切事物——
我不能更长久地忍受——

我一阵昏迷不醒，
当我又把眼睛睁开，
我仍然坐在女神的身边，
头靠着她宽阔的胸怀。

她的眼闪光，她的嘴发热，
她鼻孔颤动，她如醉如狂，
把诗人拥抱在怀里，
用粗野可怕的热狂歌唱：

---

① 指德意志联邦的三十六个封建领域，参看第十一章注。

② 圣·鞠斯特（L. A. L. Saint-Just，1767—1794），法国资产阶级革命时期的革命家，属于雅各宾派。雅各宾派掌握政权时（1793—1794），公安委员会是最高的行政机构。

"在屠勒有一个国王,①

他有个视如至宝的酒杯,

每逢他用这酒杯饮酒,

他的眼里就流出泪水。

于是他起了一些意图,

这意图几乎难以揣度,

于是他逞才能,发指令,

我的孩子,要把你追捕。

你不要到北方去,

要提防屠勒国王的迫害,

提防宪兵和警察,

提防全体的历史学派②。

留在汉堡陪伴我,我爱你,

我们要享受现在,

我们喝美酒,吃牡蛎,

忘却那黑暗的将来。

---

① 本节及以下两节在发表时删去,这是根据手稿补上的。屠勒(Thule)是北欧传说中最北方的一个岛国。这三节中的第一节的内容也见于歌德《浮士德》第一部《傍晚》一场。作者在这里用屠勒国王指普鲁士国王。

② 历史学派,指当时在柏林以萨维尼(K. V. Savigny,1779—1861)和爱西霍恩(K. F. Eichhorn,1781—1854)为代表的法学派别,这个学派与18世纪的启蒙思想相对抗,被复古的反动势力所欢迎。马克思在《黑格尔法哲学批判导言》里说:"有个学派以昨天的卑鄙行为来为今天的卑鄙行为进行辩护,……这个法的历史学派本身如果不是德国历史的产物,那它就是杜撰了德国的历史。"(《马克思恩格斯全集》,第1卷,第454页)。

把盖子盖上！不要让秽气
污染我们欢悦的心——
我爱你，像任何一个女子
爱一个德国的诗人！

我吻你，我感觉到
你的天才使我兴奋，
一种奇异的陶醉
控制着我的灵魂。

我觉得，我好像听到
守夜的更夫歌唱在街头——
那是些祝贺新婚的歌曲，
我的甜蜜的快活朋友！

如今骑马的仆役也来到，
举着熊熊的火把辉煌，
他们庄严地跳着火把舞，
他们跳着，蹦着，摇摇晃晃。

来了德高望重的元老院，
来了元老院中的长老！
市长嗽了嗽喉咙，
他要宣读一篇讲演稿。

穿着光华灿烂的制服
出现了外交官的团体；
他们以邻邦的名义

有所保留地来贺喜。

犹太僧侣和基督教牧师，
宗教界的代表都来到——
可是啊，霍夫曼也来了
带着他检查官的剪刀。

剪刀在他手里嚓嚓地响，
这粗暴的家伙步步挪近
你的身体——看准上好地方，
狠狠地向肉里扎进。"

【说明】

　　这一章的前半章叙述作者从汉莫尼亚祖传的椅子里所看到的"德国的将来"，是从三十六个粪坑——即德意志联邦的三十六个封建领域里散发出来的难以担当的恶浊的臭气。这说明，若是按照代表资产阶级市侩社会的汉莫尼亚的看法，对旧制度完全妥协，对新的变革充满嫌恶与恐惧，那么德国的将来就会是这样。这和作者在第一章里所歌颂的新的世界完全是两样。后半章则是汉莫尼亚对作者百般抚慰，希望他留在她这里和她结合。作者有意识地模拟阿里斯托芬的喜剧《鸟》的最后一场（"云中鹁鸪园"的创立者珀斯忒泰洛斯和巴西勒亚的婚礼），通过汉莫尼亚的狂歌幻想，形容诗人与女神的婚礼的盛况，所有这个庸俗社会中的头面人物都走来祝贺。但最后书报检查官也来了，他用剪刀狠狠地向诗人的肉里一扎，完全打散了这个幻想的婚礼。

第二十七章

后来在那离奇的夜里
有什么事继续发生，
等到在温暖的夏日，
我再一次说给你们听。

伪善的老一代在消逝。
如今啊，要谢谢上帝，
它渐渐地沉入坟墓，
它害着说谎病死去。

新的一代正在生长，
完全没有矫饰和罪孽，
有自由思想，自由的快乐——
我要向它宣告一切。

那样的青年已经萌芽，
他们了解诗人的豪情善意，
从诗人的心头取得温暖，
从诗人太阳般的情绪。

我的心像光一样地爱，
像火一样地净洁纯真，
最高贵的优美女神
给我的琴弦调好了音。①

---

① 三个优美女神在罗马神话中称为格拉琴（Grazien）。

这是我的师父在当年
弹奏过的同样一张琴，
师父是文艺女神的宠儿，
是已故的阿里斯托芬。

就是那张琴，他弹奏着
歌唱珀斯忒泰洛斯，
歌唱他向巴西勒亚求婚，
他和她向高空飞去。①

在前一章我曾经尝试
模仿一下《鸟》的最后一幕，
《鸟》在师父的戏剧中
的确是最好的一部。

《蛙》那部戏也很出色。
如今在柏林的舞台
用德文的译本上演，
供国王取乐称快。②

国王爱这部戏。这证明
他有良好的古典嗜好；
老国王③却更加爱听

① 阿里斯托芬的喜剧《鸟》的最后一场歌颂了"云中鹁鸪国"的创立者珀斯忒泰洛斯
（Paisteteros）与宙斯的女儿巴西勒亚（Basileia）的婚礼。
② 《蛙》是阿里斯托芬的另一部喜剧，在1843—1844的冬季曾在柏林上演。
③ "老国王"指普鲁士国王的父亲威廉三世。

现代的蛙的聒噪。

国王爱这部戏,可是
倘若作者还在人世,
我就不会劝告他
亲身去到普鲁士。

现实的阿里斯托芬,
这可怜的人就要受罪,
我们将要立即看见
陪伴他的是宪兵合唱队。①

流氓们立即得到准许,
对他不是奉承,却是谩骂;
警察们也接受命令,
把这高贵的人追拿。

啊国王! 我对你抱有善意,
我要给你一个建议:
死去的诗人,要尊敬,
可是活着的,也要爱惜。

不要得罪活着的诗人,
他们有武器和烈火,
比天神的闪电还凶猛,

———————————

① 古希腊的悲剧和喜剧一般在表演过程中都穿插有合唱队的合唱。这里指的是被
普鲁士的宪兵逮捕。

天神闪电本是诗人的创作。

可以得罪新的神、旧的神，
得罪奥林普斯的群匪，①
再加上最崇高的耶和华——
只不要得罪诗人！

神对于人间的罪行，
自然有严厉的惩罚，
地狱的火是相当地热，
那里人们必须炖，必须炸——

可是有些圣者从烈火中
拯救罪人，衷心祷告；
通过教堂布施，追忆弥撒，
也取得一种神效。

在世界末日基督降临，
他打破地狱的门口；
他纵使进行严厉的审判，
也会有一些家伙溜走。

可是有些地狱，不可能
从它们拘禁中得到解放；
祈祷没有用，救世主宽赦
在这里也没有力量。

---

① 奥林普斯（Olympus）是希腊神话中群神居住的山名。

难道你不知但丁的地狱，
那令人悚惧的三行诗体？①
再也没有神能把他救出，
他若被诗人关了进去——

从来没有神，没有救世主
把他从歌唱的烈火解救！
你要当心，不要使我们
把你向这样的地狱诅咒。

【说明】

　　这最后的一章与开始的第一章相呼应，作者表达了他的信念，虚
伪的旧时代将要消逝，新的一代将要兴起。这新的一代将能理解诗
人的诅咒和歌颂。作者表明，他的批判和讽刺是以阿里斯托芬为师，
因为阿里斯托芬讽刺当时社会，批判现实政治，是古希腊杰出的喜剧
作家。最后作者对迫害进步诗人的普鲁士国王提出警告，各种各样
的神都不足畏，最可怕的是诗人的"歌唱的烈火"，如果这些当权者被
诗人的笔打入地狱，便永远得不到解救。必须指出，海涅在这里是过
分地抬高了诗人的地位，夸大了诗的作用，而忽视了反动统治者必然
会受到历史的审判和人民的惩罚。并且他所谓的"新的一代"，只是
抽象的想望，而没有意识到无产阶级将要登上历史舞台。

―――――――――

① 指意大利诗人但丁（Dante，1265—1321）名著《神曲》第一部《地狱篇》。《神曲》全
　诗韵脚都以三行交错，故称三行诗体。

6　哈尔次山游记①

黑色的上衣，丝制的长袜，
净白的、体面的袖口，
柔和的谈话和拥抱——
啊，但愿他们有颗心！

心在怀里，还有爱情，
温暖的爱情在心里——
啊，他们的滥调害死我，
唱些装腔作势的相思。

我要登上高山去，
那里有幽静的房舍，
在那里，胸怀自由地敞开，
还有自由的微风吹拂。

我要登上高山去，

① 作者后期又译为《哈尔茨山游记》。《哈尔次山游记》的译本最早是在 1928 年 3 月
由北新书局出版。1945 年抗战胜利以后重译，译文曾在《文讯》1948 年第 8 卷第 2
期刊载，并于 1954 年由北京作家出版社出版，此据该版编入。——编者注

那里高高的枞树阴森，

溪水作响，百鸟欢歌，

还飘荡着高傲的浮云。

分手吧，油滑的人们，

油滑的先生！油滑的妇女！

我要登上高山去，

笑着向你们俯视。

　　这个由于香肠和大学而闻名的哥亭根城隶属于汉诺魏尔国王，它有九百九十九个炉灶、各种各样的礼拜堂、一所助产院、一座天文台、一个大学生拘禁室、一座图书馆、一个市政厅的地窖酒店，那里的啤酒很好。旁边流过的小河叫做莱呐，夏天供人洗澡；水很冷，有几处是这样宽，当吕德尔①跳过时，他必须真正做一个大的跳势。城本身是美丽的，若是人们离开它，它就满人意了。它必定已经成立很久；因为我回想五年前我在那里的大学注册不久就被处罚停学时②，它已经具有同样灰色的、早熟的外表，而且已经万事齐备：更夫、"鬈毛狗"③、博士论文、跳舞茶会、浆洗婆、各科纲要、烤鸽子、格尔飞勋章④、博士马车⑤、烟斗、枢机顾问、法律顾问、学生惩罚顾问、教授和其他的蠢物。有些人甚至以为，这座城是在民族大迁徙时代建筑起来的，每个德意志民族的支派当时在这城里都遗留下一份他们同族的放荡不羁的模型，从中分殖出汪达尔人、府利思人、史瓦卜人、条

---

① 吕德尔是当时哥亭根大学中一个以擅长运动而驰名的大学生。

② 海涅在 1821 年 1 月因触犯大学法规被处罚停学半年。

③ "鬈毛狗"指大学司事，因为这两个名词在德语中读音相近，故当时大学生戏称大学司事为鬈毛狗。

④ 汉诺魏尔国王在从 1815 年到 1866 年颁发的一种勋章。

⑤ 当时的风俗，大学生考博士通过后，就乘马车周游全市，接受大家的祝贺。

顿人、萨克逊人、土灵各人等等①,如今他们还是在哥亭根成群搭伙,由于便帽和烟管穗子上各种不同的颜色彼此区分,走过魏恩德大街,在草场磨房、决斗酒店和包登村流血的战场上格斗不休②,风俗习惯还总是如同在民族大迁徙时代,一部分被称做大头目的 Duces(领袖们),一部分被他们古老的法规管辖着,这就是学生社团规则,并且在 Leges barbarorum(野蛮人法律)里获有一个地位。

哥亭根的居住者一般分为大学生、教授、市侩和家畜,这四个阶层并不能严格区分。家畜的数量是最大的。若是列举一切大学生和一切正副教授的姓名,就太冗烦了;这瞬间也不是所有大学生的名字都在我的记忆里,而且教授中有些人还没有知名。哥亭根市侩的数目很大,像是沙粒,或者说得更恰当些,像是海边的污泥;真的,每当我看见他们在早晨面貌污秽,拿着白色的账单,鹄立在大学法庭的大门前,我就几乎不能理解,怎么上帝只会创造出这么多的下贱的人。

在卡·弗·哈·马尔克断的《哥亭根风土记》里能够很方便地读到关于哥亭根较为详明的叙述。我对这位作者虽然怀有最崇高的敬意,他是我的医生,给过我许多好处,可是我不能无条件地推荐他的著作,我还须责备他,他对于哥亭根女子都有太大的脚的谬见驳斥得不够严峻③。是的,我从一年以来就认真研究去驳斥这种谬见,因此我听了比较解剖学,到图书馆里选抄最珍奇的著作,在魏恩德大街上常常用几个钟头去研究过路女子的脚,我在旁征博引的论文里总括这些研究的成果,我述说:一、脚的概况;二、老太太的脚;三、象的脚;四、哥亭根女子的脚;五、我把在乌利许花园里④关于这些脚发表的意见都收集在一起;六、我又观察这些脚

① 反动的大学生社团常以古代德国民族支派的名称命名,海涅讽刺反动大学生的野蛮无知,正如古代的那些民族支派。
② 在这三个地方大学生们常常练习比剑和决斗,所以海涅称为"流血的战场"。
③ 马尔克斯医生在 1824 年著有《就医学的、自然的和历史的观点描述哥亭根》,其中有这样一句话:"许多吹毛求疵者要说我们的美女没有生成秀媚的脚,实在不对。"
④ 大学生聚会游玩的地方。

和其他部分的关联,趁这机会也扩充到小腿肚、膝盖……最后,七、只要我能够得到这样大的纸,我还要添印上一些哥亭根妇女脚型的铜版画①。

我离开哥亭根时还很早,学者某君②还睡在床上,和平常一样做他的美梦:他在一个美丽的花园里散步,花畦里生长的尽是些雪白的、写遍引用文句的小纸条,在日光中闪烁可爱,他到处摘下来许多,又辛辛苦苦地移植在一座新的花畦里,这时夜莺用它们最甜美的歌声使他古老的心感到欢喜。

在魏恩德城门前我遇见两个本地的小学生,一个对另一个说:"我再也不愿同特渥多尔玩了,他是一个小无赖,因为他昨天竟不知道 Mensa(桌子)的第二格怎样变。"这句话听来是这样不关重要,可是我必须重述一遍,甚至我想叫人立即把它写在这个城门上当作城的铭语;因为老人怎样呼哨,幼童就怎样嘶叫,那句话完全表示出博学的格尔吉亚·奥古斯塔狭窄而枯燥的旁征博引的骄傲③。

大道上吹拂着清爽的晨风,鸟儿十分欢乐地歌唱,我的心情也渐渐又清爽而欢乐了。一种这样的清凉作用是必要的。最近,我没有走出《罗马法典》的篷圈,罗马法案的决疑人在我的精神上像是蒙了一层灰色的蛛网,我的心仿佛夹在自私自利的法律体系铁一般的条文中间,"特利波尼、犹斯特尼、黑尔摩哥尼、蠢约翰④"还不断在我耳边作响,就是坐在一棵树下的一对温存的爱人,我甚至以为是一部印有握手标记的《罗马法典》⑤。

---

① 海涅在这里讽刺一般公式化的学术论文。
② 学者某君,在《哈尔次山游记》法文版写明是爱西霍恩,他是东方学者兼史学家。但是海涅在他自存的德文版《哈尔次山游记》中曾用铅笔注明是布鲁门布赫,这人是哥亭根大学中的自然科学家,负有盛名,曾制有无数系统化的纸条帮助记忆。海涅在这里讽刺哥亭根学者们"旁征博引"的偏向。
③ 格尔吉亚·奥古斯塔是哥亭根大学的校名。
④ 犹斯特尼(483—565),东罗马皇帝,在他的统治时期内曾编纂《罗马法典》。特利波尼(死于547年)是这部法典的编纂人。黑尔摩哥尼是 4 世纪的罗马法学家。蠢约翰即蠢东西的意思。
⑤ 19 世纪初期最流行的一种法典版本,封面上印有握手的标记。

大道上开始热闹起来了。卖牛奶的女孩走过去;赶驴的赶着他们灰色的驴儿。走过魏恩德,我遇见色飞尔和多理斯。这并不是哥斯内尔牧歌中歌咏的情侣,却是身居要职的大学司事①,他们必须警醒注意:不要有学生在包登村决斗,不要有在哥亭根边境必须还要受几十年的检疫拘留的新思想被一个"投机"的讲师给偷偷地贩进来。色飞尔以同行的身份向我打招呼;因为他同样是作家,并且在他半年一次的作品里常常提到我②;此外他也常常召我谈话,若是他见我不在家,就总是那样和善地用粉笔把召唤的命令写在我的屋门上。随时也有马车走过,装满大学生,他们去做假期旅行,或是永久离开这里。在这样一座大学城里有一个永续不变的来去,每三年人们便在那里见到一代新的大学生,这是一个永久的、人的潮流,后一学期的波浪赶着前边的一个,只有那些老教授们站立在这普遍的潮流中,巍然不动,有如埃及金字塔——只是在这些大学的金字塔里并没有智慧隐藏着。

在劳森瓦色尔附近,我看见两个充满希望的青年从桃金娘树阴中骑马走出。一个到处卖笑为生的妇女陪伴着他们走上大道,她用熟练的手法拍弄马的瘦腿,当其中一个青年从后边在她宽阔的后身上用马鞭递送一些殷勤时,她高声大笑,随即往包登村走去。这两个青年却奔向虐尔登,一路兴奋狂呼,并且十分甜美地唱着罗西尼的歌曲③:"喝啤酒吧,亲爱的,亲爱的丽色!"我很久还听得到这个歌声在远处唱着;可是这两个美好的歌者很快地完全从我的眼前消逝了,因为他们用他们好像根本具有一种德国人迟钝性格的马用靴钉刺激,用鞭子向前抽打,毫不容情。虐待马,没有地方比哥亭根更为凶狠了,每逢我看见一匹这样遍体流汗的、瘸

---

① 哥斯内尔(1730—1788),瑞士牧歌诗人,歌咏牧羊人的恋爱故事。多理斯是牧歌中一般牧羊女的名字。德语中牧羊人读撒"色飞尔","色飞尔"同时也是哥亭根一个大学司事的名字,另一个大学司事名多勒斯,与多理斯声音相近。
② 色飞尔每半年编纂一册教员学生人名录,所以海涅说他也是"作家",是"同行"。
③ 罗西尼(1792—1868),意大利作曲家。但是这个歌曲是一首德国大学生唱的歌,并不是罗西尼作的。

腿的老马为了一些活命的粮草被我们滚滚流水的骑士们①虐待着，或是必须向前拉曳一车坐得满满的大学生，我就想到："啊！你可怜的畜生！你的祖先一定在乐园里吃了上帝禁止的燕麦！"

在虐尔登旅舍里，我又遇见了这两个青年。一个正在吃一份凉拌青鱼，另一个同着一个黄脸皮的女仆谈天，她叫做 Fusia Canina②，也叫做讨债的鸟儿。他向她说一些下流话，最后他们打起架来。为了减轻我的背囊，我取出几条包好了的、在我个人的历史上颇有意义的蓝裤子，赠给一个人们称为金蜂鸟的小伙计。年老的女店主布塞尼亚在这时给我送来一份黄油面包，还抱怨我现在不常来看她；因为她很爱我。

走过虐尔登，太阳高高地在天空闪照。它正直地对待我，温暖我的头，使一切不成熟的思想都在里边成熟。诺尔德海木可爱的旅舍的太阳③也不可轻视；我走进这里，午饭已经做好。所有的饭菜都烹调适口，比起那些在哥亭根摆在我面前的、乏味的大学饭菜，少油无盐、牛皮一般的干鱼和它的老白菜，要适合我的口味。我使我的胃得到了一些满足以后，在饭厅里看见一个先生和两个女人，他们正在准备起程。这先生穿得浑身是绿，甚至戴着一副绿眼镜，眼镜把一片光投在他赤红的铜鼻子上，像是绿铜锈，他的外表正如尼布甲尼撒王晚年的外表，根据传说，当时他像是林中的一只野兽，只吃生莴苣菜④。这个绿人希望我给他介绍一家哥亭根的旅馆，我劝他，向头等最好的大学生那里去打听布吕巴赫旅馆。一个女人是他的妻子，肥胖高大，有一张红色的四方脸，双颊上有酒涡，像是爱神的痰盂，多肉下垂的下颏像是面部丑恶的延长，高高堆积的胸膛上披围着尖挺的花边和镶着无数锯齿的硬领，恰似周围建筑了许多小塔和棱堡，有如一座碉堡，这碉堡和马其顿王费利普说的那些碉堡一样，抵抗不住一

---

① 劳森瓦色尔是一个地名，又含有滚滚流水的意义。原文系"劳森瓦色尔的骑士们"，现译为"滚滚流水的骑士们"。

② 罗马关于遗嘱的一种法律，这女仆为什么获得了这个绰号，不详。

③ 这旅舍的招牌是太阳。

④ 见《旧约·但以理》第 4 章，尼布甲尼撒王"与野兽同居，吃草如牛"。

只满载黄金的驴子①。另一个女人是他们的姐姐,和方才所说的那个完全相反。如果那位是法老的肥牛孳生的,这位便是瘦牛孳生的了②。脸只是一张嘴在两耳之间,胸部是使人失望地荒凉,有如吕内堡荒原③;精华煮尽的形体好比贫寒的神学生吃的公费伙食。两个女人同时问我,布吕巴赫旅馆里是否也住有规规矩矩的人。我用良心回答说有,当这美好的三人团起身时,我还探出窗外打了一次招呼。"太阳"店主狡狯地微笑着,他可能知道,那座大学生拘禁室在哥亭根就叫做布吕巴赫旅馆。

走过诺尔德海木,就是山地了,到处有美丽的丘陵突起。路上遇见的多半是赶布劳史外各年集的小贩,还有一群妇女,每个人都在背上背着一只大的、几乎有一房高的、蒙着白麻布的箱笼。里边装着捕来的各色各样的鸣禽,它们不住地鸣啭,同时背着它们的人们也快乐地跳跃喧哗。我觉得十分可笑,这样的鸟儿背着另一些鸟儿到市场去。

在漆黑的夜里我到了渥斯特洛德。我不想吃饭,立刻就倒在床上。我疲乏得像是一条狗,睡了像是一个神。在梦里我又回到哥亭根,回到那里的图书馆。我站立在法律阅览室的一角,翻阅旧日的论文,潜心诵读,当我停止时,我惊讶地觉察到,已经是夜里了,悬挂着的水晶灯照耀全室。附近礼拜堂的钟正敲着十二点,门慢慢打开,走进来一个骄傲的、硕大的女子,法科的同人和属员们恭恭敬敬地陪伴着她。这高大的女人虽然已经上了年纪,可是面貌上的表情含有一种严峻的美丽,每一顾盼都表露出她是崇高的女狄坦,威严的泰米斯④,她一只手漫不经心地把剑和秤握在一起,一只手拿着一卷羊皮纸,两个年轻的法学博士牵着她褪成灰色的衣裳的长裾;在她右边风一般跳来跳去的是汉诺魏尔的吕苦各,瘦削的

---

① 费利普,在公元前 359 年至 336 年为马其顿王,他利用金钱贿赂掠取敌人的城市。他说过,"一只满载黄金的驴子可以攻克最险要的堡垒"。
② 见《旧约·创世记》第 41 章。法老梦见了七只肥母牛,随后又来了七只瘦的。这个梦预示七个丰年,七个荒年。
③ 吕内堡荒原,在德国北部,当时没有开发。
④ 泰米斯在希腊神话中是正义女神,象征法律。它属于狄坦神族。

枢机顾问路司提苦斯①，他朗读他的新法律草案；在她左边蹒跚地走着她的 Cavaliere Servente（侍从卫士），司法顾问苦耶求斯②，他又漂亮又高兴，不住地谈讲着法律上的俏皮话，他自说自笑是这样亲切，甚至连这严肃的女神也几次微笑着向他弯下身来，用大卷的羊皮纸敲他的肩膀，和蔼地低声说："小人儿，放荡的小丑，你把树木从上望下剪伐③！"这时其他的先生们每个人都同样走近，都有所述说，有所嬉笑，不外乎一个新近思考出来的小体系，或是小假定，或是自己小脑袋里产生的类似的畸形儿。从敞开的门又走进许多不熟识的先生，他们都表示是卓越的学会里的伟大人物，他们多半是笨拙而鬼鬼祟祟的角色，以傲慢自足的态度不加思考地下定义，辨别区分，在每一段罗马法纲的小节目上争论不已。还不断地走进新的人物，年老的法学者，穿着过时的服装，戴着白色的鬈缩的长假发，人人都有一副久已被人忘却的面貌，最奇怪的是人们对这些前世纪的名人并不另眼看待；这些人依照他们的方式跟大家一起喧哗、呼哨、叫喊，恰如海水激荡，越来越紊乱、越喧噪地围绕这高大的女神，直到她不能忍耐了，忽然用一种最恐怖的剧痛的声音喊道："不要吵了！不要吵了！我听见尊贵的普罗米修斯的声音，侮蔑的力量和无声的暴力把这没有罪的人锁在苦难的岩石上，你们所有的喧哗和争论并不能医治他的伤，打碎他的镣铐！"女神这样呼叫，泪泉从她的眼里涌出，这一伙人全体咆哮像是感受到死的恐怖，屋顶爆裂，书从架上飞舞下来，就是苍老的敏许毫孙④从他的镜框里走出来命令大家安静，也无济于事，吵闹和叫喊更为粗暴，——我逃脱这暴乱的疯人院的吵闹，走入史学阅览室，走到那慈悲的地方，贝尔魏德勒的阿波罗与梅底色的维纳斯的神圣的造像并列⑤，我倒在司美女神

---

① 吕苦各是古代斯巴达的立法者。路司提苦斯指哥亭根法律教授包厄尔，他领导制定《汉诺魏尔刑法》的工作。

② 苦耶求斯，是法国 16 世纪的法律学者，这里指的是法律教授胡郭。

③ 胡郭讨论过田地边境上的树木是否可以剪伐的问题。

④ 敏许毫孙（1688—1770），汉诺魏尔的部长，哥亭根大学创建人之一。

⑤ 这都是希腊著名的雕刻。阿波罗是光与音乐的神，维纳斯是美与爱的女神。

的脚下,在她的目光里忘却我方才逃脱开的粗野的争斗,我的眼睛狂欢地吸饮她圣洁身体的匀称与永恒的美丽,希腊的宁静浸透我的灵魂,如同天上的福祉一般,日神阿波罗在我的头上倾注了他最甜美的琴声。

醒时我仍然听见一片悦耳的声音。牧群走向牧场,小小的牧钟在响。可爱的、黄金的太阳照进窗子,照着屋内壁上的图画。有关于解放战争①的图画,上边忠实地描绘着我们人人都是英雄,还有革命时代处刑的情景,路易十六在断头台上,和类似的杀头事件;我们观看这些画,不能不感谢上帝,我们平安地躺在床上,喝上好的咖啡,头还这样舒适地架在肩上。[墙上还挂着阿贝耶得与哀露阿丝②,还有一些内容空虚的女孩子的面貌表现法国的道德,下边用美术字写着 la prudence(谨慎),la timidité(畏怯),le pitié(怜悯)等字,最后是一幅圣母像,她是这样美丽,这样可爱,这样无条件地虔诚,我真想去寻找供画家临摹的那个美女,和她结婚。自然,我一和这个圣母结婚,我就要请求她断绝与圣灵的一切继续的交往,若是我的头上由于妻子的媒介获得一圈圣光,或是任何一种其他的装饰,我是绝对不愿意的。]③

我喝过咖啡,穿好衣服,读完了窗上的铭语,在旅馆里把一切都料理完毕,就离开渥斯特洛德。

这座城自然也有许多房屋、各样的居民,其中也有许多人物,我们能够在郭特沙可的《哈尔次山旅行手册》里较为详细地找到。在我走上大道以前,我攀登了渥斯特洛德古堡的废墟。这废墟只是半座庞大的、厚墙的、好像被癌病侵蚀的古塔。往可劳斯他尔的路又引我上山,我在最近的一座山丘上又向下眺望一次山谷,渥斯特洛德的红屋顶从绿枞林中向上窥伺,有如一棵名贵的蔷薇。太阳给与一种十分可爱的、天真的照耀。人们在这里望见那残余的半座塔的庄严的背面。

---

① 指反拿破仑战争。

② 阿贝耶得(1079—1142),法国中古哲学家,与哀露阿丝(1100—1164)相爱,有两人的通讯集传世。

③ 方括号里的文句,海涅在 1830 年游记重版时删去。

[这带地方还有许多古堡的遗迹。虐尔登附近的哈尔登山是最美的。纵使人们的心是恰如其分地在左边,在自由的一边,可是在眺望那些具有特权的肉食鸟的岩穴时①,却不能抑止一切悲凉的情绪,因为那些肉食鸟只把强烈的食欲遗留给他们衰弱的子孙。我也是这样悲凉地度过这个早晨。离哥亭根越远,我的心也渐渐溶解,又和往日一样引起我浪漫的情绪,我游荡着作出下面的歌曲:

> 翱翔吧,你这旧梦!
> 敞开吧,你这心扉!
> 灿烂地流涌出来
> 歌的欢悦,悲情的泪。
>
> 我要遨游在枞树间,
> 那里奔涌着流泉,
> 亲爱的画眉高唱,
> 骄傲的麋鹿盘桓。
>
> 我要登上高山去,
> 登上险阻的巉岩,
> 那里灰色的故宫墟
> 巍立在晨曦里边。
>
> 我静静地坐在那里,
> 追念古代的风光,
> 古代繁盛的世代,
> 与消沉了的荣华。

———————————

① 肉食鸟指中古时代的骑士。

如今草满比武场，
勇士曾在那里决战，
他战胜了一切的人，
获得了战胜的笑赏。

薜荔蔓生瞭望台，
美人曾在那里伫立，
她向骄傲的胜利者，
用柔媚的眼光示意。

啊！死神的手征服了
男的勇士，女的美人——
那瘦削的镰刀骑士
把我们都击落沙尘。]①

　　我走了一段路以后，和一个旅行的手艺人遇在一起，他是从布劳史外各来的，他向我述说那地方的一件谣传：年轻的公爵在去圣地的路上被土耳其人掳去了，要交一大笔赎款才能释放。公爵的长征可能招致了这个传说。人民总还有一套传统的荒诞的概念，这在他们的《爱尔恩斯特公爵》②的故事里十分可爱地表达出来。向我述说那件新闻的是一个裁缝，一个纤细的、矮小的青年，他是这样瘦削，甚至星星都能照透他，有如照透

---

① 方括号里的文句和诗，海涅在1830年游记重版时删去。
② 爱尔恩斯特公爵（1007—1030），中古传说中的人物，从12世纪到19世纪一再被诗人歌咏，尤其是关于他在小亚细亚一带的冒险旅行。

《莪相诗》①里的雾的精灵,全身是怪僻与悲情带有民族风味的离奇的混合。这特别表现在离奇动人的歌调里,他用这歌调唱着奇异的民歌:"一个金甲虫,爬在篱笆上,苏苏,苏苏!"这首歌在我们德国人这里是美丽的:没有一个人是这样癫狂,他找不到一个比他更癫狂的人来了解他。只有一个德国人能够感受那首歌,为它死哭死笑。我在这里也看到,歌德的诗句是怎样深入人民的生活。我的瘦小的旅伴间或颤动地歌唱:"充满悲哀,充满欢悦,思想是自由的!"②这样把原作传讹在民间是常有的事。他又唱一支曲子:《小绿蒂在维特的墓旁哀泣》③。裁缝唱到下边的句子时,伤感得涕泪交流:

> 我独自哭泣在玫瑰花旁,
> 那儿下弦月常常向我们窥伺!
> 我哀痛地迷失在银泉旁,
> 它曾亲切地流给我们许多欢喜!

但是他随即变得放肆了,他向我说:"我们在卡塞尔同业公会里有一个普鲁士人,这样的歌儿就是他作的;他不能穿引细致的针线;他若有一个铜钱在衣袋里,就有两个铜钱的酒喝,若是他酩酊大醉了,他就把天空当作一件青蓝的内衣,哭起来像是檐漏,唱着一支双节诗的歌!"关于双节诗我希望得到一个说明,可是我的小裁缝却用他齐根海音④的小腿跳来跳去,不住地喊:"双节诗就是双节诗!"最后我才明白,他指的是重复押韵的

---

① 莪相,传说是3世纪一个苏格兰歌人的名字。1760年苏格兰诗人麦克菲尔孙编译《莪相诗》出版,其实是他自己的创作,里边是些忧郁的自然描写与伤感的英雄故事,对于18世纪后期德国感伤主义文学发生很大的影响。
② 歌德戏剧《哀格蒙特》中一首情歌的首句,这里的字句与原文略有不同。
③ 维特与绿蒂是歌德小说《少年维特之烦恼》中的一对相爱的青年。这是一首在人民中间流行的歌咏这对情人的诗。
④ 齐根海音是地名,在耶那附近,产手杖,海涅用齐根海音的手杖形容他的瘦腿。

诗,就是八行诗体①。——这中间,由于过分的运动和逆风,这位针线骑士变得疲乏了。他还作出一些大方的态度走路,并且壮语惊人:"如今我要用两条腿征服长路!"可是他不久便诉起苦来,说他走得脚下起了泡,这世界太广阔了;最后他轻轻地在一棵树旁坐下,摇摆着他柔嫩的小头,活像一条颓丧的小羊尾巴,他悲凉地含笑呼叫:"我这可怜的快死的小畜生又累得走不动了!"

这里的山势更为斜陡,枞林在下边激荡,像一片绿海,上边蓝色的天空浮泛着白云。这地方的荒野几乎被统一和单纯给驯服了。自然像是一个善良的诗人,它不爱激急的转变。浮云虽然间或组成这样奇异的形象,可是具有一种乳白的,或是一种柔和的、与青天绿野谐合一致的色彩调配,使一个地方的各样颜色都互相溶解,有如轻妙的音乐,每个自然景象都起着平息争端、镇静心神的作用。——故去的霍夫曼也许会把这些云描画得彩色斑斓②。——正如同一个伟大的诗人一样,自然也会用最经济的方法产生最大的效果。这里只有太阳、树木、花、水与爱。当然,若是观者心里没有爱,那么全体也许只能给人一种恶劣的景象,太阳只有若干里的直径,树木只宜于烧火,花朵按着花蕊分门别类,水是湿的。

一个替卧病的伯父在林里捡柴的男孩把雷尔巴赫村指给我看,那村子的小茅屋有灰色的屋顶,穿过山谷约有半个钟头的路程。"在那儿,"他说,"住着些愚蠢的瘰疬病人和白色的摩尔人,"——在民间,人们用这个名称称呼患白皮病的人们。这男孩与树木互相友好;他向它们打招呼,有如要好的相识,它们发出响声向他回礼。他打起唿哨像一只山雀,周围其他的鸟儿都叫着回答,不知不觉,他光着脚,背着一捆柴跳到林丛里去了。这些儿童们,我想,都比我们年轻,他们还能回忆,他们怎样同样是树木或飞鸟,所以他们还能够了解它们;但是像我们这样的人已经长大了,有太

---

① 每节八行;这里说这种诗体是两节四行诗合并起来的。
② 霍夫曼(1776—1822),浪漫派的小说家,写些违背现实的鬼怪故事,好写强烈的对照与急剧的转变。

多的忧虑,脑子里装着法律和恶劣的诗句。当我走进可劳斯他尔时,那个与现在不同的时代又生动地回到我的记忆里。这座美好的小山城,人们没有走到跟前,是看不见的;我来到这里,钟声正敲十二下,小孩子欢呼着从学校里出来。这些可爱的男孩,几乎都是红面颊、蓝眼睛、淡金色的头发,跳跃欢呼,唤醒我悲凉而快活的回忆,当我是一个小孩的时候,我在都塞尔多尔夫①的一个郁闷的天主教修道院学塾里,整个可爱的上午都不许从木凳上站起,必须忍受那样多的拉丁文、棍棒和地理,若是最后那古老的圣芳济教堂的钟敲了十二下,我也是同样尽情地欢悦狂呼。儿童们从我的背囊上看出我是外乡人,十分殷勤地向我行礼。其中的一个男孩告诉我说,他们刚上了宗教课,他把汉诺魏尔王国的《教义问答》给我看,人们按着这本书向他们考问基督教义。这小本书印得很坏,我担心,这些教义已经由此把一种不愉快的吸墨纸的印象印在小孩的心灵里了;这也非常使我不快,那与神圣的三位一体论起严重冲突的九九表就印在《教义问答》里,并且是印在最后的一页,儿童们能够因此很早就被引入邪道,发生怀疑。在普鲁士我们是聪明得多了,当我们热心劝化那些擅长算术的人们时,我们就防止把九九表印在《教义问答》的后边。

我在可劳斯他尔的王冠旅馆吃午饭。我得到嫩绿的芹菜汤,紫青色的洋白菜,一块烤牛肉,大如插图里的支姆布拉梭山②,还有一种叫做“比经各”的熏青鱼,这是由于它的发明者维廉·比经各而得名的,这人死于1447 年,为了那个发明,卡尔第五③对他是这样尊重,在 1556 年他从米德堡旅行到彩兰特的比利特④,只是为了在那里看一看这个伟人的坟墓。当我们知道这份菜历史上的知识而亲自吃它的时候,它是多么好吃!只有

---

① 都塞尔多尔夫是莱茵河畔的一座城,海涅的故乡。

② 支姆布拉梭山是南美洲安第斯山脉在厄瓜多尔境内的一座死火山,高六千三百一十公尺。

③ 卡尔第五,西班牙的皇帝。

④ 米德堡,彩兰特的比利特,都是荷兰地名。海涅在这里讽刺当时对于一些不值得尊重的人的过分尊重。

饭后的咖啡使我扫兴,因为一个年轻的人坐在我这里攀谈,并且夸耀得这样厉害,致使牛奶都在桌上变酸了。他是一个年轻的商店伙计,穿着二十五种颜色的背心,戴着同样多的金印章、戒指、胸针等。他外表像是一个穿着一件红色上衣的猴子,还自言自语:"人仗衣服马仗鞍!"他熟悉无数的拼字谜,也知道许多小故事,他把这些故事总是安置在最不合适的地方。他问我,哥亭根有什么新闻,我告诉他:在我从那里起程之先,出现了一张大学评议会的布告,禁止切掉狗的尾巴,违者罚银币三元,因为在三伏时疯狗把尾巴夹在两腿中间,人们由此可以把疯狗和好狗分开,若是它们没有尾巴,就无法区分了。——我吃完了饭就起身去参观矿坑、炼银所和造币厂。

和常常在我生活里一样,我在炼银所里没有遇到银光①。在造币厂里我得到较好的机会,能够旁观钱是怎样铸成的。当然,我也没有能够得到什么。我遇这样的机会永久是旁观者,我相信,即使从天上落下雨钱来,我从中得到的也只是头上的窟窿,不像以色列的子孙们会用欢乐的心情聚集起白银的满那②。我观察这些新生的灿烂的银钱,情感里很可笑地混合着敬畏和感动,我拿起一个才从钱模子里铸出来的钱放在手里,向它说:"年轻的银钱!什么命运在等待你!你将要制造出怎样多的好事和怎样多的坏事!你将要怎样保护罪恶,修补道德,你将要怎样被人爱,又被人诅咒!你将要怎样助长荒淫、媒合、欺骗和杀戮!你将要永不息止地乱转,通过清洁的和肮脏的手,千秋万岁,直到你最后罪深孽重,和你的同类一起聚集在亚伯拉罕的怀里③,他把你熔冶、净化、改造成一个新的、更美好的东西,[也许成为一个清白无瑕的小茶匙,将来我自己的玄孙用它搅烂他爱吃的粥汤。]④"

———————

① 炼银术中的术语,在清除了一切杂质,显露出纯银时,叫做银光,海涅用以比喻幸福。
② 以色列的子孙们,在这里是指一些惟利是图的人们。"满那"是以色列人在荒漠旅行时神所给的食物。
③ 本作天堂解;这里说"聚集在亚拉伯罕怀里",指的是死亡。
④ 方括号里的文句,海涅在1830年游记重版时删去。

下到可劳斯他尔那两个最出色的名叫多罗特亚和卡罗利娜的矿坑，我觉得很有趣，我必须详细说一说。

离城半点钟，我走到了两座高大黑色的建筑前。在那里立即受到矿工们的招待。他们穿着深色的，通常是钢蓝色的、宽大的、垂到腹下的上衣，同样颜色的裤子，一件系在后边的皮围裙，戴着一顶没有边沿的小绿毡帽，像是切去尖顶的圆锥。参观者也要同样穿上一套这样的服装，只是没有后边的皮巾。一个矿工工头点着了他的安全灯，引导参观者到一个像是烟囱口似的阴暗的洞口，他走下去才到胸部，就告诉人们怎样紧紧把住梯子的规则，他让人在后边跟着，不要害怕。这件事本身是毫无危险的；但如果人们关于矿山一无所知，在开始时总是不相信。单是必须脱去衣服，穿上深色的罪人一样的服装，就已经有一种特殊的感觉了。于是匍匐着向下爬，阴洞又是这样阴暗，只有上帝知道，这梯子能有多么长。但不久人们便觉察到，这不是一条惟一的、直入黑暗的无底深渊的梯子，却是许多具有十五个到二十个梯级的梯子，每个梯子都引人到一块能够站立的小木板上，里面又有一个新洞向一条新梯引下。我最初入的是卡罗利娜矿坑。这是我所认识的最脏最不愉快的卡罗利娜。梯级都泥泞潮湿。从一个梯子走到另一个，工头走在前边，他不断地担保说：这绝对没有危险，只须两手紧紧把住梯级，不要望脚下看，不要发晕，千万不要踩旁边的木板，那里现在有辘辘作响的吊桶的绳索在上升，十四天前一个不小心的人在那里跌落，不幸摔伤了脖子。下面是一种紊乱嘈杂的声音，我们不断地触到梁柱和动转中的绳索，它们把一桶桶采得的矿石和浸漏出来的水向上吊起。我们间或也走到称做坑道的横断的小路，在那里看见矿脉生长，寂寞的矿工整天坐在那里，辛辛苦苦地用锤子把矿叶从岩壁里敲出来。我没有到最下的深处，那里有些人以为，已经能听到人们在美洲怎样喊"乌拉，拉法耶特①！"；我们私下说，我觉得我走到的那里已经够深的

---

① 拉法耶特（1757—1834），法国的将军，参加过美国独立战争，他后来在 1824 年访问美国，受美国热烈的欢迎。

了:不断的嚣乱与喧噪,恐怖的机械动转,地下泉水的流声,从各方面滴落下来的水,浓烟上升的地气,安全灯越来越苍白地照入这寂寞的夜里。真的,那实在使人昏迷,我的呼吸紧迫,费尽力气把住平滑的梯级。我不曾感到所谓恐怖的感觉,但是很奇怪,我在下边的深处却想起去年我大约在这同一时候在北海上遇到的一次暴风雨,现在我以为,那才真是亲切舒适,当时船摇来摇去,暴风吹起喇叭的曲调,中间掺杂着快乐的水手的喧哗,一切都清爽地被神的亲爱而自由的空气笼拂着。是啊,空气! ——我渴望空气,又向上攀了几十段梯子,我的工头引导我从一条狭窄而又很长的、在山里凿出的小路到了多罗特亚矿坑。这里比卡罗利娜较为透风清爽,梯子也较为洁净,可是也更长更陡。这里我也较为舒畅,尤其因为我又遇见活人的踪迹。那就是在深处显现出游动的微光;矿工们带着他们的安全灯慢慢上来,祝福"平安",又带着从我们这边得到的同样的答礼在我们身旁走过;这些少年和老人都具有虔诚的、有些苍白的、被安全灯神秘地照着的面貌,他们用他们幽深明净的眼光看我,像是一种和睦而平静、同时又苦恼而不可解的回忆一般;他们终日在阴暗寂寞的矿坑里劳作,如今正向上渴望着亲爱的日光与妻子们的目光。

我的向导却有一种诚实的、德国鬈毛狗的天性①。他用内心的快乐指给我那条坑道,那是剑桥公爵②参观矿坑时和他全体随员会餐的地方,长的木餐桌还摆在那里,还有公爵坐过的青铜大椅。这善良的矿工说,椅子留作永久纪念,他热烈地讲述:当时举行了多少宴会,整个坑道怎样用灯光和花叶修饰起来,一个矿工怎样弹着胡琴歌唱,快乐的、亲爱的、肥胖的公爵怎样承受许多庆祝健康的干杯,怎样多的矿工,尤其是他自己,情愿为亲爱的、肥胖的公爵和汉诺魏尔王家牺牲生命。——当我看见这忠义的情感在他单纯的自然声调里流露出来时,我每次都深深地受了感动。这是一种如此美的情感! 而且是一种如此真实的德国人的情感! 别国的

① 讽刺那些对王室绝对服从的人。
② 剑桥公爵(1774—1850),英王乔治三世的幼子,自1816年为汉诺魏尔总督。

人民能够更聪明,更有情趣,更快乐,可是没有像忠实的德国人这样忠实的。若是我不知道忠实是和世界一样古老,我就会相信,它是一颗德国人的心发明的。德国人的忠实！它不是现代的花言巧语。德国公侯们,人们应该在你们宫廷中把那首忠实的埃卡尔特①和暴虐的布尔衮特的歌儿唱了又唱,布尔衮特把埃卡尔特亲爱的孩子们都给杀死了,可是仍旧看出他是永久忠实的。你们有最忠实的人民,若是你们以为,理智的、忠实的老狗会忽然发了狂,来咬你们神圣的下腿,你们就错了。

和德国人的忠实一样,这盏小安全灯没有起很多的爆花,安安稳稳引导我们穿过矿坑和坑道的迷宫;我们从郁闷的山的黑夜里走出来,日光闪照着——啊,平安！

大部分的矿工都住在可劳斯他尔和与它相连系的小山城采莱非特。我访问了许多这些精明强干的人们,观看他们小家庭的布置,听一些他们用他们惟一心爱的乐器胡琴很和美地伴奏的歌曲,让他们给我讲旧日山中的童话,也背诵祈祷词,在他们走入阴暗的矿坑之先,他们通常聚集在一起,作一些祈祷,我也参加作过一些善良的祈祷。一个年老的工头甚至以为,我将要留在他们这里做矿工;等到我最后告别时,他嘱托我一些事转告他住在哥斯拉尔的兄弟,他还为了他亲爱的侄女给与我许多亲吻。

这些人的生活虽然显得这样静止安静,但却是一种真实的、生动的生活。高年衰颤的老太婆面对着大木柜,坐在炉子后边,可能在那里已经坐了四分之一的世纪,她的思想和感觉同炉子的一切边角与木柜上的一切雕纹深密地结合在一起。并且木柜和炉子也生活着,因为一个人已经把他灵魂的一部分灌注给它们了

德国的童话就是通过这样深的直觉生活,通过"直觉"产生的。它的特征在于不只是动物和植物,就是完全没有生命的事物也会言谈动作。对于沉思的、朴素的人民,这些事物内在的生活在他们矮小的山屋林舍四围寂静的秘密中显示出来,它们获得一个必要的、首尾一致的性格,幻想

---

① 埃卡尔特,德国民间传说中的人物。

情趣与纯人性的意向甜美地混合一起;在童话里,离奇又好像理所当然,我们看到:缝针与戳针从裁缝店里出来,在黑暗中迷失道路;草茎和白菜头要越过小溪,遭逢不幸;铲子和笤帚站在楼梯上吵架厮打;被问的镜子指出最美的女子的相貌;甚至血滴也开始说话,从最忧惧的同情里发出的悲哀而阴郁的言语①。由于同一的理由,我们的生活在儿时是这样意味无穷,那时一切对于我们是同样重要,我们听取一切,观看一切,对待一切的印象都是平等的,不像我们后来另有企图,只专门从事个别的事物,费力地把直觉的明亮的黄金变换为书里定义的纸币,赢得人生的广泛而失却人生的深度。现在我们是长成的、高贵的人了;我们时常迁换住处,女仆天天打扫,随意改变家具的位置,我们对这些家具不感兴趣,因为它们或者是新的,或者是今天属于汉司明天就属于以撒了②;就是我们的衣服对我们也永久是生疏的,我们几乎不知道,我们身上穿着的上衣有多少纽扣;我们尽可能地常常更换服装,没有一件和我们内心的与外界的历史发生联系;——我们几乎不能记起,那件褐色背心是什么样子,那背心曾一度给我招来那么多的哄笑,而在它宽阔的条纹上,却那样可爱地放过爱人的亲爱的手!

面对大柜,在炉子后边的老太婆穿着一件过时衣料的印花的外裙,那是她死去的母亲的婚衣。她的曾孙,一个矿工装束、金头发、目光闪烁的男孩,正坐在她的膝前数她裙上的花朵,她可能已经向他说过许多关于这裙子的小故事,许多严肃的、美丽的故事,这男孩绝不会很快地忘却它们,等到他不久长大成人在卡罗利娜漆黑的坑道里寂寞地工作时,它们还要常常浮现在他面前,他也许一再地述说它们,若是这亲爱的祖母死了很久,他自己成为一个银色头发的、衰退的老人,坐在孙儿们的围绕中,面对大柜,在炉子后边。

夜间我仍旧住在王冠旅馆里,这时枢机顾问包君③也从哥亭根来到。

---

① 这都是格林兄弟收辑的童话集里的故事,这部童话集出版于 1812 年。
② 汉司,是德国人最普通的名字;以撒,这里指的是旧货商人。
③ 枢机顾问包君,在《哈尔次山游记》法文版中写明是包特维克(1765—1828),是哥亭根大学的哲学教授。

我很快乐,得向这位老先生致意问候。当我把名字写在旅客簿里,翻看 7 月份的那几页时,我也看到一个非常尊贵的题名,阿答贝尔·封·沙米索,不朽的《史雷米尔传》的作者①。旅馆主人向我说:这位先生是在一个无法描述的坏天气里走来,又在一个同样坏的天气里走去了。

第二天早晨我必须再减轻一次我的背囊,把一双装好的靴子抛去,我抬起脚来,往哥斯拉尔走去。我不知道我是怎么走到那里的。我只能记得这么多:我悠悠荡荡地上山又下山;俯视一些美妙的草谷;银色的水哗哗地流,甜美的林鸟鸣啭,牧群的小铃叮叮作响,各样的绿树被亲爱的太阳照成金色,上边蓝绸子一般的天顶是这样透明,人们能够深深地望入至圣之境,那里天使们坐在上帝脚前,从他面部的纹理中学习全部的低音和声。但是我还生活在我的灵魂无法排解的昨夜的梦里。那是旧日的童话,一个骑士走入深井,井里有一个最美丽的公主中了魔,僵睡不醒。我自己就是这骑士,井是阴暗的可劳斯他尔矿坑,忽然出现许多灯光,从两旁的罅隙中跳出守卫的矮人,他们做出愤怒的面孔,用他们的短剑向我乱砍,尖锐地吹起号角,跑来的越来越多,可怕地摇摆着他们宽大的头颅。我在他们头上一敲,血就流出来了,我才看出来,那是我白天在路旁用手杖打落的红色的、长须的蓟草的花球。他们也立刻都被赶走了。我来到一座光明灿烂的大厅;心爱的人立在中央,蒙着白纱,僵直不动像是一座雕像,我吻她的嘴边,生存着的上帝啊!我感到她灵魂里使人幸福的气息和她可爱的嘴唇的甜美的颤动。我仿佛听见上帝在叫:"要有光!"于是有一道永恒的光闪烁射下;但是在这同一的瞬间又变成黑夜了,一切都混混沌沌流入一片犷野的、荒凉的大海。一片犷野的、荒凉的大海!死者的鬼魂恐怖地在沸腾的水上奔驰,他们白色的丧衣在风中飞舞,一个彩衣斑斓的小丑拿着摺扇一般的鞭子在他们后边追赶着跑来,这小丑就是我自己——忽然,海妖从阴暗的波浪中伸出他们畸形的头,张爪向我抓来,我

---

① 沙米索(1781—1838),资产阶级的进步作家,他的小说《彼得·史雷米尔的奇迹》,讽刺当时社会情况,甚为海涅推重。

在恐怖中惊醒了。

最美丽的童话是怎样时常被破坏！本来,骑士找到了睡眠的公主时,他必须从她宝贵的蒙纱上剪下一块;她由于他的勇敢从沉睡中醒来,又回到她的宫里坐在黄金椅上,骑士就必须走到她的面前说:"我的最美丽的公主,你认识我吗?"她回答:"我的最勇敢的骑士,我不认识你。"骑士立即把从她的蒙纱上剪下的那一块递给她看,恰好互相吻合,于是两人温柔地拥抱,乐人们吹起喇叭,庆祝婚礼。

这的确是一个特有的不幸,我的爱情的梦很少得到一个这样美好的结局。

哥斯拉尔的名字是这样好听,和它联系着这样多古代的帝王的回忆,使我期待着看到一座庄严壮丽的古城。但是当我在近旁观看那些名胜时,也不过如此！我看见一座小城,街道多半是狭窄、迷乱而弯曲的,一条小水,大概是哥塞河,在街道中间穿流,腐败而潮湿,有一条石道,坎坷不平有如柏林的"六脚韵诗"①。只有周围的古迹,即是城墙、城楼与雉堞的残迹,给这座城一些峻拔的气象。其中一个城楼,称做牙城的,它有这样厚的墙,楼里全部的房屋都像是从墙里凿出来的。城前的广场是一片美丽的广大的草地,四围是高山,举世闻名的射击场就在这里。城内的市场不大,中央有一个喷水池,水注入一个大铜槽里。起火时在那里敲几下;它发出一种洪大响亮的声音。人们不知道这个铜槽的来历。有些人说,魔鬼有一回在夜里把它放在市场中央。那时候人还糊涂,魔鬼也糊涂,他们互相送礼。

哥斯拉尔的市政厅有如一座涂成白色的守卫所。旁边的职业公会有一个较好的外表。这里有德国皇帝的立像,大约与地面和房顶都有同样大的距离,这些立像被烟气熏黑了,有一部分镀了金,他们一手拿着权杖,一手握着地球仪;都像是熏烤过的大学司事。其中一个皇帝拿着一把宝剑代替权杖。我猜不出这种不同是说明什么;可是它一定有它的意义,因

---

① 一种希腊的诗体,当时柏林有一个诗人笨拙地用这种诗体歌咏德国反拿破仑的战争。

为德国人有特殊的习惯，他们对他们所做的一切总要想出一些道理。

在郭特沙可的旅行手册里我读到许多关于哥斯拉尔的老教堂和有名的宝座的记载。可是当我要参观这两处时，人们告诉我说：教堂拆掉了，宝座送到柏林去了。我们生在一个意味深长的时代：千年的教堂被拆毁，帝王的宝座被抛在废物堆房里。

从前教堂里的一些贵重物品如今都陈列在史推芳礼拜堂里。非常美丽的玻璃彩绘，几幅恶劣的图画，里边也有一幅路加·克拉那赫①，此外还有一个木雕的基督在十字架上，一座不知是用什么金属制成的异教祭坛；祭坛是一个长方的箱形，由四个女体支柱背着，她们是弯腰的姿式，手在头上支撑，做出使人不快的丑恶面貌。这中间更引人不快的是立在旁边的、方才已经提到的木质十字架。这个基督的头上有真头发、荆棘和涂血的面孔，它诚然高度地表示出一个人的死亡，但是表示不出一个降自上天的救世主的死亡。只是肉体的灾难雕刻在这个面孔里，并不是痛苦的诗。这样的像与其说是属于神殿，还不如说是属于解剖室。[礼拜堂管事人的老婆精通艺术，她引导我到处转，还把一个悬灯似地挂在礼拜堂中央、多方形、刨得平滑、黑色而有白色数目字的木块当作特殊的珍宝指给我看。啊，新教教会的发明精神在这里显得多么灿烂！因为，谁能想得出呢！那木块上的数目字都是赞美歌的号码，这些号码通常是用粉笔写在一块黑板上，就美学的意义说，使人觉得索然无味，但是现在由于这个发明，甚至充作礼拜堂的装饰，并且足够补充礼拜堂里没有拉斐尔绘面的缺陷②。这样的进步使我无限高兴，因为我是一个新教徒，一个路德的信从者，每逢天主教方面的敌人嘲笑新教礼拜堂内空虚的、荒凉的外表时，我总是非常忧虑的。]③

我住在市场附近的一座旅馆里，若不是旅馆主人带着他那副长到多

---

① 克拉那赫(1472—1553)，德国著名画家。

② 拉斐尔(1483—1520)，意大利文艺复兴时代名画家。海涅在这里讽刺新教教堂的庸俗，不重视艺术。

③ 方括号里的文句，海涅在1830年游记重版时删去。

余程度的脸,提出许多烦琐的盘问,坐在我这里,这顿午饭还会更适合我的口味;幸而不久我因为另一个旅客的来到获得解救了,他必须按着同样次序担受同样的盘问: quis(谁?)quid(什么?)ubi(什么地方?)quibus auxiliis(用什么资财?)cur(为什么?)quomodo(怎样?)quando(什么时候?)这客人是一个年老、疲倦、憔悴不堪的人,从他的话里可以听出,他游遍了全世界,尤其是在巴塔维亚①住了很久,赚了许多钱,又全都花掉了,如令,离别了三十年,他要回到他的故乡魁德林堡去,——"因为,"他补充一句,"我们家有祖坟在那里。"旅馆主人说出很开明的意见:我们的肉体葬在什么地方,对于灵魂却是不关重要的。"您知道准是这样吗?"客人用这话回答他,在他萎缩的嘴唇和没有光彩的小眼睛周围皱起异常狡狯的圈纹。"但是,"他又勉强缓和口气说,"我并不要因此说些异乡的坟墓的坏话;——土耳其人埋葬他们的死者比我们漂亮得多,他们的坟墓简直是花园,他们坐在他们白色的、裹着缠头的墓石上,一棵扁柏的阴下,抚弄着他们严肃的胡须,从他们土耳其的长烟管里安安静静地吸着土耳其烟;——还有在中国人那里,这是一种真正的快乐,去看他们怎样在他们死者长眠的地方按照仪式环舞,祈祷,喝茶,拉胡琴,用各样镀金的条板、小瓷人、杂色绢条、人造花、彩灯把可爱的坟墓装饰得十分漂亮——一切都很漂亮——我离魁德林堡还有多远呢?"

哥斯拉尔的墓地并没有很感动我。更感动我的却是那个非常美丽的满头鬈发的女孩,当我来到城里时,她正从下层楼一个较高的窗子里笑着向外张望。饭后我又找到那可爱的窗子;但是这时那里只有一个插着白色吊钟花的水瓶。我爬上去,从瓶里取出那些玲珑的小花,坦然地把它们插在我的便帽上,街上的行人,尤其是老太婆们,都用张大的嘴、僵硬不动的鼻子、凸出的眼睛观看着这巧妙的盗窃行为,我也不加理睬。一点钟后我又从那座房屋走过,美丽的女孩又站在窗子里,她一看到我的便帽上的吊钟花,便满面通红,急忙退回去了。我这时把那美丽的面孔看得更清

①　巴塔维亚,1949 年以后改名雅加达,在爪哇岛上,现在是印度尼西亚的首都。

楚;这是夏晚的微风、月光、夜莺曲和蔷薇香的甜美的、透明的化身。——后来,已经完全黑暗了,她又走到门前。我来了——走近她——她慢慢躲入阴暗的门洞——我握住她的手向她说:"我是一个奇花与亲吻的爱好者,凡是人们不情愿给我的,我便偷。"——我迅速地吻她——她正要逃脱,我低声安慰她:"明天我就走去,并且不再回来!"——我感觉到可爱的嘴唇与小手的神秘的反应——我笑着从那里跑开了。是的,我必须笑,只要我一想起我无意中说出那句魔语:"我明天就走去,并且不再回来!"我们穿着红蓝制服的人们①用这句话常常比用他们唇上短髭的殷勤更能够打动女人们的心。

　　我住的房间给我一片美丽的远景,可以眺望拉梅尔斯山。这是一个美丽的夜晚。夜骑在它的黑马上奔驰,长的鬣毛在风中飘荡。我倚窗望月。真有一个人在月亮里边吗?斯拉夫人说,月亮里的人叫做克罗他尔,他浇水使月亮生长。当我少年时,我听说:月是一个果实,若是它成熟了,就被可爱的上帝摘下来,和其他的满月在一起,放在世界尽头的大柜里,用些木板子钉住。后来我长大了,我觉察到,世界不是限制得这样窄狭,人的精神把那些木柜冲破了,并且用一把巨大的彼得的钥匙,用永生的观念,把七层天界都打开了。永生! 这美丽的思想! 谁是最先把你想出来的? 是不是一个纽仑堡的市侩,他头上戴着白色的睡帽,嘴里含着白色的泥烟袋,在温和的夏晚坐在他的房门前,十分舒适地以为:这有多么美好呢,如果他能够这样长此下去,抽烟和生命的呼吸都不停息,活到亲爱的永恒! 或许是一个年轻的情人,他在他爱人的怀里想出那永生的思想,他想出它,因为他感到它,并且因为他不能感到或想起别的事物! ——爱! 永生! ——在我的怀里忽然变得这样热,致使我相信,地理学者把赤道的位置改变了,赤道现在正穿过我的心。爱的情感从我的心里涌出,热烈地涌入广大的夜里。园里的花在我窗下放射出更为强烈的香气。香气是花的情感,正如人的心在夜里自以为是孤寂而无人窥伺时,它的感觉也更为

_____

① 这里指的是当时的军人。

强烈一般,花也好像羞涩地等待着四面包围的黑暗,以便完全放任它的情感,把甜美的香气喷吐出来。——你们涌出吧,我心里的香气! 在那些山的后边去寻找我梦里的爱人! 她现在已经躺在床上睡眠了;天使们跪在她的脚下,若是她在睡中微笑,那便是天使们所作的一个祈祷;天和天上的一切幸福都在她的怀里,当她呼吸时,我的心就在远方跳动;太阳在她纤细的眼毛后沉落了,当她再睁开眼睛时,天就又亮了,鸟儿们唱歌,牧铃铛铛地响,群山穿着它们翠玉的衣裳闪烁发光,我也就捆起背囊去漫游。

[在这些哲学的观察和私人情感中,出乎意外枢机顾问包君来看我,他是不久以前来到哥斯拉尔的。这个人的和善愉快,我几乎从来没有像今晚这样深切地感到过。我敬重他,因为他有卓越的、锋锐的辨别力,但是更因为他的谦虚。我看他非常活泼、爽快、精力充沛。他的新著作《理性的宗教》足以证明他是精力充沛的,这本书是这样使唯理论者兴奋,使神秘家恼怒,使广大的群众感动。在这一瞬间我自己诚然是一个神秘家,我为了我的健康,按照医生的规定避免一切引起运用思想的刺激。可是我绝不错认保禄斯、古利特、克鲁格、爱西霍恩、包特维克、维格晒得尔①等人唯理论的努力的不可估量的价值。我自己有时觉得这是很有益的,这些人铲除了这么多陈腐的罪恶,尤其是古老的教会垃圾,其中有这么多的蛇虫和毒气。在德国,空气是太沉浊也太闷热了,我时常怕闷死,或是被我亲爱的神秘同志们在他们爱的狂热中绞死。所以我对于善良的唯理论者也绝不见怪,如果他们把空气弄得过于清凉了一些。根本上自然界本身已经给唯理论立下界限;在抽气机下和北极,人们毕竟是不能担当的。]②

我在哥斯拉尔过了一夜,在那夜里遇到一些非常离奇的事。我回想起来还不无恐惧。我天性是不害怕的,[上帝知道,若是一把明晃晃的刀

① 保禄斯(1761—1851),东方学者;古利特(,1754—1827),唯理论者;克鲁格(1770—1842),哲学家;爱西霍恩(1752—1827),东方学者兼史学家;维格晒得尔(1771—1849),唯理论者。
② 方括号里的文句,海涅在1830年游记重版时删去。

刀要和我的鼻子结识,或是我夜半迷失在一个险恶的林中,或是在音乐会里一个打呵欠的少尉威胁着要把我吞食,我从不曾感受过一种特殊的忧惧]①——但是我怕鬼却这样厉害,有如《奥地利观察报》②。什么是恐惧呢? 它是由于理智还是由于情感? 关于这个问题,我时常同扫罗·阿色尔博士③争辩,每逢我们在柏林那座我吃过许多次午饭的皇家咖啡店里偶然相遇的时候。他总主张:我们怕一些事物,因为我们通过理性推论,才认为它是可怕的。只有理性是一种力,不是情感。在我吃得好喝得也好的时间内,他不断地给我论证理性的优点。他的论证快要完结时,他总是看一看他的表,并且永久用这句话结束:"理性是最高的原则!"——理性! 我现在每逢听到这个字,我还是永久看见阿色尔博士和他的抽象的腿、他的窄小的先验的④灰外套,以及可以给几何教科书充当铜版画的严峻的冰冷的脸。这个人,有五十多岁了,是一个体现人形的直线。这可怜的人探索最高原理,他把一切美好的事物都从生活里思索出去了,一切的日光、一切的信仰、一切的花,剩给他的只有寒冷的、最高原理的坟墓。他对于贝尔魏德勒的阿波罗和基督教都怀有一种特殊的恶意。他甚至写过一个小册子反对基督教,证明它是非理性的、没有根据的。他写过一大堆书,在这些书里总是理性在夸耀它自己的优越,这可怜的博士对此十分认真,所以在这一点上他获得人人的尊敬。但也就是在这里边有最大的笑话,当他不能理解每个孩子——正因为这是一个孩子——都能理解的事物时,他便做出一副认真的、愚蠢可笑的面孔。我也有几回到他家里拜访这位理性博士,看见美丽的女孩们在他身边;因为理性并不禁止人们有官感的享受。我有一次又去拜访他,他的仆人告诉我说:"博士先生刚刚死去了。"我当时并不感到什么,只觉得好像他说:"博士先生搬走了。"

---

① 方括号里的文句,海涅在 1830 年游记重版时删去。
② 奥地利政府的机关报,于 1810 年至 1822 年在维也纳出版,由于它的反动言论臭名远扬。这里说它怕鬼有双重意义:一、它真相信有鬼;二、它怕一切自由的思想。
③ 扫罗·阿色尔(1767—1822),柏林的哲学家,康德崇拜者。
④ 康德哲学里的术语。

还是回到哥斯拉尔吧。"最高的原则是理性!"当我去睡觉时,我向我自己慰解着说。但是无济于事。我刚刚在我从可劳斯他尔带来的法哈根·封·恩塞①编的《德国小说集》里读了那篇可怕的故事,述说一个儿子,他自己的父亲要谋杀他,他怎样在夜半被他死去的母亲的幽魂所警告。这篇故事奇异的描写使我在阅读时感到一种内心的恐怖冷彻全身。人们在旅途中读鬼的故事,就会起一种更为悚惧的感觉,尤其是在夜里,在不曾住过的一座城、一所房、一间屋里。人们不由自主地想起,有多少凶事可能已经在你正躺着的这块地方发生过?何况月光这样迷离闪烁地照入屋内,墙上颤动着各样不招自来的阴影,当我在床上坐起要去看时,我瞧见——

若是人傍着月光在镜里看见自己的面貌,没有比这更为凄凉了。正在这瞬间,一个迟钝的、打呵欠的钟在响,它是这样悠长而缓慢,使我在响过第十二下以后确切地相信,在这中间过去了整整的十二个小时,并且必须又从头开始,再敲十二下。在第十一下与第十二下的钟声中间响起另外一个时钟,很快,几乎是尖锐地斥骂着,它也许是讨厌它的邻居太太②的迟缓。当这两个铁舌头都静默了,深深的死寂管领全屋时,我忽然好像听见一些东西在我屋子前边的走廊下窸窣蠕动,好像一个老人不安稳的脚步。最后我的门开了,死去的扫罗·阿色尔博士慢慢蹀进来。一个冷战浸彻我的骨髓,我颤栗像是白杨的叶子,我几乎不敢正视这个鬼魂。他却依然如故,同样先验的灰色外套,同样抽象的腿,同样数学的脸;只是脸比先前更黄了一些,那张嘴,从前组成两个二十二度半的口角,如今闭在一起了,眼圈也有一个更大的半径。摇摇荡荡,还和从前一样挂着他的小藤杖,他靠近我,用他平凡发音模糊的方言和蔼地向我说:"您不要怕,您不要相信我是一个鬼!如果您把我当作鬼看,这是您的幻想作祟。什么是鬼呢?请您给我一个定义。请您给我证明一个鬼的可能性的条件。一个

---

① 法哈根·封·恩塞(1785—1858),作家兼批评家,海涅的朋友。
② 指那座敲得迟缓的钟。

这样的现象同理性发生什么样的理性的关系呢？理性，我说理性——"这个鬼于是谈到理性的分析，引用康德《纯理性批判》中第二部，第一篇，第二卷，第三大段，现象和本体的区分，随后他又分析这成为问题的鬼魂信仰，一个三段论法跟着一个三段论法，最后用逻辑的证明得到结论：完全没有鬼。这中间我背上流着冷汗，牙齿打战像是响板一般，这游魂博士证明一切怕鬼的不合理，我由于死的恐惧对于他的每句话都无条件地点头承认，他论证如此热心，致使他在错乱中从表袋里没有拿出他的金表，却抓出一把蠕虫，他觉察到他的错误，用可笑的恐惧的敏捷又放了进去。"理性是最高的——"钟敲着一点，鬼魂也消逝了。

第二天早晨我从哥斯拉尔继续前进，一半是任其自然，一半是有意去寻找可劳斯他尔矿工的兄弟。又是美好的、可爱的星期日的天气。我登越丘山，观察太阳怎样赶走雾气，快乐地穿游颤动的树林，哥斯拉尔的吊钟花围绕着我还在做梦的头脑作响。群山穿着它们白色的睡衣，枞树从枝干上把睡眠摇走，清爽的晨风梳理它们下垂的、绿色的头发，小鸟在做祈祷，草谷里露珠闪烁有如散满金刚石的黄金被，牧童在那上边走去，带着他钉铛作响的牧群。我差一点就走错了路。人总是选择旁路小径，以为由此可以更近地达到目的。正如同在生活里一般，我们在哈尔次山上也是这样。但是总有善良的人们又把我们引上正路；他们愿意这样做，并且还感到一种特殊的快乐，如果他们用洋洋自得的神情与善意的大声给我们解释：我们走了怎样大的弯路，我们能够堕入什么样的深渊和泥沼，而且这该是怎样的一种幸福，我们还在适宜的时刻遇见像他们这样识路的人。在离哈尔次堡不远的地方我就遇到一个这样的纠正者。这是哥斯拉尔一个营养良好的市民，有一副光泽而臃肿、自作聪明的面孔；他的神气好像他发明过兽疫①。我们共同走了一段路，他说给我听各样的鬼怪故事，这些故事可能很好听，如果它们不都是这样结束，本来并没有真正的鬼怪，白色的形体是一个非法的猎夫，呻吟的声音是从一个野母猪刚刚生

---

① 这句话是形容这个人的自作聪明，海涅在这里用"发明"代替"发现"。

下来的小猪仔发出来的,地板上的骚扰是猫在跳闹。只是人病了,他补充说,才相信看见鬼。但就他这渺小的人物而论,他就很少生病,只是间或害些皮肤病,他每次都用清白的唾液治疗。他也使我注意到自然界中的目的和功用。树是绿的,因为绿色对于眼睛有好处。我说他很对,并且补充说,上帝创造牛,因为肉汤能使人强健,他创造驴子,为的是驴子能够给人充作比喻①,他创造了人,为的是他吃肉汤,不要当驴子。我的旅伴很高兴,他找到了一个有同样思想的人,他的面貌更快乐地放着光彩,分手时他很感动。

在他陪着我走的时间内,全部自然几乎都失去了魔力;但他刚一走开,树又开始说话,日光鸣响,野花跳舞,蓝天拥抱着绿地。是的,我更明白了:上帝创造人类,为的是他赞叹宇宙的丰美。每个作家,不管他多么伟大,都愿望他的作品被人称赞。而且在《圣经》那部神的记录里也说得明白:他创造人类是为了他的荣誉与赞美。

长时间的漫游之后,我到了我的可劳斯他尔的朋友的兄弟家中,我在那里过夜,并且体验了下边的美丽的诗:

(1)

山上有小小的屋舍,

里边住着年老的工人;

那里响着浓绿的枞树,

闪照着黄金的月轮。

屋舍里有一把靠椅,

雕着花美丽无比,

上边坐着幸福的人,

幸福的人是我自己!

---

① 在德语中,人们常用驴子比喻愚蠢的人。

矮凳上坐着小女孩，
胳膊搭在我的怀中；
眼睛像两颗蓝星，
小嘴像是玫瑰红。

这对可爱的蓝星
望着我这样明朗，
她把她的百合手指
狡狯地放在玫瑰上。

不，妈妈看不见我们，
因为她纺线太勤劳，
爹爹拉着他的胡琴，
唱着古老的歌调。

女孩轻轻地细语，
轻轻地，用沉抑的声音：
把些重要的秘密
都已经向我说尽：

"但自从姑妈死后，
我们再也不能到
哥斯拉尔的射击场，
那里是十分美好。

"这里却是很寂寞，
在这枯冷的山峰，

冬天我们完全是
像埋在冰雪当中。

"我是个胆小的姑娘，
我害怕，像一个儿童
害怕凶恶的山灵，
他们在夜里蠢动。"

小女孩忽然沉默，
像怕听自己的言语，
她用两只小手儿
把她的眼睛蒙住。

枞树的响声更大了，
纺轮不住嗡嗡地转，
胡琴声掺在中间
古老的歌儿不停断：

"不要怕，亲爱的孩子，
不要怕恶灵的威力；
日日夜夜，亲爱的孩子，
小天使都在保护你！"

(2)

枞树用翠绿的手指
敲着低矮的小窗，
月亮，黄色的窥探人，
投进它甜美的幽光。

爹妈轻轻地打鼾
睡在隔壁的房里，
可是我们喋喋不休，
彼此都不能睡去。

"你说你常常祈祷，
却使我难于相信，
你的嘴唇的颤动
不像是祈祷的声音。

"冷酷的嘴唇的颤动
回回都在恐吓着我，
可是你眼角的虔光
又抚慰着阴暗的惊吓。

"我也怀疑，你信仰
真正信仰的事物，
你也许不信圣灵，
不信圣子和圣父？

"啊，我的孩子，在儿时，
当我在妈妈的怀内，
我信仰圣父上帝，
他博大地把宇宙支配；

"他创造美丽的大地，
又创造美丽的人类，

他还给日月星辰
标示出它们的路轨。

"等我大了些，孩子，
我理解更多的事体，
我理解，我有了理性，
我也信仰圣子；

"可爱的圣子，他怀着爱
把爱向我们宣示，
得到的报酬，像是通例，
被人们钉成十字。

"如今，因为我长大了，
读很多书，各处旅行，
我的心膨胀着，
我全心信仰圣灵。①

"圣灵作过崇高的奇迹，
它现在的工作更崇高；
它打碎奴隶的锁链，
还打碎暴君的城堡。

"它治疗致命的旧伤，
它革新陈腐的法律：
一切的人，不分贵贱，

---

① 海涅在这里借用基督教的术语，"圣灵"指解放人类的、进步的精神。

都是高贵的族类。

"它赶走恶劣的云雾
和那阴暗的幽灵，
幽灵日夜凝视我们，
妨碍我们的快乐和爱情。

"圣灵选出一千个
骑士，都束好武装，
去完成他的志愿，
它让他们心舒胆壮。

"他们的宝剑闪光，
他们的旗帜扬起；
呃，我的孩子，你可愿
看这些骄傲的骑士？

"就向我看，我的孩子，
吻我看我不要畏惧；
因为我就是圣灵的
一个这样的骑士。"

(3)

月亮静静在外边
隐入浓绿的枞林，
我们的灯在屋里
起着爆花，暗淡无光。

但我的一对蓝星
闪烁着更亮的光，
红色的玫瑰在燃烧，
可爱的女孩在谈讲：

"矮人儿们，小妖师，
偷我们的面包和脂肪，
晚间还装在盒子里，
早晨就不知去向。

"矮人儿们，从牛奶里
偷吃我们的乳脂，
让盒子敞着盖儿，
猫儿把剩下的喝去。

"猫儿是一个妖婆，
冒着夜间的风吹雨洒，
爬上幽灵的山巅，
到那倒塌了的古塔。

"那里有过一座宫殿
充满快乐与剑光；
骑士、妇女与侍从
在火炬舞中摇荡。

"一个狠毒的魔妇
把宫殿与人群咒灭，
留下的只有废墟，

枭鸟在里边搭巢穴。

"可是死去的姑妈说：
在山上正确的地址，
夜里在正确的时刻，
若说出正确的符语，

"废墟就又转变成
一座明亮的宫殿，
骑士、妇女与侍从
又快乐地舞蹈回旋；

"谁说出那句符语，
谁就有宫殿和人群，
大鼓和喇叭都赞颂
他的美丽的青春。"

从小嘴上的玫瑰
许多的幻影开花，
眼睛在幻影上倾注
它的蓝星的光华。

女孩用金黄的头发
把我的双手围缠，
给手指起些美名，
笑着，吻着，终于无言。

在这寂静的屋中

一切都亲密地看我；
桌子和衣柜，我仿佛
从前已经见过。

殷勤而严肃，响着壁钟，
胡琴若断若续，
又自动地起始鸣响，
我像是坐在梦里。

"现在是正确的时间，
这也是正确的地址，
你会惊奇，我的孩子，
我若说出正确的符语。

"我若说出那一句，
深夜就发亮，震动，
溪水和枞涛响声更大，
老山也会惊醒。

"从山的裂罅里响出
矮人的歌声和胡琴，
像个狂放的春天，
长出来一片花林。

"花朵，壮丽的奇花，
树叶，宽大而奇幻，
放着杂香，迅速地摆动，
像是被热情震颤。

"玫瑰,像是红火焰,
从狂热中向上辉耀;
百合,像是水晶柱,
笔直地射入云霄。

"星星大得像太阳,
怀着热望向下观看;
在百合的大花心中
灌注它们的光线。

"可是,我们自己,孩子,
也都有更多的转变,
火炬光、黄金和锦衣
快乐地围着我们辉闪。

"你,你变成一个公主,
这屋舍变成宫殿,
骑士、妇女与侍从
在这里舞蹈,欢宴。

"但是我,我获得了你
和一切,宫殿和人群;
大鼓和喇叭都赞颂
我的美丽的青春。"

太阳上升。雾气散去,像是鬼魂们听到第三次的鸡叫。我又上山下山,在我前边浮荡着美丽的太阳,永久照耀着新鲜的美景。山神显然是优待我；他大概知道，这样一个做诗的人能够重复述说许多美妙的事物，他让我在这个早晨观看不是每个人都能看到的他的哈尔次山。但是哈尔次山也观看只有少数人看过的我，我的睫毛里闪烁着珍珠，和山谷草里的珍珠一样宝贵。爱情的朝露润泽我的面颊，作响的枞树了解我，它们的枝条彼此伸开，上下摇曳，像是哑人用手表示他们的欢悦，远方响着神秘悦耳的声音，好像从一个不知何处的林中礼拜堂传来的钟声。人们说，这是牧群的铃铛，它们在哈尔次山里这样可爱、明朗、纯洁地响着。

按着太阳的位置是正午了，我遇到一个这样的牧群，牧童是一个和蔼的金发少年，他向我说，我站在它的山脚下的这座大山便是古老的、举世闻名的布罗肯。周围数里没有房屋，少年请我同他一起吃饭，我十分欢悦。我们坐下吃一顿用乳酪和面包组成的 Déjeuner dînatoire（代替午饭的早餐）；小羊抓取面包屑，可爱的肥牛犊围着我们跳跃，灵巧地响着他们的铃铛，用它们快乐的大眼睛向我们笑。我们吃饭真是国王一般；本来我觉得我的主人就是一个真正的国王，因为直到现在，他是惟一的给过我面包的国王，所以我也要歌颂国王一般地歌颂他。

> 牧童是一个国王，
> 宝座是绿色的山岗，
> 沉重的黄金的王冠，
> 是他头上的太阳。

> 绵羊卧在他的脚下，
> 这些谄媚者，标着红十字；
> 牛犊是他的侍从
> 骄傲而威武地漫步。

> 山羊是宫廷的优伶，
> 还有牝牛和鸣禽，

吹着笛子,摇着小铃,
都是宫廷的乐人。

奏乐唱歌这样可爱,
还有枞涛和流水
可爱地在中间作响,
国王也蒙眬入睡。

那条狗,他的大臣①,
这时必须执政,
它汪汪的吠声
使四围都起了回应。

年少的国王说梦话:
"国政是这样繁难,
啊,但愿我是在家里,
在我的女王身边!

"在我的女王的怀里
温软地安息我的头,
在她亲爱的眼中
有我广大的国土!"

　　我们友好地分了手,我快乐地登上山去。不久就有一座高入云表的枞林迎接我,我对枞树在任何关系上都含有敬意。这些树的生长并不容易,它们在青春时是十分艰苦的。这里的山布满许多庞大的花岗石块,大

---

① 海涅在这里可能指的是奥地利反动政府的首相梅特涅。

部分的树必须用它们的根把这些石块缠住或冲破,还须费力寻找它们能够吸取营养的土地。到处都有石块堆积着,几乎组成一座门,那上边有树木生长,树木把裸露的树根引过石门,在石门下边才抓住土地,甚至树根好像是生长在地面上。可是它们向那庄严的高空峥嵘耸起,与盘绕的石块好像是生长在一起,它们比起它们在平原上温和的林地里生长的舒适的同伴们是更为坚固。那些伟大的人也这样树立在人生中,他们由于克服早年的艰难与障碍使自己强壮、坚固起来。枞树枝上爬着松鼠,树下有黄色的麋鹿散步。我每逢看见这样一个可爱的高贵的鲁,我就不能理解,怎么有教养的人们会以追猎和戕杀麋鹿取乐。这样一个兽是比人仁慈的,它曾经哺育过神圣的盖诺魏发瘦弱不堪的儿子史梅尔参莱西①。

金黄的日光非常可爱地穿射浓密的枞绿。树根组成一个自然的阶梯。处处是丰润的苔凳;因为石块都有一尺高,被最美丽的苔藓铺盖着,像是鲜绿的天鹅绒。可爱的清凉,如梦的泉声。我们到处看见,水怎样在石下银亮地流去,冲洗裸露的树根和幼根。若是人们弯下身来观察这些生机,就好像倾听植物界秘密的形成史和这座山宁静的心的跳动。有些地方水从石和树根间迸涌更为强烈,组成小型的瀑布。这里正好坐下休息。潺潺的水声是这样悦耳,群鸟唱着断断续续的相思曲,树木像是用千百个女孩的妙舌在低语,奇美的山花也像是用千百只女孩的眼睛向我们观看,它们向我们伸开阔大的、有奇异锯齿的叶子,快乐的日光游戏着闪来闪去,聪明的小草彼此讲述绿色的童话,一切都好像中了魔,越来越亲密了,一个旧梦重生,爱人出现了——啊,她又这样快地消逝了!

登山更高,枞树也更为矮小,它们好像越来越蜷缩在一起,直到只剩有蓝莓子和红莓子的灌丛与山上的野草。这里也觉得更为寒冷了。奇异的花岗石块在这里才充分地裸露出来;它们常常是可惊地伟大。当瓦尔

---

① 盖诺魏发,德国民间传说中一个公爵夫人,生在 8 世纪。她的丈夫远游时,她被一个廷臣诬陷,逃入林中,有七年之久,她在林中吃草根,一只牝鹿哺育她的儿子。她的儿子叫做史梅尔参莱西,这个名字的意义是"充满痛苦"。

普尔基斯之夜①女妖们骑着帚柄和粪叉走来,荒唐无耻的狂欢正开始时,这些石块或许是魔鬼们互相抛掷的球,这情景正如迷信的保姆所述说的,而且在雷志画师②美丽的《浮士德》插图里也可以见到。是的,一个青年诗人,他在 5 月 1 日的前夜在从柏林到哥亭根的旅途上骑马走过布罗肯,他甚至看到几个爱好文学的妇女正在一个山角上开她们的美学茶会,悠闲地诵读《晚报》③,把她们那些咩咩地围绕着茶桌跳跃的诗的小山羊称赞为万能的天才,又给德国文学的一般现象下最后的判断④;可是当她们也谈到《拉特克利夫》和《阿尔曼索尔》⑤而断定作者缺乏虔诚与基督教精神时,这青年诗人便毛骨悚然,感到恐惧——我纵马加鞭,赶快跑过。

事实上,若是登上布罗肯的上半,便不由得不想到许多可笑的布罗肯山的故事,尤其要想到关于浮士德博士伟大的、神秘的、德国的民族悲剧。我总觉得,好像有马蹄傍着我向上攀行,并且有人在诙谐地喘气⑥。我相信,就是靡非斯托登上他所钟爱的山,也得费力喘气。这是一条非常使人疲倦的路,可是当我最后看到思慕已久的布罗肯旅舍时,我却快乐极了。

这旅舍,我们从许多风景里早已看得熟悉了,仅仅是一座平房在山顶上,是 1800 年史托贝尔格-魏尼罗得伯爵建筑的,照他的计划也是当作旅馆用。为了抵御风和冬寒,墙壁都厚得惊人;房顶低垂,中央矗立一个塔形的望楼,邻近还有两座小屋,其中一座是早年给布罗肯的旅行者充作庇身之所的。

---

① 德国民间传说,每年从 4 月 30 日到 5 月 1 日的夜里有魔鬼与妖女在布罗肯山上跳舞,这夜叫做"瓦尔普尔基斯之夜"。歌德《浮士德》里有《瓦尔普尔基斯之夜》一幕。
② 雷志(1779—1857),德国画家,他在 1816 年给歌德的《浮士德》上部作插图二十六幅。
③ 是当时德累斯敦出版的一种报纸。这报纸登载一些浪漫派末流的庸俗的文学作品,同时对世界文学中最优秀的作品乱下批评。
④ 海涅在这里讽刺资产阶级社会沙龙中的女子,他把她们比作女妖。
⑤ 这是海涅在 1820—1821 年间写的两部悲剧。
⑥ 在《浮士德》里,魔鬼靡非斯托伴着浮士德参加瓦尔普尔基斯之夜。传说魔鬼的脚是马蹄形。

走入布罗肯旅舍激起我一些不平常的、奇幻的感觉。在经过枞林与巉岩的漫长而寂寞的攀登之后,忽然置身在一座云舍里;城市和山林都留在山下,山顶上遇到的是一个偶然聚合、彼此生疏的团体,在这类地方这也是自然而然的事,人们被这个团体一半好奇、一半淡漠地迎接着,像是一个被期待的伴侣。我看见房里坐满客人,我像个聪明人一样,已经想到了夜,想到一条草荐的不舒适;我立即用要断气的声音请求茶水,布罗肯主人十分聪明地看出,我这个病人在夜里必须有一个正式的床。他在一间窄小的屋里给我安置了一个床,那里已经住着一个青年商人,一个穿着褐色上衣的使人呕吐的家伙。

我看见客厅里充满了人生和活动。来自不同的大学的学生。一部分刚刚来到,正在休息;一部分准备起身,捆起他们的行囊,把他们的名字写在纪念册里,从旅舍女儿的手中接受布罗肯的花圈;有的抓弄脸颊,有的唱歌,有的跳跃,有的欢呼,有的在问,有的在回答,天气好,一路平安,祝福,再见。几个临行的人都狂饮了一些酒,他们从美景中得到双重的享受,因为一个醉人看一切都是成双的。

我略加休息后,便登上望楼,在那里遇见一个矮小的先生和两个妇人,一个年轻的,一个年老的。年轻的小姐很漂亮。她身材秀美,鬋发上戴着一顶圆盔般的黑缎帽,微风戏弄着帽上白色的羽翎,窈窕的四肢被一件黑绸的外套紧紧裹住,显露出高贵的形体,自由的大眼睛静静地俯视着自由的大宇宙。

当我还是一个儿童时,我只想些魔术的和荒诞的故事,我把每个头上戴着驼鸟羽翎的美女都当作一个精灵女王,若是我看见她的衣裙是湿的,便把她当作一个水妖。如今我想得不同了,自从我在自然史里知道,那象征的羽翎来自最愚蠢的驼鸟,而一件女子的衣裙很自然地会沾湿。我若用那双儿童的眼睛在布罗肯山上看见方才提到的年轻的女子在方才提到的地方,我就会确凿地想道:"这是山上的仙姑,她刚刚说出魔语,因此下边的一切是这般奇异。"是的,我们从布罗肯第一次向下眺望时,一切都奇异到了极点,我们精神的各方面接受新的印象,这些印象多半是繁杂的,甚至是互相矛盾的,它们在我们的灵魂里结合为一种伟大的、还不能分析也不能解释的感觉。我们若是能够理解这个感觉的本质,也就认识了这座山的性格。这性格无论从它的弱点上,或是从它的优点上来看,都是德国人的。布罗肯是一个德国人。它像一幅伟大的览胜图,以德国人的彻底性清晰而明确地把几百个多半在北方的大城、小城、村落以及四围一切的山、林、河流、原野都旷远无边地指示给我们。但一切也正因此像是一幅刻画精细、着色鲜明的详细地图,我们的眼睛在这上边绝对看不到一处本来很美丽的风景;这是常有的现象,我们德国的著作家们用忠实的准确把一切事物都表达无遗,绝不能想到把个别的事物用一种美的方式表达出来。这座山也具有一些德国人的沉静、理智、宽容,正因为它能够这样广远而清晰地概览万物。如果这样一座山睁开它的巨眼,它也许能比我们看得更多一些,我们这些矮人只用我们迟钝的小眼在它身上攀来攀去。许多人以为布罗肯是庸俗的,克劳迪乌斯唱过:“布罗肯山是高大的市侩!”①但这是错误的。从它时常戴着一顶白色雾帽的秃头看来,它诚然具有一种市侩的外表;但是,像一些伟大的德国人一样,这是由于纯粹的冷嘲②。这是众所周知的,布罗肯也自有它放荡不羁的幻想的时刻,例如5月1日的前夜。那时它便欢呼着把它的雾帽抛入风中,并且和我们一般人一样,变得真正德国人地、浪漫地狂热。

我立刻找机会和那美丽的小姐攀谈:因为这才真是享受自然美景,若是能够当时倾吐出对于这些美景的意见。这小姐并不是有才华的,却是十分聪明。她有真正高贵的仪表。我说的不是通常的、呆板的、消极的高贵,这种高贵只明确知道,什么事不应该做;却是那较为稀少的、自由的、积极的高贵,它明确地告诉我们,我们可以做什么,而且它没有丝毫拘束,给我们以社交上态度大方的感觉。我自己都不胜惊奇,我搬出许多地理的知识,给这有求知欲的女子说出我们面前罗列的所有的城的名字,还以

---

① 克劳迪乌斯(1740—1815),德国诗人,这句诗见于他一首有名的《莱茵酒歌》。
② 海涅在这里可能暗指歌德。海涅虽然惊叹歌德的天才,但也认识歌德庸俗的一面。

纯正的大学讲师的风度把我的地图在望楼中央的石桌上展开,在图上给她寻找并且指出这些城市。有些城我找不到,也许因为我总用手去寻找,不大用眼,我的眼睛在这中间尽在这漂亮小姐的脸上巡回,并且我在那上边找到比史尔克和哀轮特①更美丽的部分。这个面貌是属于那一类的,不刺激人,也不很迷人,却总使人快意。我爱这类的面貌,因为它们的微笑使我颠颠倒倒的心得到平静。[这个小姐还没有结婚,虽然她已经在丰满的青春期,有充分的资格度夫妇生活了。但这诚然是一个常有的现象,正是在最美丽的女孩身上,才这样难于得到一个丈夫。在古代已经是这样,人们都知道,三个优美女神都是以处女终身的。]②

我猜不出,伴着这两个女子的矮小的先生和她们是什么关系。这是一个瘦小的奇异的人物。一个小头,稀疏地盖着灰色的短发,从短额一直垂到发绿的蜻蜓眼边,圆鼻子远远地突出,相反地嘴和下巴却又可怕地向双耳撤回。这个小脸好像是用一块雕刻家用以捏制他们初次模型的柔软的黄泥构成的;当他的薄嘴唇抿在一起时,颊上就皱出无数半弧形纤细的小皱纹。这个矮人不说话,只是每逢那个老太太向他低声说些和蔼的话时,他便随时微笑,像是一个流鼻涕的猿面狗。

那个老太太是年轻的小姐的母亲,也具有最高贵的形体。她的眼睛流露出一种过分热狂的忧郁,严肃的虔诚围绕着她的口角,可是我却觉得,这个嘴曾经是很美丽的,它笑过很多,接受过许多亲吻,也回赠过许多。她的脸像是一张写过两遍的羊皮纸,在僧侣抄写的墨迹尚新的教义释文下透露出一个古希腊爱情诗人模糊不清的诗句。这两个女子同她们的旅伴今年在意大利住过,她们向我述说罗马,弗罗棱斯和威尼斯等处各样的美景。母亲述说了许多彼得教堂里拉斐尔的绘画,女儿关于凤凰剧院的歌剧谈论得更多。[两人都被即兴艺人的艺术所激动。纽仑堡是她们的故乡;她们却不大向我说纽仑堡的古迹名胜。手工业歌手优雅的艺

---

① 史尔克和哀轮特,布罗肯山下的两个村名。
② 方括号里的文句,海涅在1830年游记重版时删去。

术的尾声,那善良的瓦根塞尔给我们保留下来的①,现在是消散了,纽仑堡的女市民只用意大利的无聊即兴和阉鸡的歌声来陶冶自己。啊,圣塞巴尔都斯②,你如今是怎样一个可怜的守护神!]③

在我们谈话中间,薄暮开始了:空气更冷,太阳西沉,望楼上充满了大学生、手艺人、几个绅士样的市民和他们的太太小姐,这都是来看落日的。这是一个壮美的观瞻,使人们祈祷。人人都严肃地静默着站了一刻钟,看这灿烂的火球怎样在西方缓缓下沉;脸被晚霞射照,双手不自觉地拱起;好像我们成为一个静默的教团立在一座巨大的寺院中间,牧师正举起圣体,从风琴中倾泻出巴雷斯特利那④的永恒的赞美歌。

我沉心祈祷时,我听见有人在我身边喊道:"自然界一般而论怎么是这样美丽!"⑤这句话出自我的同屋人,那青年商人感情激动的怀中。由于这句话我又回到我日常工作的情调里,我这时又能够向这两个女子说些规规矩矩的话,谈论落日,并且心地平和,好像什么事情也没有发生似的,引她们回到她们的房中。她们允许我再和她们闲谈一小时。像地球一般,我们的闲谈围绕着太阳旋转。母亲说,沉在雾里的太阳像一朵火红的玫瑰,多情的天把这朵玫瑰抛入它钟爱的地的广大而洁白的婚纱中。女儿微笑,她却以为常常观看这样的自然现象会减弱她的印象。母亲从歌德的旅行通讯里引用一段话纠正这错误的意见⑥,并且问我,读

---

① 手工业歌手系 15、16 世纪一些即兴诗人,他们多半是手工业者,业余时做赋诗的比赛,在纽仑堡最为流行。瓦根塞尔是一位教授,于 1697 年著有论这种诗歌的艺术的书。

② 圣塞巴尔都斯,生于 9 世纪或 10 世纪,是纽仑堡城的守护圣者。

③ 方括号里的文句,海涅在 1830 年游记重版时删去。

④ 巴雷斯特利那(1514—1594),意大利著名的宗教作曲家。

⑤ "一般而论",是哲学口气,海涅在这里讽刺当时德国人就是在自然美景前也忘不了枯燥的哲学。

⑥ 《歌德瑞士通信》第 2 卷,1779 年 10 月 3 日的信中有一段话和这意见相反。歌德认为对于新事物看得越多,认识也越深刻。

过维特没有？我记得,我们也谈到安哥拉猫①、哀特鲁斯克②的古瓶、土耳其的围巾、通心粉和勋爵拜伦,老太太还从拜伦诗里背诵几段关于落日的诗句,美妙地卷舌③而叹息。年轻的小姐不懂英文,她要知道那几首诗,我便把我的美丽而聪颖的女同乡,男爵夫人爱丽丝·封·霍痕号孙的翻译④介绍给她,趁这机会我也不曾忘却,正如我常常向年轻妇女所做的一般,对于拜伦的非神、无情、薄幸,天知道还有些什么,表示愤慨。

事后我又在布罗肯峰上散步;因为那里从不会完全黑暗。雾也不浓,我观看那人们称为妖女祭坛和魔鬼讲台的两座山丘的轮廓。我放了几下手枪,可是没有回响。但忽然我听到熟识的声音,我被人拥抱,被人亲吻。这是我的同乡们,他们比我晚四天离开了哥亭根,他们不胜惊奇,又看见我独自一人在布罗肯山上。于是叙述、惊奇、约会、欢笑、回想,我们在精神上又回到我们博学的西伯利亚,那里文化是这样高,熊拴在饭馆里,黑貂给猎人祝晚安。⑤

广大的屋内正在吃晚饭。一条长桌,坐着两排饥饿的大学生。开始是通常的大学谈话:决斗、决斗、还是决斗。这团体大部分是哈雷的大学生,因此哈雷成为谈话的主要对象。枢机顾问徐次的玻璃窗用详细的解释加以说明⑥。大家随后说,在齐培国王那里最近一次的谒见是很阔气的,他选出一个私生子,他和列支斯敦的公主不正当地结了婚,他贬了正妃,全体受感动的阁员都按照规则啼哭。我用不着说明,这都与哈雷的啤

---

① 安哥拉,现改名安卡拉,土耳其首都。安哥拉猫是一种长毛的猫。
② 古代居住在意大利中部的一个民族,它的繁荣时期在公元前 8 世纪至公元 6 世纪。
③ 卷舌,形容德国人诵读英文诗。
④ 爱丽丝·封·霍痕号孙(1791—1857),拜伦抒情诗的德译者。
⑤ 这里是大学生的俚语。"博学的西伯利亚"指哥亭根。西伯利亚在沙俄时代是流放罪人的地带,没有文化,海涅用它来比哥亭根。"拴住一条熊",是成语,作欠债解。"黑貂"是风流的女孩子。
⑥ 徐次(1747—1832),哈雷大学文学教授,许多流行杂志的主编。这里是说大学生们谈讲他的私生活。

酒功勋相关联①。随后谈到两个中国人,他们两年前在柏林供人参观②,如今在哈雷被培养为中国美学的讲师。笑话开始了。大家设想这样的事体:一个德国人在中国供人参观赚钱;为这目的做了一个广告,广告上有大臣陈昌重和奚海河③推荐,这是一个真正的德国人,此外还勘定他的技术主要是哲学、吸烟和忍耐,最后还注明在十二点吃饭的时刻人们不许带着狗,因为这些狗常常抢走这可怜的德国人的最好的面包片。

　　一个年轻的大学社团团员,在柏林刚刚举行了无罪宣誓,谈了许多柏林的事,但是很片面。他拜访过威索斯基④和剧院;二者他都评判错误。"青年人随便发言"。⑤ 他谈到服装的浪费,男演员和女演员的奇闻等等。这个青年不知道,在柏林事物的外表最有作用,那句普通俗语"只看外表"就足以说明,舞台上的装扮必须华美逼真,所以舞台经理最要顾到"演一个角色的胡须的颜色",顾到服装的忠实,这些服装被考证确实的历史家画出图样,还要被有学术修养的裁缝缝好。⑥ 这都是必要的。因为假使有一次马利亚·司徒阿特穿上一件属于安娜女王时代的裙子⑦,银行家克利斯梯安·古穆培尔就一定要有权利来抱怨,他觉得一切幻境都由此丧失了;假使有一次勋爵百尔赖⑧由于忽略而穿上了亨利第四的裤子,那么,出自李零陶族的军事顾问夫人史泰素普一定要整夜不放松这个时代错误。

---

① 当时哈雷大学学生的无聊的游戏。他们把四围的村落区分为"啤酒国",齐培、列支斯敦,都是啤酒国的国名,能喝啤酒的被封为国王;所谓公主、正妃,多半是啤酒馆里的侍女。

② 1823 年柏林大街上有两个中国人展览自己,参观券每张铜钱六枚;后来又有人说那不是中国人,却是奥地利人假扮的,是梅特涅派到普鲁士的特务。

③ 陈昌重和奚海河,这是海涅假设的两个中国人的名字。

④ 威索斯基是柏林一个饭馆的主人,以能说笑话著名。

⑤ 席勒戏剧《华伦斯泰之死》第二幕第二场中的诗句,这句在当时很流行。

⑥ 海涅在这里讽刺当时柏林剧院中的一种趋向:只过分在布景上、服装上追求所谓外表的真实,而不深入去体会如何把剧里的角色演好。

⑦ 马利亚·司徒阿特(1542—1587),苏格兰女王,被英国伊利沙白女王所杀,席勒悲剧《马利亚·司徒阿特》里的女主人公。安娜女王时代在 18 世纪初期。

⑧ 勋爵百尔赖(1520—1598),英国伊利沙白女王的第一任首相,也是悲剧《马利亚·司徒阿特》中的人物。

而且总经理的这种小心翼翼不只限于裙子和裤子,还扩充到穿着这些服装的角色。所以将来奥赛罗应由一个真正的黑人串演①,列支斯敦教授②已经为这目的把黑人从非洲雇来;在《憎与悔》③里将来哀拉丽亚应由一个真正的流浪女子,彼得由一个真正愚蠢的青年,那不识者由一个真正机密的乌龟串演,这三人都用不着先从非洲雇来。[在《环境的力量》④里须有一个已经得过几次耳光的真正的作家来表演主角;在《祖妣》⑤里扮演耶罗米的艺术家须有一次真正强掠过或至少也偷过东西;麦克佩斯夫人⑥须由一个女子表演,她诚如蒂克⑦所要求的,天性多情,但对于一件暗杀行刺的流血场面有几分熟悉;最后,为了表演特别浅薄、没有情趣、下贱的家伙,须特邀一条大蠕虫,这条大蠕虫每次都使它精神的伙伴们兴奋,只要它以它的全身竖立起来,变高,高,"全身是一个无赖!"]⑧——前边所说的青年既不了解了柏林戏剧的情况,他更没有注意到,史波梯尼的土耳其军乐歌剧用它的鼓、象、喇叭、铜锣⑨,正是一种英雄的方法,勇敢地振奋我们麻痹的民族,这也是柏拉图和齐采罗⑩曾经用政治手段推荐过的一种方法。这青年最不理解芭蕾舞在外交上的意义。我费力给他指出,政治是怎样在

---

① 奥赛罗,莎士比亚悲剧《奥赛罗》里的主人公,他是黑人。
② 列支斯敦教授(1780—1857),动物学者,柏林动物园的创办者。
③ 是德国作家廓采必(1761—1819)写的剧本,当时最受欢迎。下边提到的三个人都是剧中人物。
④ 不知是谁写的,待查。
⑤ 是奥地利剧作家葛利尔巴尔采尔(1791—1872)的剧本。
⑥ 麦克佩斯夫人,莎士比亚悲剧《麦克佩斯》里的女主角。
⑦ 蒂克(1773—1853),浪漫派作家,莎士比亚作品的德文译者。
⑧ 方括号里的文句,海涅在1830年游记重版时删去。
⑨ 史波梯尼(1774—1851),意大利作曲家,1820—1842年在柏林充当音乐指挥者。他的歌剧非常嚣杂,有一次真有一只象上了舞台。海涅在这里讽刺当时军国主义的、所谓"英雄的"歌剧。
⑩ 齐采罗(公元前106—前43),罗马著名的政论家。

霍规特的双脚上多于在布赫霍尔次的头脑里①,他一切舞蹈的节段是怎样意味着外交的谈判,他每个动转是怎样都有一种政治的关系,譬如说,当他热望地向前弯身,双手远远伸出时,他就表示我们的内阁②;当他用一只脚旋转一百次,不离开原处时,他就表示联邦会议;当他用捆得紧紧的腿旋转细步时,他心意中就想到那些小公侯们;当他像一个醉人似地晃来晃去时,他就表明欧洲的势力均衡;当他把弯着的胳膊像线球似地抱在一起时,他就暗示一个会议;最后,当他渐渐伸展向高处升起,在这姿态中静止许久,忽然迸发为最可怕的跳跃时,他就在表演我们东方的过于庞大的朋友③。这青年恍然大悟,如今他才知道,为什么舞蹈家比大诗人得到更好的报酬,为什么芭蕾舞在外交团里是一个永久说不完的谈话对象,为什么一个漂亮的舞女常常秘密地被部长供养,他的确是日夜费尽心思,使她能够感受他的政治的小体系。啊,阿皮司④! 外行的看戏人的数目是多么大,内行的数目又是多么小! 这里站立着愚钝的观众,他们睁视着、惊讶着那些跳跃与回转,他们在雷米尔的姿态里研究解剖,喝彩略尼士⑤的两足交叉舞,乱谈优雅、谐和与腰部——竟无人看出,在舞蹈的暗号里显明地表示出德意志祖国的命运。

在这类谈话说来说去的时间内,大家却不曾从眼中失却实利,满盘的肉和马铃薯等依然被人吃光。可是饭菜很坏。我把这事悄悄地向我的邻客提及,但他用一种我一听便认得出是瑞士人的口音很无礼貌地回答:说我们德国人正如不认识真正的自由一般,也不认识真正的满足。我耸一耸肩,向他说明,地道的公侯家奴和糖果制造者到处都是瑞士人,不是瑞

---

① 霍规特(1793—1871),柏林的舞蹈家。布赫霍尔次(1768—1843),柏林的历史学者兼政治家。以下这段文字是尖锐的政治讽刺,游记初次发表时,曾一度被检察者删改。

② 表示内阁的无力,向人求助。

③ 指当时的俄国。

④ 古埃及的神牛,古埃及人从它的姿态里预卜未来。

⑤ 雷米尔和略尼士是当时柏林两个跳芭蕾舞的女演员。

士人也被称为"瑞士人"①,如今瑞士的自由英雄把这么多政治上的勇敢说给群众听,在我看来永久像些怯懦的人在公共的年集上放射手枪,他们的勇敢惊吓住一切的儿童和农夫,但他们还是些怯懦的人。

这个阿尔卑斯山下的骄子②的确没有见怪,塞万提斯说得好,"他是一个肥人,所以是一个好人。"③可是我另一边的邻客,葛莱府瓦特④的大学生,听了那段言论却很愤怒;他断定说,德国人的精力和质朴还没有消亡,他暴躁拍胸,还干了一大高杯白啤酒。瑞士人说:"呶!呶!"可是他口气越缓和,葛莱府瓦特的大学生越是愤慨激昂。这人是那些时代的人,那时虱子有良好的岁月,理发师常常担心饿死。他披着下垂的长发,戴着骑士的头巾,穿着一件黑色的、古德国式的外套,一件脏衬衫,这衬衫同时也代替背心的职务,上边有一块奖章附有用布吕些尔的白马的鬃毛制成的穗子⑤。他外表像一个十分地道的愚人。我愿在晚饭时作一些活动,于是就被他引入一组爱国的争辩里。照他的意见,德国必须分为三十八州。我却主张必须是四十八州,因为人们这样才能写一本有系统的德国手册,而且这的确是必要的,生活与学术相结合。我的葛莱府瓦特的朋友也是一个德国的歌人,据他告诉我说,他正在写一部民族英雄诗赞扬黑尔曼与黑尔曼的战绩⑥。为了这部史诗的制作,我给他一些有用的示意。我请他在这上边注意,他可以把妥多堡森林里的沼泽与水道很逼真地用拖泥带水与坎坷不平的诗句表达,而且这会是一片爱国的至诚,如果他使瓦路斯和其他的罗马人都信口胡说。我希望,这个手法他将和其他柏林诗人一样

① 瑞士人自15世纪以来就被各地公侯雇用为侍从,也充当梵蒂冈教皇的禁卫军,又以制糖果出名,所以这两种人中纵使不是瑞士籍的也称为"瑞士人"。
② 指瑞士人。
③ 这句话见塞万提斯《堂·吉诃德》,上卷,第2章。
④ 葛莱府瓦特,德国北部一个沿海的城市,有大学。
⑤ 布吕些尔(1742—1819),普鲁士将军,参加反拿破仑的战争。海涅在这里讽刺葛莱府瓦特大学生狭隘的沙文主义。
⑥ 黑尔曼,原名阿尔米尼乌斯(公元前18—21),于9年在妥多堡森林击败瓦路斯领导的罗马人。他被德国的沙文主义者视为民族英雄。

效果彰著地成功,达到最离奇恍忽的幻境。

我们的桌上越来越热闹,越亲密了,葡萄酒赶走啤酒,朋士酒①缸冒着热气,喝酒,碰酒杯,歌唱。《老国君》②和米勒尔、吕克尔特、乌兰特等人③壮丽的诗句都歌唱出来了。还有梅特非色的歌曲④。最好听的是我们的阿尔恩特⑤的德国的名句:"上帝,他让铁生长,他不要奴隶!"外边也骚然作响,好像这座老山在协唱,几个摇摇晃晃的朋友甚至以为,山在快乐地摇它的秃头,因此我们的屋子也动来动去。瓶子更空了,头脑更满了。一人呼啸,另一人假声唱歌,第三人朗诵《罪恶》⑥,第四人说拉丁文,第五人叫大家节制,第六人站在椅子上演说:"我的先生们! 地是一个圆轴,人在上边是些个别的小钉刺,表面上无所作为地散布着:但是圆轴在转,小钉刺到处碰撞,发出声音,一部分钉刺常常碰撞,一部分不常碰撞,产生一套离奇复杂的音乐,这音乐叫做世界史。所以我们先谈音乐,再谈世界,最后谈历史;但是历史我们又分为风琴与斑蝥──"这样胡里胡涂地说下去。

一个温和的梅克棱堡人,把鼻子放在朋士酒杯中,幸福微笑着吸嗅蒸气,他说,他觉得好像又站在史威林⑦剧院里的零食台前。另一个人把他的酒杯像一个望远镜似地举在眼前,好像用它注意视察我们,同时红色的葡萄酒流过他的面颊注入他突出的口中。葛莱府瓦特的大学生忽然兴奋起来,倒在我的胸前欢叫:"啊,你懂得我吗,我是一个情人,我是一个幸福的人,我又被爱了,并且,上帝惩罚我! 那是一个体面的女孩,她有丰满的乳房,穿着一件白衣裳,弹钢琴!"──但是瑞士人哭起来了,温柔地亲我

---

① 用软木酒、砂糖、柠檬、茶、水所混合的一种饮料。
② 大学生常常唱的一首表示爱国的歌。
③ 米勒尔(1794—1827)、吕克尔特(1788—1866)、乌兰特(1787—1862),都是德国诗人,他们的诗歌在当时被人传诵,有的谱成乐谱。
④ 梅特非色(1785—1869),当时最受欢迎的民歌制谱者。
⑤ 阿尔恩特(1769—1860),德国反拿破仑的爱国诗人。
⑥ 是米尔内尔(1774—1829)写的一个剧本,曾轰动一时。
⑦ 史威林,梅克棱堡省的省城。

的手,不住地呻吟:"啊,贝贝丽! 啊,贝贝丽!"

在这紊乱的纷扰中碟子学着跳舞,杯子学着飞翔,我对面坐着两个青年,秀美而苍白有如大理石像,一个近似阿多尼①,一个近似阿波罗②。酒在他们颊上渲染的轻微的玫瑰气色几乎看不出来。他们以无限的爱互相注视,好像一个人能够在另一个人的眼里诵读,并且在这对眼里放着光,有如几滴光从那充满了熊熊爱火的杯中滴入,那杯子是一个虔诚的天使在天上从一颗星向另一颗星递送的。他们带着焦苦的语调低谈,忧容满面,从这面貌里发出非常痛苦的声音。"罗莱现在也死了!"一个叹息着说,停了一会就谈起那个哈雷的女孩,她爱上一个大学生,这大学生离开哈雷后,她再也不同人讲话,吃得很少,日夜哭泣,总望着她的爱人从前赠给她的金丝雀。"鸟儿死了,不久罗莱也死了!"故事就这样结束,两个青年又沉默了,不住叹息,好像他们的心要迸裂一般。最后另一个说:"我的灵魂很悲哀! 同我到外边的暗夜里去! 我要呼吸云的气息和月的光。我的哀伤的伴侣! 我爱你,你的话有如芦语,有如江涛,它们在我的胸中起了共鸣,但是我的灵魂很悲哀!"

两个青年站起来,这人用胳膊抱着那人的脖项,他们离开这狂乱的房屋。我在后边跟着他们,看他们走入一间黑暗的小屋,一个人把一座大衣柜当作窗子打开,二人立在柜前,胳膊热烈地展开,轮流着谈话。"朦胧的夜里的微风!"一个人叫道,"你们怎样凉爽我的面颊! 你们怎样亲爱地戏弄我飘荡的鬈发! 我立在高山的云顶,我下边是人间的沉睡的城市,闪耀着蓝色的流水。听,下边谷里的枞林作响! 山丘上雾气迷蒙中显出祖先们的幽魂。啊,但愿我能同你们奔驰,骑在云马上,穿过暴风雨的夜,渡过汹涌的海,升入星空! 但是,啊! 我苦恼重重,我的灵魂很悲哀!"——另一个青年同样把胳膊热烈地向衣柜伸开,泪珠从他的眼里涌出,他用忧郁

---

① 阿多尼,希腊神话里的美少年。
② 从这里起和下边的两段,海涅讽刺当时德国一部分感伤主义的青年,文字也模仿文学中感伤主义的文体。

的声调向着一条黄皮裤子说话,他把它当作月亮:"你是美丽的,天的女儿! 你面貌的宁静是优雅的! 你可爱地游荡而来! 星星追随着你东方的蓝色的轨道。云彩看见你都欢悦,它们沉郁的形体发出光来。在天空谁比得上你呢,夜的娇女? 星星在你面前都害羞,闭上它们闪着绿光的眼睛。若是早晨你的面庞苍白了,你从你的轨道上跑到哪里去呢? 你也像我似的有你的哈雷吗? 你住在忧郁的影里吗? 你的姊妹们都从天空坠落了吗? 她们,同你和睦地游遍全夜的她们,都不在了吗? 是的,她们坠落了,啊,美丽的光,你常常隐蔽,悲悼她们。可是一旦黑夜将要到来,而且你,你也消逝了,在天上离开你蓝色的轨道。随后星星都抬起它们曾经在你面前害羞的绿头,它们将要欢悦。可是如今你穿戴得光华灿烂,从天门向下眺望。撕碎这些云彩,啊,风呀,使这夜的娇女能够照耀出来,使多林的山丘也闪烁,大海在光里滚动它起着泡沫的波浪!"

一个熟识的、不十分瘦削的朋友,他喝的比吃的更多,虽然他今晚和平常一样,吞吃了六个卫兵中尉和一个天真的孩子都能吃饱的一大盘牛肉,这人过于有情趣了,简直是恶作剧,跑过去把那两个悲伤的朋友不客气地推入柜中,又敲打房门,在外边骚动得十分可怕。厅内的喧哗也越来越混乱、越郁闷了。两个青年在柜里哀号啜泣,他们说他们粉身碎骨摔倒在山下了;贵重的红酒从他们的脖子里涌出,他们互相浸渍,一个人向着另一个说:"别离了! 我觉得我在流血。你为什么唤醒我,春天的风? 你抚爱着说:我用天的露珠湿润你。可是我凋谢的时期到了,暴风雨到了,它摧折我生命的叶儿! 在我美丽的时候看见过我的那个漫游人明天就要来了,来了,他的眼睛将要在田野里到处寻找我,可是找不到我。"——但是那个熟识的朋友的低音遮盖了一切,这低音在门外边,在诅咒和欢呼中,怨天尤人地哀诉:说在完全黑暗的魏恩德大街上没有点着一盏灯,简直不能看见人们把谁的窗子打碎了。

我能够担受大量的酒——谦虚不许我说出酒瓶的数目——并且相当清醒地到了我的寝室。青年的商人已经躺在床上,戴着他粉白的睡帽,穿着深黄色卫生绒的上衣。他还没有睡着,要和我接谈。他是美因河畔法兰克福的人,所以他立刻就谈起犹太人来,说他们失却了一切对于美和高贵的感觉,他们卖英国的货物比原价便宜百分之二十五。我感到兴趣,和他开些小玩笑;因此我向他说,我是一个梦游患者,我必须预先请求原谅,我怕万一搅扰了他的睡眠。于是这个可怜的人,据他第二天向我说,整夜没有睡,因为他悬心吊胆,怕我梦游时用床前放着的手枪惹起祸端。其实我这一夜比他也好不了多少,我睡得很坏。都是荒凉可怕的梦幻,但丁《地狱》里的一段钢琴奏曲。最后我甚至梦见一出叫做《发尔齐地亚》的法律歌剧①的演出,甘司②继承法的剧本和史波梯尼的音乐。一个荒唐的梦。罗马的法庭光辉绚烂,阿西尼乌斯·哥申努斯③充作大法官坐在他的座位上,古罗马的外衣垂着骄傲的绉纹,他高声朗诵;马尔苦斯·图利乌斯·厄尔威苏斯④扮演 Prima Donna legataria(留赠遗产的头等歌女),完全表露出他优美的女性,唱着消魂的名曲 Quicunque civis romanus(无论哪个罗马市民)⑤;面涂土红色的实习法官咆哮着组成未成年者的合唱;大学讲师们穿着肉色的线衣扮演天使,跳一套犹斯特尼以前的芭蕾舞⑥,用花朵围饰着十二个铜牌⑦;雷电交作,地底下升起罗马制法时的被侮辱的精灵;随后是大喇叭、铜锣、火雨,cum omni causa(以及一切附属品)。

布罗肯主人把我从这骚扰中拉出来,他唤醒我去看日出。望楼上我看见已经有几个人在等待着,他们摩擦僵冻的手,另外一些人眼里还有睡意,摇摇晃晃地走上来。最后昨晚那个静默的团体又完全聚集起来了,我们一言不语地观看,那绯红的小球在天边升起,一片冬意朦胧的光照扩展开了,群山像是浮在一片白浪的海中,只有山尖分明突出,使人以为是站在一座小山丘上,在洪水泛滥的平原中间,只是这里或那里露出来一块块

---

① 指《发尔齐地亚法》,是公元前 40 年罗马法官发尔齐地乌斯制定的遗产继承法。

② 甘司(1797—1839),法学家,在 1824 年著有《继承权在世界史中的发展》。

③ 阿西尼乌斯·哥申努斯指哥亭根的法学教授哥申(1778—1837)。

④ 马尔苦斯·图利乌斯·厄尔威苏斯指哥亭根的法学教授厄尔威斯(1797—1858)。

⑤ 这是《发尔齐地亚法》第 2 章起首的文句。

⑥ 指《犹斯特尼法典》以前的法律。

⑦ 公元前 450 年罗马最古的法律刻在十二个铜牌上。

干的土壤。为了把见到的和感到的留在字句中,我写出下边这首诗:

> 通过太阳的微光
> 东方已渐渐明亮,
> 远远近近的山巅
> 在雾海里浮漾。

> 我若有双七里靴,
> 我就驾御神速的风
> 越过那些山巅
> 到亲爱的女孩房中。

> 从她轻睡着的床上
> 轻轻地牵起床幕,
> 轻轻地吻她的额
> 和她口角的红玉。

> 还要轻轻地低语,
> 在小小的百合耳旁:
> "梦里记住,我们相爱,
> 我们永不相忘!"

　　这时,我对于一顿早餐的想念是同样强烈,我向那两个女子说了几句客气话后,就跑下去,想在温暖的屋里喝咖啡。这是很需要的;我们胃里空洞无物,有如哥斯拉尔的史推芳礼拜堂。但是喝了这阿拉伯的饮料,温暖的东方情调也流灌我的四肢,东方的玫瑰薰绕着我,甜美的夜莺曲在歌唱着,大学生变成骆驼,含有康各利乌①的目光的布罗肯旅舍的女孩成为毫丽斯②,市侩的鼻子成为伊斯兰教塔……

在我旁边放着的那本书却不是《可兰经》。它的内容自然是十分无聊的。那是所谓的《布罗肯纪念册》,所有登山的旅客都把他们的姓名写在里边,大部分人还添注一些感想,在没有感想时,就抒写他们的情怀。许多人甚至写成诗句。在这本书里可以看到,若是庞大的市侩群趁着像在布罗肯山上这里的通常机会,都诗兴大发,就会产生怎样可怕的事。巴拉哥尼亚王子的宫邸③也不会像这本书这样的庸俗无味,这本书里特别光彩焕发的是税官先生们发霉的崇高的感觉,商店小伙计热狂的灵魂的倾注,古德意志冒名革命家的体育俗套④,柏林教员们辞不达意的兴奋文句等等。约翰·哈各尔先生⑤也要表示他是著作家。这里叙述日出的庄严灿烂;那里抱怨坏天气、失望的期待和妨碍一切远景的沉雾。"迷雾濛濛地上来,迷雾濛濛地下去!"是一句这被无数人引用的成为俗套的趣语。[一个卡罗利娜写道,她在上山时把脚弄湿了。一个朴实的小约翰也同样抱怨,他简洁地写着:我也在这段路程上弄湿了。]⑥全书放出乳酪、啤酒和烟草的气味;人们以为是在读一部克劳兰的小说⑦。

当我如上所述,正在喝着咖啡、翻阅《布罗肯纪念册》时,瑞士人红涨着脸走进来,他充满兴奋,讲说他在望楼上享受的壮丽的景色,太阳纯洁宁静的光是真理的象征,它和夜的浓雾战斗,看来有如一场神灵的争战,

---

① 康各利乌(1772—1828),在 1804 年发明火箭。

② 毫丽斯,伊斯兰教天堂中的美女。

③ 歌德在《意大利游记》1787 年 4 月 9 日日记中,记西西里岛上巴雷摩城的巴拉哥尼亚王子的宫邸最庸俗无味。

④ 海涅在这里指的是路德威希·严恩(1778—1852)。严恩当时提出的口号是"通过体育训练青年的爱国主义",他被一般人视为是革命的,他反动的本质到 1848 年以后才被揭露,但是海涅很早就看出来了。

⑤ 当时人们把流浪者成为哈各尔先生。

⑥ 方括号里的文句,海涅在 1830 年游记重版时删去。

⑦ 克劳兰(1771—1854),当时一个庸俗的小说家。他的小说多半放在饭馆里供客人们在饭前饭后消遣。

愤怒的巨人伸出他们的长剑,甲胄的骑士骑着高大的骏马赶来,战车、飘扬的旗帜、奇异的兽体从最粗暴的混战里出现,直到最后一切都在最疯狂的怪象中蜷缩在一起,逐渐苍白地消逝了,幻散得毫无痕迹。我没有看到这煽动群众的自然现象,如果有人来检察,我能够宣誓说:除了这良好的褐色咖啡的味道,我毫无所知。啊,这咖啡甚至要负责,使我忘记了我的美丽的小姐,她现在跟着母亲和旅伴站在门前,正准备上车。我几乎来不及跑过去向她说一句天气很冷。我没有早些来,她好像不高兴,可是我立即熨平了她美丽的额上的不快的皱纹,因为我赠给她一朵奇异的花,那是我昨天冒着生命危险从一座斜陡的岩壁上摘下来的。母亲要知道花的名称,好像她觉得这不大合适,她的女儿竟把一朵生疏的、不知名的花插在胸前——实在的,这朵花据有这使人嫉妒的地位,是它昨天在它寂寞的高处所梦想不到的。那沉默寡言的旅伴现在忽然开了口,数一数花的丝蕊,干燥地说:"它属于第八门类。"

我很不高兴,每逢我看见人们把上帝创造的可爱的花同我们人一样分门别类,并且按着类似的外表,也就是按着丝蕊的不同。若是应该有一种分类法,最好听从泰阿府拉斯特①的建议,他要把花按着精神,即是按着它的香气区分。至于我呢,在自然科学里我有我自己的体系,我把一切区分为:人们能够吃的和人们不能吃的。

可是这位老太太觉得花的充满神秘的天性绝对不是隐秘的,她很自然地说:花儿还生长在园中或盆里时,她看着真快乐,她若是看见一朵折下来的花,便相反地有一种轻微的痛感像梦一般悚惧地穿动她的胸怀,——因为这样一朵花本身就是一个尸体,一个这样衰弱的、柔嫩的花尸忧伤地垂下它憔悴的头儿,像是一个死孩子。老太太对于她的说明所引起的忧郁的反映有几分恐惧了,这是我的责任,用几句伏尔泰的诗驱除这忧郁的反映。几句法文竟能使我们立即回到正常的舒适情调里!我们

---

① 泰阿府拉斯特(公元前 372—前 287),亚里士多德的学生。在他自然科学的论著中他曾研究植物的香气。

欢笑,吻手,殷勤地微笑,马在嘶叫,车是缓缓地沉沉地摇下山去。

大学生们也准备起身,捆起背囊,清算了想不到那样便宜的账目;多情的旅舍女儿们,她们脸上带着幸福的爱情的痕迹,按照一般习惯拿来布罗肯的小花环,帮助把花环钉在帽上,人们用一些亲吻和铜钱酬谢她们。于是我们都下了山,有一部分人取路向史尔克走去,瑞士人和葛莱府瓦特的大学生都在内,另一部分大约有二十人,我的同乡们和我也在内,由一个向导引导,经过所谓"雪窟"向下往伊尔塞堡去。

大家迅速前进。哈雷的大学生向前进行比奥地利的后备军快些①。不知不觉,我们已经走过山上秃的部分和那上边散布着的石丛,我们穿过一座枞林,正如我们昨天所看到的那样。太阳已经射下它最庄严的光芒,照耀着这些穿戴得五花八门的青年,他们这样活泼地穿过林丛,这儿不见了,那儿又出现了,遇见泥沼就跨过横搭在上面的树干,遇见倾斜的深处就攀援蔓生的树根,在最愉快的音调中放声高歌,从鸣啭的林鸟、滚滚的枞涛、看不见的潺潺泉水与反应的回声中得到同样快乐的回答。当快乐的青年和美丽的自然会合在一起时,他们便交换着互相取乐。

我们越往下走,地下的流水响得也越可爱,它只是随处在石块和林薮下闪烁出来,好像暗自探听,能不能走向光明;最后有一个小小的波涟决绝地奔涌出来了。这里显示出这通常的现象:一个勇者作个开端,大队的迟疑者便忽然不胜惊奇地有了胆量,赶忙去和那为首者结合。一群其他的泉水如今都迅速地从它们的隐匿处涌出,和最初涌出来的汇合,它们立即组成一条很可观的小溪,经过无数的瀑布与奇异的弯曲流下山谷。这就是伊尔塞,这可爱的、甜美的伊尔塞! 它穿流幸福的伊尔塞谷,两旁的山逐渐高高耸起,这些山直到它们脚下多半都生长着榉树、栎树和普通的落叶树,再也没有枞树和其他的针叶树了。因为那些落叶树在布罗肯东部的低哈尔次特别占优势,相反地,称做高哈尔次的布罗肯西部比这里高得多,所以也更适宜于针叶树的生长。

---

① 奥地利的后备军,以松懈、行动迟缓著称。

这是无法描述的,伊尔塞用什么样的快乐、质朴和娇爱从那些在它的流道上遇到的、构造奇险的岩石上流下,致使水在一些地方汹涌地沸腾或是发着泡沫流溢,在另一些地方从各样的石缝间,像是从急猛的水壶中注出,形成洁白的弧形,随后又在下边的小石上轻轻细步,有如一个活泼的女孩。是的,传说是真的,伊尔塞是一个公主,她笑着神采焕发地跑下山去。她白色的水沫衣裳是怎样在日光里照耀!她银色的胸带是怎样在风里飘扬!她的金钢石是怎样发光而闪烁!高大的榉树立在旁边像是严肃的父兄,他们暗自微笑,看着这可爱的孩子的放纵;白桦摇摆着,怀有姑母般的快乐,同时又为这些大胆的跳跃担惊;骄傲的栎树注目凝视,有如一个烦恼的伯父,他又要为了美好的天气花钱①;小鸟在微风中欢呼喝彩,岸上的花朵温柔细语:"啊,把我们带去吧,把我们带去,亲爱的小姐姐!"——但这快乐的女孩不停地跳跃下去,她忽然感动了做梦的诗人,一阵光里有声、声里有光的花雨向我注下,在这澄洁的美景前我的意识消失了,我只是还听到甜美的笛声:

> 我是伊尔塞公主,
> 住在伊尔塞石岩;
> 跟我到我的宫里吧,
> 我们要幸福地生活。

> 我要濡洗你的头
> 用我明朗的波纹,
> 你要忘记你的痛苦,
> 你这忧劳成病的人!

---

① 海涅在这里指他的伯父所罗门·海涅。他的伯父是一个商人,常常给海涅经济上的帮助。

在我洁白的腕中，
在我洁白的胸前，
你要睡眠还梦起
旧日的童话的快乐。

我要吻你更爱你，
像我爱过吻过的、
现在已经死去的、
亲爱的亨利皇帝。

死者永久死去了，
只有生者在生存；
我又美丽又年轻，
我笑着的心在震动。

我的心若在下边震动，
我的水晶宫就鸣响，
小姐和骑士们舞蹈，
随从的队伍在欢呼。

丝质的长裙窸窣，
刺马的铁钉作响，
侏儒们打鼓吹喇叭，
拉着胡琴吹起军笳。

我的腕却须抱住你，
像它抱过的亨利皇帝；
我曾蒙住他的耳朵，

若是那喇叭响起。

这感觉是无限幸福的,若是现象世界和我们的内心世界消融在一起,绿树、思想、鸟歌、忧愁、蓝天、回忆和香草组成美妙的织锦。女人最懂得这种感觉,所以一个这样美妙的怀疑的微笑也能浮在她们的唇边,每逢我们用学院的骄傲颂扬我们的逻辑事实,我们怎样把一切都这样漂亮地分为客观的和主观的,我们怎样给我们的头脑像药剂室一般装配无数的抽屉,在一个抽屉里装着理性,在另一个里边是理智,在第三个里边是机智,在第四个里边是坏的机智,在第五个里边毫无所有,是观念。

好像在梦中漫游,我几乎没有注意到,我们离开了伊尔塞谷的低处,又升上山来。这路很陡峭而费力,我们里边有些人都喘起来了。可是像我们的死后葬在摩仑的那位老兄①一样,我们预先想到下山,所以就更快乐了。最后我们到了伊尔塞石岩。

这是一块非常庞大的花岗岩,从深渊里高大而勇敢地竖起。三面都有崇高的、披着树林的山岭围绕着它,但是第四面,北面,是开阔的,从此可以眺望下边的伊尔塞堡,还有伊尔塞河远远地流入低地。在石岩的塔样的顶上树立着一个伟大的铁十字架,还有仅仅可以容四只人脚的地位。

正如自然由于地势和形状用奇异的美景装饰伊尔塞石岩一般,传说也在那上边注射它玫瑰的光彩。郭特沙可写道:"人们说,这里有一座魔宫,丰富而美丽的伊尔塞公主住在里边,她如今还天天早晨在伊尔塞河里洗澡;谁若是有福气,遇到那恰好的时刻,谁就被她引到石岩上她的宫殿里,得到国王一般的享受。"另外一些人关于伊尔塞小姐和威斯敦卑尔格骑士的爱情讲述一段美好的故事,我们最熟识的诗人中有一位曾经浪漫地在《晚报》里歌咏过②。又有一些人说法不同:那是古代萨克逊的亨利皇

---

① 指外棱史皮格尔。外棱史皮格尔是德国传说中的一个滑稽人物,一生有许多可笑的言行,死于 1350 年,葬于摩仑。他每逢上山时都想到下山,所以很快乐,不觉累。
② 指 1894 年 9 月《晚报》上发表的一首诗《伊尔塞石岩与伊尔塞石岩中的威斯敦卑尔格》,作者笔名赫耳。

帝,他同伊尔塞,这美丽的水妖,在她魔术的岩堡中享受过最有帝王风味的时刻。一个新进的作家,尊贵的尼曼先生,写了一本《哈尔次山旅行手册》①,他把山的高度、磁针的偏斜、城市的负债诸如此类的都用值得称赞的努力和确实的数目述说出来,这中间他却主张:"人们关于美丽的伊尔塞公主所说的是属于寓言的世界。"所有从来没有见过一个这样的公主的人们都这样说;但是我们,我们特别受过美丽的女子恩惠的,却知道真有伊尔塞公主。亨利皇帝也知道。古代萨克逊的皇帝们这样依恋他们故乡的哈尔次,并不是徒然的。我们只要翻阅一下精美的《吕内堡纪事》,里边非常诚朴的木刻画描摹着那些善良古老的国君,全身甲胄,高高地骑在武装的战马上,忠义的头上戴着神圣的皇冠,坚强的手里执有权杖和宝剑;他们和他们的后继者常常被一种荣称为罗马皇帝的欲望,也就是被一种使皇帝与国家都同归于尽的、地道德国人的尊号欲引诱到外国,甚至到柠檬和毒物是同样茂盛的南方——我们在那些可爱的、蓄着髭须的面貌上能够看得分明,当他们在那里居留时,他们是怎样常常思恋着哈尔次公主们甜美的心和哈尔次树林的亲密的涛声。

但是我劝告每个站立在伊尔塞石岩顶上的人不要想皇帝和国家,也不要想美丽的伊尔塞,却只要想着他的脚。因为当我站立在那里,想得出神时,我忽然听到魔宫里地下的音乐,我看见山是怎样在四围倒立起来,伊尔塞堡的红色瓦顶开始跳舞,绿树在蓝色的空中环飞,我的眼前变得蓝蓝绿绿,头昏眼花,当真要堕入深渊了,若不是我在这紧要关头紧紧抱住了铁十字架。我在这样危险的境地做了这件事,一定没有人会怪我吧。

《哈尔次山游记》是断片,并且永久是断片了,那些为了和谐地组成整体而美妙地编进去的彩线,忽然像是被毫不容情的巴尔塞的剪刀给剪断

---

① 这部旅行手册出版于 1824 年,海涅不满意这部书内容的枯燥无味。

了①。也许我把它们继续编织在将来的诗歌里,如今简略没有提到的,以后会充分述说。只要我有一次把它们说出,不管是何时何地说了出来,最后得出的结果总是一样的。让那些个别的诗文不妨永久是些断片吧,只要它们能够联合起来组成一个整体。通过这样的联合,有缺陷的地方随处得以补充,生硬的得以调和,过于尖锐的得以和缓。过于尖锐,也许在《哈尔次山游记》的前几页已经就是这样;但如果人们在旁处知道,我对于哥亭根一般情况所怀的不满虽然比我说出的还多,然而这些不满毕竟远远抵不住我在那里对于几个人物感到的敬意,那么那几页就不至于产生太不愉快的印象了。我为什么不谈我尊敬的人物呢:我这里特别想到那个十分可敬的人,他在早年就友爱地照顾我,那时就唤起我对于研究历史的深切的爱好,随后又加强我对于这种研究的热心,由此把我的精神引上较为平静的道路,给我生命的勇气指出较为健全的方向,总之使我从历史研究中得到安慰,否则我将绝对不能忍受日常充满苦恼的现象了。我说的是盖欧尔格·沙利阿利乌斯②,这伟大的历史家同时是伟大的人,他的眼睛在我们黑暗的时代是一颗明星,对于一切他人的苦恼和欢悦,对于乞丐的和国王的忧愁,对于衰落民族的和他们的群神的最后的叹息,他的友爱的心是永久敞开着。

我不能不在这里同样说明:高哈尔次,就是我直到伊尔塞谷起始处为止所描述的哈尔次的那一部分,远不如富有浪漫画意的低哈尔次能给我们这样愉快的景色,高哈尔次峻峭的、枞林阴郁的美和低哈尔次恰成对照;同样那三个被伊尔塞河、博德河和色尔克河穿流的低哈尔次的山谷也可以很优美地互相对照,若是我们把每个山谷的性格都拟成人物。这是三个女性,人们不能够容易地断定,哪一个是最美的。

关于可爱的、甜美的伊尔塞,她是怎样甜美而可爱地接待我,我已经

---

① 希腊神话中有三个司命运的女神,第一个女神纺织生命线,第二个决定生命线的长短,第三个把线剪断。这里指的是第三个女神。

② 盖欧尔格·沙利阿利乌斯(1765—1828),哥亭根大学的历史教授,思想进步,热情欢迎法国的资产阶级革命。

说过唱过了。那忧郁的美女,博德河,接待我并不是那样慈爱,当我在阴暗的吕背兰初次看见她时,她显着郁郁不乐,隐匿在一片银灰色的雨幕中。但是等到我登上罗斯特拉培的高顶,她就用敏捷的爱抛下雨幕,她的面貌在灿烂的日光中照耀着我,从所有的面纹中吐露出一种巨大的柔情,她从被压抑的岩胸里奔腾出来,像是渴望的叹息与感人的忧郁声音。对我表露得比较缺乏温柔,但是更快乐的,是美丽的色尔克,这美丽的、可爱的女子,她高贵的单纯与爽快的宁静隔离了一切伤感的亲昵,但她却由于一种半隐的微笑泄露出她戏谑的心情;我在色尔克谷遇到了各样小小的不快,要归罪于她这种戏谑的心情,我从水上跳过时,恰恰落在水的中央,随后我脱下湿鞋,换上便鞋,竟有一只便鞋从我手里,或者说简直是从我脚上掉下去了,一阵风把我的便帽吹跑,林棘刺伤了我的腿,此外还有种种的不幸。可是这一切的不快我都愿意原谅这美丽的女子,因为她是美丽的。而且她现在带着她一切宁静的妩媚立在我的想像前,仿佛在说:"纵使我笑,我却是对你怀有好意,我请求你歌唱我!"华丽的博德也同样在我的回忆中走出,她阴暗的眼在说:"在骄傲与痛苦中你和我一样,我要你爱我!"美丽的伊尔塞也跳来,面貌、形体和动作都灵巧迷人;她完全像那丰富我的梦境的、娇好的女孩,完全像她,她凝视我,用不能抵抗的冷淡,可是同时又这样深心地、这样永恒地、这样透明地真实——现在我是巴黎斯①,三个女神在我的面前,我把苹果给与美丽的伊尔塞。

今天是 5 月 1 日;春天像一片生命的海倾注在地上,白色的花沫悬挂在树上,一片广远的、温暖的雾光布满各处。城里家家的玻璃窗愉快地闪烁着,雀鸟又在房顶上筑它们小巢,人们在街上游荡,他们惊讶空气是这样感人,使他们觉得这样奇妙;彩衣的非尔兰德②的妇女们送来紫罗兰花束;孤儿们穿着他们的蓝色的小外衣,带着他们可爱的没有父母的小脸儿

---

① 巴黎斯,希腊神话里特洛伊的王子,因三个女神争妍,要他决定谁最美,就把金苹果给谁。他把金苹果给了爱与美的女神维纳斯。
② 非尔兰德在汉堡附近,以花圃果园闻名。

走过处女巷,欢欢喜喜,好像今天又得到一个父亲;乞丐在桥头显得这样快乐,好像得到了头奖;太阳以它最宽宏大量的光甚至照耀着黑衣的、还未被绞首的经纪人①,他在那里带着他那狡狯的、惟利是图的面孔跑来——我也要到城门外去游玩。

这是 5 月 1 日,我思念你,美丽的伊尔塞——或者我应该称你为阿各内丝②,因为我最喜欢这名字——我思念你,我要再去看你怎样闪烁着流下山去。但是我最愿意站立在下边的谷里,把你拥抱在我的臂膀中。——这是一个美丽的日子!我到处看见绿的颜色,希望的颜色。到处,有如美好的奇迹,花都开放出来,我的心又要开花了。这个心也是一朵花,一朵奇异的花。它不是谦虚的紫罗兰,不是含笑的玫瑰,不是纯洁的百合或其他的小花,它们用可爱的亲昵愉悦女孩的心意,美妙地让人插在美妙的胸前,今天萎了,明天又开了。这个心却更像巴西森林中那朵沉重的奇异的花,按照传说,每百年只开一次。我记得,当我儿时我见过这样一朵花。我们在夜里听见一声射击,好像放了一声手枪,第二天早晨邻家的孩子们告诉我说,那是他们的"伽罗"忽然开了花,发出这样的爆声。他们引我到他们的园中,我不胜惊奇,在那里看见那棵又矮又硬的植物带着颤巍巍宽大的、人们挨近就容易受伤的、锯齿的叶子如今完全射向天空了,在顶上开着那朵最美的花,像一座黄金冠。我们小孩子不能向上望得那样高,那一向喜爱我们的、微笑得意的老仆人克利斯梯安给我们搭起一座木梯围绕着那朵花,我们小猫一般爬上去,好奇地观看敞开的花心,黄色的光蕊与异乡情调的香气带着异乎寻常的光彩从中涌出。

是的,阿各内丝,这颗心不容易常开花;尽我所记忆的,它只开过一次,可能是已经很久了,的确已经有一百年了。我相信,那次它的花虽然是华丽地展开了,假使它不是被一场阴暗的冬日的狂风狂暴地折损了,它也必定会因为日光与温暖的缺乏而枯萎吧。如今可是它又在我的怀中激

---

① 汉堡有一个叫做府利特兰得尔的,以为是骂他,他为这事在街上和海涅发生过纠纷。

② 阿各内丝,海涅指他所爱的、他的伯父的女儿苔蕾丝·海涅。

动,并且你忽然听到这个射击——女孩,不要怕！我没有射死我自己,却是我的爱情迸开它的花蕾,在灿烂的诗歌、永恒的狂欢曲、极端欢乐的曲调里高射出来。

但若是这个高的爱情对于你是太高了,女孩,你就为你自己行个方便,登上木梯,从木梯上向下看我开花的内心。

天还很早,太阳几乎还没有走完它的路程的一半,我的心已经如此强烈地放香,使我昏迷直到头顶,我再也不知道,冷嘲在何处停止[①],天在何处开端,我使我的叹息填入空气,我愿意自己又消溶在甜美的原子中,无形的神里;——那该当怎样呢,若是夜晚来了,星星出现在天边,"那些不幸的星星,它们能够向你说——"

这是 5 月 1 日,一个可怜的商店小伙计今天都有权利变得多感,你可要对诗人加以遏止吗?

---

① 海涅曾经说人和世界是"上帝的冷嘲的产物",这里指的是不合理的人世。

八、(德)尼　采

1 Ecce Homo[①]

我知道,我来自何方。

火焰般永无饱满

我燃烧而自残,

我握住的都是光芒,

放下的都是枯炭:

我确是火焰!

---

① 此诗据《文聚》1945 年第 2 卷第 2 期发表时的版本编入,此诗标题为发表时原标题。——编者注

2　秋[①]

这是秋天:——它还憔悴你的心!
飞走吧! 飞走吧!
太阳挨上山
攀登又攀登
一步一休息。

宇宙怎么这样凋零!
在疲乏紧张的弦上
风唱着它的歌。
希望消亡——
风在哀悼。

这是秋天:它——还憔悴你的心!
飞走吧! 飞走吧! ——
啊,树上的果实,
你战栗,凋落?
夜教给你
怎样一个秘密,

① 此诗刊于《文学》1937 年第 8 卷第 1 期。——编者注

冰冷的战悚铺上了
你绯红的面颊？——

你静默，不回答？
谁还说话？

这是秋天：——它还憔悴你的心！
飞走吧！飞走吧！——
"我并不美丽"
——野菊这样说——
"可是我爱人间
我安慰人间——
他们现在还该看看花，
向我弯下腰，
啊！折下我——
在他们眼中
又闪烁着回忆，
回忆比我更美丽的；
——我看见了，看见了，——就这样死去！"——

这是秋天：它——还憔悴你的心！
飞走吧！飞走吧！

3 怜悯赠答①

(1)孤　单

乌鸦乱叫，
羽翼纷纷地飞向城中：
雪要落了——
有家乡的人，真堪欣幸！

你凝立出神，
回头看，已经多么长久！
你这愚人，
严冬里跑到外边的宇宙？

宇宙——一座门
无言枯冷，向无蔽的沙漠！
无处得安身，
谁若把你所失落的失落。

---

① 此诗及以后两首诗原载 1937 年 5 月《译文》新 3 卷 3 期。发表后译者对个别诗中的个别词句做了修改。——编者注

你面色苍惶，

被惩罚于冬日的行程。

像烟一样，

它永久找更冷的天空。

鸟飞吧，唱起歌来，

用沙漠鸟的声音！

在冰和嘲笑里，

愚人，隐藏你流血的心！

乌鸦乱叫

羽翼纷纷地飞向城中：

雪要落了——

没有家乡的人，真是苦痛！

（2）回　答

上帝见怜！

他以为我要回去，渴慕

德国的温暖，

沉闷的德国的家庭幸福！

阻我留我的，

我的朋友，那是你的理智，

我也怜悯你！

怜悯德国不合理的理智！

4 在南方

我跨着弯曲的树身
摇摆着我一身的疲倦。
一只鸟儿请我做客人，
我在鸟巢里养一养神。
是什么地方？啊,辽远！辽远！

睡眠了那雪白的海波，
海上一扇孤帆绯红。
巉岩,无花果,海湾和高阁,
羊声咩咩,四围是牧歌,——
南方的纯洁,请将我收容！

这不是生活——只步步端详,
永久地一步步令人沉郁。
我让风吹我高扬,
向鸟儿们学习翱翔,
越过海飞到南方的地域。

理性？它是苦恼的事件！
它太快送我们达到目的！

飞翔里我知道什么在欺骗——
我又感到血液,汁浆,勇敢
为着新的生活,新的游戏……

寂寞地想,我称为智慧,
寂寞地歌——却是愚蠢!
听一曲歌,为你们赞美,
静静地坐在我的周围,
你们乖乖的鸟儿们!

我觉得你们为了爱恋
和一切美丽的时间消遣,
这样年轻,错误,无处依栖!
在北方——我踌躇着承认——
爱过一女人,老得令人发噤:
这老女人叫做"真理"……

5　最后的意志

这样死，
像我曾经看见的他这样死——
那朋友，他把闪电同目光
神圣地投给我阴暗的青春！
放肆而深沉，
战场中一个舞人——
战士中他是最活泼的，
胜者中他是最沉重的，
在他运命上站定一个运命，
前思后想，强硬——

为了胜利而战栗，
为了死者胜利而欢呼；

当他死时，吩咐着
——他吩咐，要毁灭——
这样死，
像我曾经看见的他这样死：
胜利着，毁灭着……

九、(德)格奥尔格

1　村里这个痴童会三支歌曲……①

村里这个痴童会三支歌曲，
他若来了歌声就不断轮环：
一支曲像坟里祖先的气息；
他们在生前已经委身于神坛。

另一支曲含有贞洁的奉献，
好像是纺车旁的姊妹歌唱
还是女孩子们在许多年前
形成长的行列在晚间的街上。

第三支曲在威胁——罪孽和仇恨——
用天蓝色剑鞘里的短剑，
用些血族里传留下的苦难，
用笼罩一些房顶的邪恶星辰。

---

① 此诗据译者手稿编入，原稿未加标题，现取其第一句为诗题。——编者注

2　给死者[①]

若是一朝这种族　　洗净了耻辱
脖颈上抛下来　　　奴隶的枷锁
肺腑中只感到　　　向着自尊饥饿
在这无边坟墓的　　战场上就会
将有血光闪照……　云端就赶过
轰轰赫赫的队伍　　田野就扫起
最恐怖的恐怖　　　风暴的第三遭
　　死亡者的归来！

若是这民族一旦　　从孱弱的倦怠
想起来他自己　　　他的职权，使命……
那不能言说的　　　恐怖的神示
将要为他展开……　就有众手高攀
万口齐呼都为了　　尊荣的赞颂
晨风里就招展　　　庄严的旗帜
带着真实的记号　　屈身而致敬
　　向死去的英雄！

---

① 原载 1944 年 10 月 10 日《中央日报》。——编者注

十、(奥)里尔克

1 豹①

——在巴黎植物园

它的目光被那走不完的铁栏
缠得这般疲倦,什么也不能收留。
它好像只有千条的铁栏杆,
千条的铁栏后便没有宇宙。

强韧的脚步迈着柔软的步容,
步容在这极小的圈中旋转,
仿佛力之舞围绕着一个中心,
在中心一个伟大的意志昏眩。

只有时眼帘无声地撩起——
于是有一幅图像浸入,
通过四肢紧张的静寂——
在心中化为乌有。

1903 年　巴黎

---

① 此诗最初发表于 1932 年 11 月《沉钟》半月刊第 15 期,收进《外国现代派作品选》
时译文做了修改。——编者注

2　奥尔弗斯①②

只有谁在阴影内
也曾奏起琴声，
他才能以感应
传送无穷的赞美。

只有谁曾伴着死者
尝过他们的罂粟，
那最微妙的音素
他再也不会失落。

倒影在池塘里
也许常模糊不清：
记住这形象。

---

① 此诗选自《致奥尔弗斯的十四行诗》上卷第9首，下一首《纵使这世界转变……》选自上卷第19首。这两首本应编入后面《致奥尔弗斯的十四行诗》（选译）中去，但发表时译者未加阐释，而后面的选译，发表时每首诗之后都加了一段解释。由于体例不一致，所以这两首仍按发表时的原样编排。——编者注

② 奥尔弗斯（Orpheus）是古希腊传说中的歌手，他的歌唱和琴声能感化木石禽兽。阴间的女神也被他的音乐感动，允许他死去的妻子重返人世，但约定在回到人世的途中，奥尔弗斯不许回顾他的妻子。奥尔弗斯没有遵守诺言，半路上回头看了看他的妻子，因此他的妻子被护送他们的使者又带到阴间去了。

在阴阳交错的境域
有些声音才能
永久而和畅。

1922 年　米索

3 纵使这世界转变……

纵使这世界转变
云体一般地迅速,
一切完成的事件
归根都回到太古。

超乎转变和前进之上,
你歌曲前的歌音
更广阔更自由地飘扬,
神弹他的琴。

苦难没有认清,
爱也没有学成,
远远在死乡的事物

没有揭开了面幕。
惟有大地上的歌声
在颂扬,在庆祝。

1922 年　米索

4 致奥尔弗斯的十四行诗(选译)[①]

上卷第 17 首

最底层的始祖,模糊难辨,

那筑造一切的根源,

他们从来没有看见

地下隐藏的源泉。

冲锋钢盔和猎人的号角,

白发老人的格言,

男人们兄弟交恶,

妇女像琵琶轻弹……

树枝与树枝交错,

没有一枝自由伸长……

有一枝! 啊向上…… 向上……

但它们还在弯折。

---

① 这组十四行诗刊于《世界文学》1992 年第 1 期。每一首诗后面的解释系译者所加。——编者注

这高枝却在树顶上
弯曲成古琴一座。

在欧洲，一个家族的世系常用树形标志，称为世系树。始祖是最下层的树根，繁衍的子孙是树干上生长的枝条。作者用这个图像，表示他对于一个家族演变的看法。始祖年代久远，无从考查。他的后代有战士，有猎夫，老人留下经验之谈，同族间也常发生纷争，妇女则像是琵琶，弹奏时发出悦耳的声音。子孙后代像错综交叉的枝条，互相牵制，不得自由发展。但是有一枝不断向上伸长，最后自身编成一座古琴。"古琴"象征文艺。"古琴"原文为"Leier"，这个词在诗集中经常出现，它是奥尔弗斯使用的乐器。

上卷第 20 首

主啊，你说，我用什么向你奉献，
你教导万物善于听取？——
我回忆春季的一天，
一个晚间，在俄国——骏马一匹……

这白马独自从村里跑来，
前蹄的上端绑着木桩，
为了夜里在草原上独自存在；
它拳曲的鬣毛在脖颈上

怎样拍击着纵情的节拍，
它被木桩拖绊着奔驰，
骏马的血泉怎样喷射！

　　它感到旷远,这当然!

　　它唱,它听,——你的全部传奇

　　都包括在它的身内。

　　　　它这图像,我奉献。

　　作者在诗里呼唤的"主",不是基督教的上帝,而是用歌声琴声感动禽兽木石、超越生死界限的奥尔弗斯。

　　这首诗主要是一匹马的奔腾给作者留下的永不磨灭的印象。里尔克曾于 1900 年 5 月至 8 月偕同露·沙罗美(Lou Salomé)第二次访问俄国。他在 1922 年 2 月 11 日写给露·沙罗美的信里说:"……那匹马,你知道,那自由的、幸福的马,脚上戴着木桩,有一次在傍晚伏尔加草原上飞跑着向我们跳来——我怎样把它当做给奥尔弗斯的一件 Exvoto(供品)!——什么是时间?——什么时候是现在?过了这么多年它向我跳来,以它全身的幸福投入广阔无边的感觉。"从信里可以看出,作者写这首诗时还真实地感受到二十多年前那匹白马在旷野上的奔驰。

　　原诗没有遵守十四行的限制,多了半行,译诗也按照了原诗的形式。

上卷第 21 首

　　春天回来了。大地

　　像个女孩读过许多诗篇;

　　许多,啊许多……她得到奖励

　　为了长期学习的辛酸。

　　她的教师严厉。我们曾喜欢

　　那老人胡须上的白花。

　　如今,什么叫绿,什么叫蓝,

　　我们问:她能,她能回答!

地有了自由,你幸福的大地,
就跟孩子们游戏。我们要捉你,
快乐的大地。最快活的孩子胜利。

啊,教师教给她多种多样,
在根和长期困苦的干上
刻印着的:她唱,她歌唱!

　　作者原注:"这首短小的春歌我可以说是对于一段奇特的舞蹈音乐的
解释,这是我在郎达(西班牙南部)一座小的修女教堂里早晨做弥撒时从
修道院学童那里听到的。学童们总是按着舞蹈的节拍手持三角铁和铃鼓
唱着我不懂得的歌曲。"(里尔克曾于1912年12月至次年2月旅居郎达。)
　　这首诗里把春天回来后的大地比做一个勤学的女孩,她在学校里辛
苦的学习正如大地经历了冬天。最后两行的根和干,语义双关,既指经冬
的树根和树干,也指枯燥的语法书中的词根和词干。

下卷第 4 首

这是那个兽,它不曾有过,
他们不知道它,却总是爱——
爱它的行动,它的姿态,它的长脖,
直到那寂静的目光的光彩。

它诚然不存在。却因为爱它,就成为
一个纯净的兽。他们把空间永远抛掉。
可是在那透明、节省下来的空间内
它轻轻地抬起头,它几乎不需要

存在。他们饲养它不用谷粒，
只永远用它存在的可能。
这可能给这兽如此大的强力，

致使它有一只角生在它的额顶。
它全身洁白向一个少女走来——
照映在银镜里和她的胸怀。

　　独角兽在欧洲的传说中，有如中国的麒麟。麒麟象征祥瑞，独角兽象征少女的贞洁。作者原注："独角兽有古老的、在中世纪不断被赞颂的少女贞洁的含义：所以被认为，这个不存在者对于人世间只要它出现，就照映在少女给它举着的银镜中（见15世纪的壁毯）和少女的身内，这作为一面第二个同样净洁、同样神秘的镜子。"这里所说的"15世纪的壁毯"系指法国克吕尼博物馆陈列的六幅壁毯，总题为《少女与独角兽》，里尔克对此很感兴趣，在他的长篇小说《布里格随笔》里作过细致的描述。

下卷第 6 首

玫瑰，你端居首位，对于古人
你是个周缘单薄的花萼。
对于我们你的生存无穷无尽，
却是丰满多瓣的花朵。

你富有，你好像重重衣裳，
裹着一个身体只是裹着光；
你的各个花瓣同时在躲
在摒弃每件的衣裳。

你的芳香几世纪以来
给我们唤来最甜的名称；
忽然它像是荣誉停在天空。

可是，我们不会称呼它，我们猜……
我们从可以呼唤来的时间
求得回忆，回忆转到它的身边。

　　玫瑰在里尔克的创作里占有重要地位，他认为玫瑰是花中最高贵的。可是在古代玫瑰单薄朴素，作者原注："古代的玫瑰是一种简单的Eglantine（野玫瑰），红的和黄的，像在火焰中的颜色。在瓦利斯这里它开花在个别的花园内。"

　　诗的第二节写玫瑰自身含有矛盾：多层的花瓣既像是重重衣裹，又像是拒绝衣裳，因为花瓣也属于花的身体。里尔克的诗里常常阐述与之相类似的矛盾。

　　最后两节认为最美的事物如玫瑰的芳香难以命名，像是荣誉在空中不可言传。这不禁使人想起莎士比亚《罗密欧与朱丽叶》第二幕第二景中的名句："姓名又算什么？我们叫做玫瑰的，不叫它玫瑰，闻着不也一样地甜吗？"（曹禺译。）

下卷第 8 首

你们少数往日童年的游伴
在城市内散在各处的公园：
我们怎样遇合，又羞涩地情投意满，

像羊身上说话的纸片。①

我们沉默交谈。我们若有一次喜欢，
这喜欢属于谁？是谁的所有？
它怎样消逝在过往行人的中间，
消逝在长年的害怕担忧。

车辆驶过我们周围，漠不关情，
房屋坚固地围绕我们，却是幻境，
什么也不认识我们，万物中什么是真实？

没有。只有球。它们壮丽的弧形。
也不是儿童……但有时走来一个儿童，
啊，他在正在降落的球下消逝。

——《怀念艾光·封·里尔克》

艾光·封·里尔克(Egon von Rilke，1873—1880)是里尔克的堂兄，童年夭折，里尔克常常思念他。作者在这首诗里写他童年时的经验。游戏的伴侣们互相遇合，相对无言，但都感到高兴，外界的事物对他们都是生疏的，好像与他们无关。只有他们游戏时抛掷的球是真实的，形成弧形，而他们中间的一个在球正在降落时消逝了。

关于第一节第四行中"说话的纸片"，作者原注解释："羊(在绘画上)只借助于铭语带说话。"中世纪的绘画在人物或生物旁常附有文字说明，称为铭语带。

---

① 见诗后译者说明。

下卷第 19 首

黄金住在任何一处骄纵的银行里，
它跟千万人交往亲密。可是那个
盲目的乞丐，甚至对于十分的铜币
都像失落的地方，像柜下尘封的角落，

在沿街的商店金钱像是在家里，
它用丝绸、石竹花、毛皮乔装打扮。
金钱醒着或是睡着都在呼吸，
他，沉默者，却站在呼吸间歇的瞬间。

啊，这永远张开的手，怎能在夜里合攏。
明天命运又来找它，天天让它伸出：
明亮，困苦，无穷无尽地承受摧残。

一个旁观者却最后惊讶地理解还称赞
它长久的持续。只是歌唱者能陈述。
只是神性者能听见。

　　贫穷与困苦，在里尔克的诗歌和散文里常常读到。在《祈祷书》《图像书》《布里格随笔》以及后期某些作品中有些篇章和段落不仅描述，而且有时还赞颂贫苦。里尔克观看他那时代的社会，金钱统治一切，产生许多罪恶，因而对于贫穷和困苦有些圣洁之感。所以他说，歌唱者能为贫困代言，有神性的人能听到歌唱。

下卷第 25 首

听，你已经听到最初的耙子
在工作；早春强硬的地上
在屏息无声的寂静里
又有人的节拍。你好像从未品尝

即将到来的时日。那如此常常
已经来过的如今回来，又像是
新鲜的事物。永远在盼望，
你从来拿不到它。它却拿到了你。

甚至经冬橡树的枯叶
傍晚显出一种未来的褐色。
微风时常传送一个信号。

灌木丛发黑。可是成堆的肥料
堆积在洼地上是更饱满的黑色。
每个时辰走过去，变得更年少。

这首诗直接描述作者在初春时的感受。春天每年都会来的，但是每次春天的到来，人们都觉得新鲜，好像过去不曾来过。橡树的树叶没有完全凋落，但已有褐色的嫩芽。这里以及第四节的前两行都是用颜色形容初春的景色。最后一行的"时辰"是比拟为一个女性，她走过去，不是变老，而是变得更年轻。

作者原注：这首诗是"上卷第 21 首学童们短小的春歌的对歌"。

1991 年 10 月译，11 月誊抄

5　给一个青年诗人的十封信①

收信人引言

　　1902年的深秋——我在维也纳新城陆军学校的校园里,坐在古老的栗树下读着一本书。我读书时是这样专心,几乎没有注意到,那位在我们学校中惟一不是军官的教授、博学而慈祥的校内牧师荷拉捷克(Horaček)是怎样走近我的身边。他从我的手里取去那本书,看着封面,摇摇头。"莱内·马利亚·里尔克的诗?"他深思着问。随后他翻了几页,读了几行,望着远方出神,最后才点头说道:"勒内·里尔克②从陆军学生变成一个诗人了。"

　　于是我知道一些关于这个瘦弱苍白的儿童的事,十五年前他的父母希望他将来做军官,把他送到圣坡尔腾(Sankt-Pölten)的陆军初级学校读书。那时荷拉捷克在那里当牧师,他还能清清楚楚想得起这个陆军学生。他说他是一个平静、严肃、天资很高的少年,喜欢寂寞,忍受着宿舍生活的压抑,四年后跟别的学生一齐升入梅里史·外司克尔心(Mährisch-Weisskirchen)地方的陆军高级中学。可是他的体格担受不起,于是他的父母把他从学校里召回,叫他在故乡布拉格继续读书。此后他的生活是

---

① 该书译于1931年,最初发表在1931年10月《华北日报·副刊》第619—626期。1938年商务印书馆正式出版该书,并附录《论"山水"》一文。1994年生活·读书·新知三联书店重印,该版本增加了《重印前言》和附录二:《马尔特·劳利兹·布里格随笔》(摘译)。——编者注
② 里尔克少年时名勒内·里尔克(René Rilke)。

怎样发展,荷拉捷克就不知道了。

按照这一切很容易了解,这时我立即决定把我的诗的试作寄给莱内·马利亚·里尔克,请他批评。我还没有满二十岁,就逼近一种职业的门槛,我正觉得这职业与我的意趣相违,我希望,如果向旁人去寻求理解,就不如向这位《自庆》①的作者去寻求了。我无意中在寄诗时还附加一封信,信上自述是这样坦白,我在这以前和以后从不曾向第二个人做过。

几个星期过去,回信来了。信上印着巴黎的戳记,握在手里很沉重;从头至尾写着与信封上同样清晰美丽而固定的字体。于是我同莱内·马利亚·里尔克开始了不断的通讯,继续到1908年才渐渐稀疏,因为生活把我赶入了正是诗人的温暖、和蔼而多情的关怀所为我防护的境地。

这些事并不关重要。所重要的是下边的这十封信,为了理解里尔克所生活所创造的世界是重要的,为了今日和明天许多生长者和完成者也是重要的。一个伟大的人、旷百世而一遇的人说话的地方,小人物必须沉默。

弗兰斯·克萨危尔·卡卜斯

（Franz Xaver Kappus）

1929年6月　柏林

第一封信

尊敬的先生:

你的信前几天才转到我这里。我要感谢你信里博大而亲爱的依赖。此外我能做的事很少。我不能评论你的诗艺;因为每个批评的意图都离我太远。再没有比批评的文字那样同一件艺术品隔膜的了;同时总是演出来较多或较少的凑巧的误解。一切事物都不是像人们要我们相信的那样可理解而又说得出的;大多数的事件是不可言传的,它们完全在一个语

---

①　里尔克早年的诗集,1899年出版。

言从未达到过的空间；可是比一切更不可言传的是艺术品，它们是神秘的生存，它们的生命在我们无常的生命之外赓续着。

我既然预先写出这样的意见，可是我还得向你说，你的诗没有自己的特点，自然暗中也静静地潜伏着向着个性发展的趋势。我感到这种情形最明显的是在最后一首《我的灵魂》里，这首诗字里行间显示出一些自己的东西。还有在那首优美的诗《给雷渥琶地①》也洋溢着一种同这位伟大而寂寞的诗人精神上的契合。虽然如此，你的诗本身还不能算什么，还不是独立的，就是那最后的一首和《给雷渥琶地》也不是。我读你的诗感到有些不能明确说出的缺陷，可是你随诗寄来的亲切的信，却把这些缺陷无形中给我说明了。

你在信里问你的诗好不好。你问我。你从前也问过别人。你把它们寄给杂志。你把你的诗跟别人的比较；若是某些编辑部退回了你的试作，你就不安。那么（因为你允许我向你劝告），我请你，把这一切放弃吧！你向外看，是你现在最不应该做的事。没有人能给你出主意，没有人能够帮助你。只有一个惟一的方法。请你走向内心。探索那叫你写的缘由，考察它的根是不是盘在你心的深处；你要坦白承认，万一你写不出来，是不是必得因此而死去。这是最重要的：在你夜深最寂静的时刻问问自己：我必须写吗？你要在自身内挖掘一个深的答复。若是这个答复表示同意，而你也能够以一种坚强、单纯的"我必须"来对答那个严肃的问题，那么，你就根据这个需要去建造你的生活吧；你的生活直到它最寻常最细琐的时刻，都必须是这个创造冲动的标志和证明。然后你接近自然。你要像一个原人似地练习去说你所见、所体验、所爱，以及所遗失的事物。不要写爱情诗；先要回避那些太流行、太普通的格式：它们是最难的；因为那里聚有大量好的或是一部分精美的流传下来的作品，从中再表现出自己的特点则需要一种巨大而熟练的力量。所以你要躲开那些普遍的题材，而归依于你自己日常生活呈现给你的事物；你描写你的悲哀与愿望，流逝的

---

① 雷渥琶地（Giacomo Leopardi，1798—1837），意大利著名诗人。（今译莱奥帕尔迪。——编者注）

思想与对于某一种美的信念——用深幽、寂静、谦虚的真诚描写这一切，用你周围的事物、梦中的图影、回忆中的对象表现自己。如果你觉得你的日常生活很贫乏，你不要抱怨它；还是怨你自己吧，怨你还不够做一个诗人来呼唤生活的宝藏；因为对于创造者没有贫乏，也没有贫瘠不关痛痒的地方。即使你自己是在一座监狱里，狱墙使人世间的喧嚣和你的官感隔离——你不还永远据有你的童年吗，这贵重的富丽的宝藏，回忆的宝库？你望那方面多多用心吧！试行拾捡起过去久已消沉了的动人的往事；你的个性将渐渐固定，你的寂寞将渐渐扩大，成为一所朦胧的住室，别人的喧扰只远远地从旁走过。——如果从这收视反听，从这向自己世界的深处产生出"诗"来，你一定不会再想问别人，这是不是好诗。你也不会再尝试让杂志去注意这些作品：因为你将在作品里看到你亲爱的天然产物，你生活的断片与声音。一件艺术品是好的，只要它是从"必要"里产生的。在它这样的根源里就含有对它的评判：别无他途。所以，尊敬的先生，除此以外我也没有别的劝告：走向内心，探索你生活发源的深处，在它的发源处你将会得到问题的答案，是不是"必须"创造。它怎么说，你怎么接受，不必加以说明。它也许告诉你，你的职责是艺术家。那么你就接受这个命运，承担起它的重负和伟大，不要关心从外边来的报酬。因为创造者必须自己是一个完整的世界，在自身和自身所联接的自然界里得到一切。

但也许经过一番向自己、向寂寞的探索之后，你就断念做一个诗人了（那也够了，感到自己不写也能够生活时，就可以使我们决然不再去尝试）；就是这样，我向你所请求的反思也不是徒然的。无论如何，你的生活将从此寻得自己的道路，并且那该是良好、丰富、广阔的道路，我所愿望于你的比我所能说出的多得多。

我还应该向你说什么呢？我觉得一切都本其自然；归结我也只是这样劝你，静静地严肃地从你的发展中成长起来；没有比向外看和从外面等待回答会更严重地伤害你的发展了，你要知道，你的问题也许只是你最深的情感在你最微妙的时刻所能回答的。

我很高兴，在你的信里见到了荷拉捷克教授的名字；我对于这位亲切的学者怀有很大的敬意和多年不变的感激。请你替我向他致意;他至今还记得我,我实在引为荣幸。

你盛意寄给我的诗,现奉还。我再一次感谢你对我信赖的博大与忠诚;我本来是个陌生人,不能有所帮助,但我要通过这封本着良知写的忠实的回信报答你的信赖于万一。

以一切的忠诚与关怀!

莱内·马利亚·里尔克
1903 年 2 月 17 日　巴黎

第二封信

请你原谅我,亲爱的、尊敬的先生,我直到今天才感谢地想到你 2 月 24 日的来信:这段时间我很苦恼,不是病,但是一种流行性感冒类的衰弱困扰我做什么事都没有力气。最后,这种现象一点也不变更,我才来到这曾经疗养过我一次的南方的海滨。但是我还未康复,写作还困难,你只得接受这封短信代替我更多的心意。

你自然必须知道,你的每封信都永远使我欢喜,可是你要宽恕我的回答,它也许对你没有什么帮助;因为在根本处,也正是在那最深奥、最重要的事物上我们是无名地孤单;要是一个人能够对别人劝告,甚至帮助时,彼此间必须有许多事情实现了,完成了,一切事物必须有一个完整的安排,才会有一次的效验。

今天我只要向你谈两件事:第一是"暗嘲"(Ironie):

你不要让你被它支配,尤其是在创造力贫乏的时刻。在创造力丰富的时候你可以试行运用它,当作一种方法去理解人生。纯洁地用,它就是纯洁的,不必因为它而感到羞愧;如果你觉得你同它过于亲密,又怕同它的亲密日见增长,那么你就转向伟大、严肃的事物吧,在它们面前它会变得又渺小又可怜。寻求事物的深处:在深处暗嘲是走不下去的,——若是你把它引近伟大的边缘,你应该立即考量这个理解的方式(暗嘲)是不是发自你本性的一种需要。因为在严肃事物的影响下,如果它是偶然发生的,它会脱离了你;如果它真是天生就属于你,它就会强固成为一个严正的工具,而列入你创作艺术的一些方法的行列中。

第二件我今天要向你说的是:

在我所有的书中只有少数的几本是不能离身的,有两部书甚至无论我走到哪里都在我的行囊里。此刻它们也在我的身边:一部是《圣经》,一部是丹麦伟大诗人茵斯·彼得·雅阔布生①的书。我忽然想起,不知你读过他的著作没有。这很容易买到,因为有一部分很好的翻译在雷克拉木(Reclam)万有文库中出版。你去买他的《六篇短篇小说》和他的长篇《尼尔·律内》(Niels Lyhne)。你先读前一本的第一篇《摩根斯》(Mogens)。一个世界将要展现在你的面前,一个世界的幸福、丰富、不可捉摸的伟大。请你在这两本书里体验一些时,学你以为值得学的事物,但最重要的是你要爱它们。这种爱将为你得到千千万万的回报,并且,无论你的生活取怎样的途径,——我确信它将穿过你的成长的丝纶,在你一切经验、失望与欢悦的线索中成为最重要的一条。

如果我应该说,从谁那里我体验到一些关于创作的本质以及它的深奥与它的永恒的意义,那么我只能说出两个名字:一个是雅阔布生,伟大的诗人;一个是奥古斯特·罗丹②,那在现存的艺术家中无人能与比拟的雕刻家。

愿你前途一切成功!

你的:莱内·马利亚·里尔克

1903 年 4 月 5 日

意大利　皮萨(Pisa)　危阿雷觉(Viareggio)

---

① 茵斯·彼得·雅阔布生(Jens Peter Jacobsen,1847—1885),丹麦小说家、诗人,著有长、短篇小说及诗、随笔等。

② 奥古斯特·罗丹(Auguste Rodin,1840—1917),法国雕刻家,里尔克于1902年赴巴黎拜访罗丹,于1906年曾短期任罗丹秘书。

第三封信

亲爱的、尊敬的先生：

你复活节的来信给我许多欢喜；因为它告诉我许多关于你的好消息，并且像你对于雅阔布生伟大而可爱的艺术所抒发的意见也可以证明，我把你的生活和生活上的许多问题引到这丰富的世界里来，我并没有做错。

现在你该读《尼尔·律内》了，那是一部壮丽而深刻的书；越读越好像一切都在书中，从生命最轻妙的芬芳到它沉重的果实的厚味。这里没有一件事不能被我们去理解、领会、经验，以及在回忆的余韵中亲切地认识；没有一种体验是过于渺小的，就是很小的事件的开展都像是一个大的命运，并且这命运本身像是一块奇异的广大的织物，每条线都被一只无限温柔的手引来，排在另一条线的旁边，千百条互相持衡。你将要得到首次读这本书时的大幸福，通过无数意料不到的惊奇，仿佛在一个新的梦里。可是我能够向你说，往后我们读这些书时永远是个惊讶者，它们永不能失去它们的魅力，连它们首次给予读者的童话的境界也不会失掉。

我们只在那些书中享受日深，感激日笃，观察更为明确而单纯，对于生的信仰更为深沉，在生活里也更幸福博大。

往后你要读那部叙述马丽·葛鲁伯夫人的命运与渴望的奇书①，还有雅阔布生的信札、日记、片断，最后还有他的诗（纵使是平庸的德文翻译），也自有不能磨灭的声韵（这时我要劝告你，遇机会时可以去买一部雅阔布生的全集，一切都在里边。共三册，译文很好，莱比锡外根·笛得利许 Eugen Diederichs 书店出版，每册据我所知只卖五六个马克）。

关于那篇非常细腻而精练的短篇小说《这里该有蔷薇……》，你对于作序者不同的意见实在很对。顺便我劝你尽可能少读审美批评的文字，——它们多半是一偏之见，已经枯僵在没有生命的硬化中，毫无意义；

---

① 指雅阔布生的长篇小说《马丽·葛鲁伯夫人》(*Frau Marie Grubbe*)。

不然就是乖巧的卖弄笔墨,今天这派得势,明天又是相反的那派。艺术品都是源于无穷的寂寞,没有比批评更难望其边际的了。只有爱能够理解它们,把住它们,认识它们的价值。——面对每个这样的说明、评论或导言,你要相信你自己和你的感觉;万一你错误了,你内在的生命自然的成长会慢慢地随时使你认识你的错误,把你引到另外的一条路上。让你的判断力静静地发展,发展跟每个进步一样,是深深地从内心出来,既不能强迫,也不能催促。一切都是时至才能产生。让每个印象与一种情感的萌芽在自身里、在暗中、在不能言说、不知不觉、个人理解所不能达到的地方完成。以深深的谦虚与忍耐去期待一个新的豁然贯通的时刻:这才是艺术的生活,无论是理解或是创造,都一样。

不能计算时间,年月都无效,就是十年有时也等于虚无。艺术家是:不算,不数;像树木似的成熟,不勉强挤它的汁液,满怀信心地立在春日的暴风雨中,也不担心后边没有夏天来到。夏天终归是会来的。但它只向着忍耐的人们走来;他们在这里,好像永恒总在他们面前,无忧无虑地寂静而广大。我天天学习,在我所感谢的痛苦中学习:"忍耐"是一切!

谈到理洽特·德美尔①:他的书(同时也可以说他这个人,我泛泛地认识他),我觉得是这样,每逢我读到他的一页好诗时,我常常怕读到第二页,又把前边的一切破坏,将可爱之处变得索然无味。你把他的性格刻画得很对:"情欲地生活,情欲地创作。"——其实艺术家的体验是这样不可思议地接近于性的体验,接近于它的痛苦与它的快乐,这两种现象本来只是同一渴望与幸福的不同的形式。若是可以不说是"情欲",——而说是"性",是博大的、纯洁的、没有被教会的谬误所诋毁的意义中的"性",那么他的艺术或者会很博大而永久地重要。他诗人的力是博大的,坚强似一种原始的冲动,在他自身内有勇往直前的韵律爆发出来,像是从雄浑的山中。

但我觉得,这个力并不永远是完全直率的,不无装腔作态(这对于创

---

① 理洽特·德美尔(Richard Dehmel,1863—1920),德国诗人,当时享有盛名。

造者实在是一个严峻的考验,他必须永远不曾意识到、不曾预感到他最好的美德,如果他要保持住那美德的自然而混元的境地)。现在这个鼓动着他的本性的力向性的方面进发,但是它却没有找到它所需要的那个纯洁的人。那里没有一个成熟而纯洁的性的世界,只有一个缺乏广泛的"人性",而只限于"男性"的世界,充满了情欲、迷醉与不安,为男人旧日的成见与傲慢的心所累,使爱失却了本来的面目。因为他只是作为男人去爱,不是作为人去爱,所以在他的性的感觉中有一些狭窄、粗糙、仇恨、无常,没有永久性的成分存在,减低艺术的价值,使艺术支离晦涩。这样的艺术不会没有污点,它被时代与情欲所渲染,很少能持续存在(多数的艺术却都是这样)。虽然,我们也可以享受其中一些卓绝的地方,可是不要沉溺失迷,变成德美尔世界中的信徒;他的世界是这样无穷地烦恼,充满了奸情、迷乱,同真实的命运距离太远了;真实的命运比起这些暂时的忧郁使人更多地担受痛苦,但也给人以更多的机会走向伟大,更多的勇气向着永恒。

最后关于我的书,我很愿意送你一整份你所喜欢的。但我很穷,并且我的书一出版就不属于我了。我自己不能买,虽然我常常想赠给能够对于我的书表示爱好的人们。

所以我在另纸上写给你我最近出版的书名和出版的书局(只限于最近的;若是算上从前的共有十二三种),亲爱的先生,我把这书单给你,遇机会时你任意订购好了。

我愿意我的书在你的身边。

珍重!

你的:莱内·马利亚·里尔克

1903 年 4 月 23 日

意大利　皮萨　危阿雷觉

第四封信

十天前我又苦恼又疲倦地离开了巴黎,到了一处广大的北方的平原,它的旷远、寂静与天空本应使我恢复健康。可是我却走入一个雨的季节,直到今天在风势不定的田野上才闪透出光来;于是我就用这第一瞬间的光明来问候你,亲爱的先生。

亲爱的卡卜斯先生,我很久没有答复你的信,我并没有忘记它——反而它是常常使我从许多信中检出来再读一遍的,并且在你的信里我认识你非常亲切。那是你 5 月 2 日的信,你一定记得起这封信。我现在在这远方无边寂静中重读你的信,你那对于生活的美好的忧虑感动我,比我在巴黎时已经感到的还深;在巴黎因为过分的喧嚣,一切都发出异样的声音,使万物颤栗。这里周围是伟大的田野,从海上吹来阵阵的风,这里我觉得,那些问题与情感在它们的深处自有它们本来的生命,没有人能够给你解答;因为就是最好的字句也要失去真意,如果它们要解释那最轻妙、几乎不可言说的事物。虽然,我却相信你不会永远得不到解决,若是你委身于那同现在使我的眼目为之一新的相类似的事物。若是你依托自然,依托自然中的单纯,依托于那几乎没人注意到的渺小,这渺小会不知不觉地变得庞大而不能测度;若是你对于微小都怀有这样的爱,作为一个侍奉者质朴地去赢得一些好像贫穷的事物的信赖:那么,一切对于你就较为轻易、较为一致、较为容易和解了,也许不是在那惊讶着退却的理智中,而是在你最深的意识、觉醒与悟解中得到和解。你是这样年轻,一切都在开始,亲爱的先生,我要尽我的所能请求你,对于你心里一切的疑难要多多忍耐,要去爱这些“问题的本身”,像是爱一间锁闭了的房屋,或是一本用别种文字写成的书。现在你不要去追求那些你还不能得到的答案,因为你还不能在生活里体验它们。一切都要亲身生活。现在你就在这些问题里“生活”吧。或者,不大注意,渐渐会有那遥远的一天,你生活到了能解答这些问题的境地。也许你自身内就负有可能性:去组织、去形成一种特别幸福与纯洁的生活方式;你要向那方面修养——但是,无论什么来到,你都要以广大的信任领受；如果它是从你的意志里、从任何一种内身的窘困里产生的，那么你要好好地负担着它，什么也不要憎恶。——"性"，是很难的。可是我们分内的事都很难；其实一切严肃的事都是艰难的，而一切又是严肃的。如果你认识了这一层，并且肯这样从你自身、从你的禀性、从你的经验、你的童年、你的生命力出发，得到一种完全自己的（不是被因袭和习俗所影响的）对于"性"的关系；那么你就不要怕你有所迷惑，或是玷污了你最好的所有。

身体的快感是一种官感的体验，与净洁的观赏或是一个甜美的果实放在我们舌上的净洁的感觉没有什么不同，它是我们所应得的丰富而无穷的经验，是一种对于世界的领悟，是一切领悟的丰富与光华。我们感受身体的快感并不是坏事；所不好的是：几乎一切人都错用了、浪费了这种经验，把它放在生命疲倦的地方当作刺激，当作疏散，而不当作向着顶点的聚精会神。就是饮食，也有许多人使之失去本意：一方面是"不足"，另一方面是"过度"，都搅混了这个需要的明朗；同样搅混的，是那些生命借以自新的一切深的、单纯的需要。但是一个"个人"能够把它认清，很清晰地生活（如果因为"个人"是要有条件的，那么我们就说是"寂寞的人"），他能够想起，动物和植物中一切的美就是一种爱与渴望的、静静延续着的形式；他能够同看植物一样去看动物，它们忍耐而驯顺地结合、增殖、生长，不是由于生理的享乐也不是由于生理的痛苦，只是顺从需要，这个需要是要比享乐与痛苦伟大，比意志与抵抗还有力。啊，人们要更谦虚地去接受、更严肃地负担这充满大地一直到极小的物体的神秘，并且去承受和感觉，它是怎样重大地艰难，不要把它看得过于容易！对于那只有"一个"的果实，不管它是身体的或是精神的，要有敬畏的心；因为精神的创造也是源于生理的创造，同属于一个本质，并且只像是一种身体快感的更轻妙、更兴奋、更有永久性的再现。至于你所说的"那个思想，去当创造者，去生产、去制作"，绝不能缺少他在世界中得到不断的伟大的证明和实现，也不能缺少从物与动物那里得来的千应万诺，——他的享受也只是因此才这样难以形容地美丽而丰富，因为他具有从数百万制作与生产中遗传下来的回忆。在一个创造者思想里会有千百个被人忘记的爱情的良宵又重新苏醒,它们以崇高的情绪填实这个思想。并且那夜间幽会、结合在狂欢中的爱人们,是在做一种严肃的工作,聚集起无数的温存,为任何一个将来后起的诗人的诗歌预备下深厚的力量,去说那难于言说的欢乐。他们把"将来"唤来;纵使他们迷惑,盲目地拥抱,"将来"终于是要到的,一个新人在生长,这里完成一个偶然,在偶然的根处有永恒的规律醒来,一颗富于抵抗的种子就以这个规律闯入那对面迎来的卵球。你不要为表面所误;在深处一切都成为规律。那些把这个神秘虚伪而错误地去生活的人们(这样的人本来很多),只是自己失掉了它,而把它望下传递,像是密封的信件,并不知它的内容。你也不要被名称的繁多和事物的复杂所迷惑。超越一切的也许是一个伟大的"母性"作为共同的渴望。那少女的、一种"还无所作为"(你这样说的很好)的本性的美是,它预感着、准备着、悚惧着、渴望着的母性。母亲的美是正在尽职的母性;一个丰富的回忆则存在于老妇的身内。但我以为在男人身内也有母性,无论是身体的或是精神的;他的创造也是一种生产,只要是从最内在的丰满中创造出来的便是生产。大半两性间的关系比人们平素所想的更密切,也许这世界伟大的革新就在于这一点:男人同女人从一切错误的感觉与嫌忌里解放出来,不作为对立面互相寻找,而彼此是兄妹或邻居一般,共同以"人"的立场去工作,以便简捷地、严肃而忍耐地负担那放在他们肩上的艰难的"性"。

凡是将来有一天许多人或能实现的事,现在寂寞的人已经可以起始准备了,用他比较确切的双手来建造。亲爱的先生,所以你要爱你的寂寞,负担那它以悠扬的怨诉给你引来的痛苦。你说,你身边的都同你疏远了,其实这就是你周围扩大的开始。如果你的亲近都离远了,那么你的旷远已经在星空下开展得很广大;你要为你的成长欢喜,可是向那里你不能带进来一个人,要好好对待那些落在后边的人们,在他们面前你要稳定自若,不要用你的怀疑苦恼他们,也不要用你的信心或欢悦惊吓他们,这是他们所不能了解的。同他们寻找出一种简单而诚挚的谐和,这种谐和,任凭你自己将来怎么转变,都无须更改;要爱惜他们那种生疏方式的生活,要谅解那些进入老境的人们；他们对于你所信任的孤独是畏惧的。要避免去给那在父母与子女间常演出戏剧增加材料；这要费去许多子女的力，消蚀许多父母的爱，纵使他们的爱不了解我们；究竟是在爱着、温暖着我们。不要向他们问计，也不要计较了解；但要相信那种为你保存下来像是一份遗产似的爱，你要信任在这爱中自有力量存在，自有一种幸福，无须脱离这个幸福才能扩大你的世界。

那很好，你先进入一个职业①，它使你成为独立的人，事事完全由你自己料理。你耐心地等着吧，看你内心的生活是不是由于这职业的形式而受到限制。我认为这职业是很艰难很不容易对付的，因为它被广大的习俗所累，并且不容人对于它的问题有个人的意见存在。但是你的寂寞将在这些很生疏的关系中间是你的立足点和家乡，从这里出来你将寻得你一切的道路。

我一切的祝愿都在陪伴着你，我信任你。

你的：莱内·马利亚·里尔克
1903 年 7 月 16 日

布莱门（Bremen）　渥尔卜斯威德（Worpswede）

第五封信

亲爱的、尊敬的先生：

我在佛罗伦萨收到你 8 月 29 日的信，现在——两个月了——我才写回信告诉你。请你原谅我的迟延，——我在路上不喜欢写信，因为我写信除去必须的纸笔外还要用：一些幽静、寂寞和一个不太生疏的时刻。

我们在六个星期前到了罗马，那时还是个空虚、炎热、时疫流行的罗马，这种环境又添上许多现实生活上安排的困难，更助长围绕我们的不

---

① 卡卜斯被任命为奥地利军官。

安,简直没有终结,使我们尝尽了异乡漂泊的痛苦。更加之以:罗马(如果我们还不认识它)在我们到达的头几天真令人窒闷悲哀:由于它放射出来的死气沉沉忧郁的博物馆的空气;由于它精华已尽,而又勉强保持着的过去时代的储存(从中滋养着一个可怜的现在);由于这些无名的、被学者和语言学家们所维护、经常不断的意大利旅游者所效仿的、对于一切改头换面或是毁败了的物品的过分的估价,根本这些物品也不过是另一个时代另一种生活的偶然的残余,这生活已经不是我们的了,而也不应该是我们的。在日日担心防范的几星期后,虽还有些纷乱,却终于回到自己的世界,我们才说:这里并不比别的地方有更多的美,这些被世世代代所叹赏的对象,都经过俗手的修补,没有意义,无所包含,没有精神,没有价值;——但这里也自有许多美,因为无论什么地方都有它的美。永远生动的流水从古老的沟渠流入这座大城,它们在许多广场的白石盘上欢舞,散入宽阔的贮水池中,昼间冷冷有声,夜晚的声音更为清澈,这里的夜色广大而星光灿烂,习习拂着轻风。并且有许多名园,使人难忘的林荫路与石阶——米霞盎基罗①所设计的石阶,那是按着向下流水的姿势建筑的石阶:宽宽地向下一层生出一层,像是后浪接着前浪。由于这样的印象,我们凝聚精神,从那些傲慢的、谈谈讲讲的"多数"(那是多么爱饶舌呀!)回到自身内,慢慢地学习认识"少数",在少数的事物里延绵着我们所爱的永恒和我们轻轻地分担着的寂寞。

现在我还住在城内卡皮托丘上②,离那最美的从罗马艺术中保存下来的马克·奥雷尔③骑马式的石像不远;但是在几星期后我将迁入一个寂静而简单的地方,是一座老的望楼,它深深地消失在一片大园林里,足以躲避城市的喧嚣与纷扰。我将要在那里住一冬,享受那无边的寂静,从这寂

① 米霞盎基罗(Michelangels,1475—1564),意大利文艺复兴时期的雕刻家、画家兼诗人。(今译米开朗基罗。——编者注)
② 卡皮托(Capitolinus),罗马七座山丘中的一座。
③ 马克·奥雷尔(Marc Aurel,121—180),罗马皇帝,著有《随感录》流传后世。(今译马可·奥勒留。——编者注)

静中我期待着良好而丰盛的时间的赠品……

到那时我将常常在家,再给你写较长的信,还要谈到关于你信中的事。今天我必须告诉你说的是(这已经是不对了,我没有早一点告诉你),你信中提到的那本书(其中想必有你的作品)没有寄到。是不是从渥尔卜斯威德给你退回去了(因为包裹不能转到外国)?退回是最好的,我愿意得到证实。希望不要遗失——这在意大利的邮务并不是例外的事——可惜。

我很愿意接到这本书(像是我愿意接到你所写的一切一样);还有你最近的诗(如果你寄给我),我要永远尽我的所能诚心地一读再读,好好体验。

以多多的愿望和祝福。

你的:莱内·马利亚·里尔克
1903 年 10 月 29 日　罗马

第六封信

我的亲爱的卡卜斯先生:

你不会得不到我的祝愿,如果圣诞节到了,你在这节日中比往日更深沉地负担着你的寂寞。若是你觉得它过于广大,那么你要因此而欢喜(你问你自己吧),哪有寂寞不是广大的呢;我们只有"一个"寂寞又大又不容易负担,并且几乎人人都有这危险的时刻,他们诚心愿意把寂寞和任何一种庸俗无聊的社交,和与任何一个不相配的人勉强谐和的假象去交换……但也许正是这些时候,寂寞在生长;它的生长是痛苦的,像是男孩的发育,是悲哀的,像是春的开始。你不要为此而迷惑。我们最需要却只是:寂寞,广大的内心的寂寞。"走向内心",长时期不遇一人——这我们必须能够做到。居于寂寞,像人们在儿童时那样寂寞,成人们来来往往,跟一些好像很重要的事务纠缠,大人们是那样匆忙,可是儿童并不懂得他们做些什么事。

如果一天我们洞察到他们的事务是贫乏的,他们的职业是枯僵的,跟生命没有关联,那么我们为什么不从自己世界的深处,从自己寂寞的广处(这寂寞的本身就是工作、地位、职业),和儿童一样把它们当作一种生疏的事去观看呢?为什么把一个儿童聪明的"不解"抛开,而对于许多事物采取防御和蔑视的态度呢?"不解"是居于寂寞;防御与蔑视虽说是要设法和这些事物隔离,同时却是和它们发生纠葛了。

亲爱的先生,你去思考你自身负担着的世界;至于怎样称呼这思考,那就随你的心意了;不管是自己童年的回忆,或是对于自己将来的想望,——只是要多多注意从你生命里出现的事物,要把它放在你周围所看到的一切之上。你最内心的事物值得你全心全意地去爱,你必须为它多方工作;并且不要浪费许多时间和精力去解释你对于人们的态度。到底谁向你说,你本来有一个态度呢?——我知道你的职业是枯燥的,处处和你相违背,我早已看出你的苦恼,我知道,它将要来了。现在它来了,我不能排解你的苦恼,我只能劝你去想一想,是不是一切职业都是这样,向个人尽是无理的要求,尽是敌意,它同样也饱受了许多低声忍气、不满于那枯燥的职责的人们的憎恶。你要知道,你现在必须应付的职业并不见得比旁的职业被什么习俗呀、偏见呀、谬误呀连累得更厉害;若是真有些炫耀着一种更大的自由的职业,那就不会有职业在它自身内广远而宽阔,和那些从中组成真实生活的伟大事物相通了。只有寂寞的个人,他跟一个"物"一样被放置在深邃的自然规律下,当他走向刚破晓的早晨,或是向外望那充满非常事件的夜晚,当他感觉到那里发生什么事,一切地位便会脱离了他,像是脱离一个死者,纵使他正处在真正的生活的中途。亲爱的卡卜斯先生,凡是你现在做军官所必须经验的,你也许在任何一种现有的职业里都会感到,甚至纵使你脱离各种职务,独自向社会寻找一种轻易而独立的接触,这种压迫之感也不会对你有什么减轻。——到处都是一样;但是这并不足使我们恐惧悲哀;如果你在人我之间没有谐和,你就试行与物接近,它们不会遗弃你;还有夜,还有风——那吹过树林、掠过田野的风;

在物中间和动物那里，一切都充满了你可以分担的事；还有儿童，他们同你在儿时所经验过的一样，又悲哀，又幸福，——如果你想起你的童年，你就又在那些寂寞的儿童中间了，成人们是无所谓的，他们的尊严没有价值。

若是你因为对于童年时到处可以出现的神已经不能信仰，想到童年，想到与它相连的那种单纯和寂静，而感到苦恼不安，那么，亲爱的卡卜斯先生，你问一问自己，你是不是真把神失落了？也许正相反，你从来没有得到他？什么时候应该有过神呢？你相信吗，关于神，一个儿童能够把住他，成人们只能费力去负担他，而他的重量足以把老人压倒？你相信吗，谁当真有他，又能把他像一块小石片似地失落？或者你也不以为吗，谁有过他，还只能被他丢掉？——但如果你认识到，他在你的童年不曾有过，从前也没有生存过；如果你觉得基督是被他的渴望所欺，穆罕默德是被他的骄傲所骗，——如果你惊愕地感到，就是现在，就是我们谈他的这个时刻，他也没有存在；——那么，什么给你以权利，觉得缺少这从来不曾有过的神像是丧失一个亡人，并且寻找他像是找一件遗失的物品呢？

你为什么不这样想，想他是将要来到的，他要从永恒里降生，是一棵树上最后的果实，我们不过是这树上的树叶？是谁阻拦你，不让你把他的诞生放在将来转变的时代，不让你度过你的一生像是度过这伟大的孕期内又痛苦又美丽的一日？你没有看见吗，一切发生的事怎样总是重新开始？那就不能是神的开始吗？啊，开端的本身永远是这般美丽！如果他是最完全的，那么较为微小的事物在他以前就不应该存在吗，以便他从丰满与过剩中能够有所选择？——他不应该是个最后者吗，将一切握诸怀抱？若是我们所希求的他早已过去了，那我们还有什么意义呢？

像是蜜蜂酿蜜那样，我们从万物中采撷最甜美的资料来建造我们的神。我们甚至以渺小，没有光彩的事物开始（只要是由于爱），我们以工作，继之以休息，以一种沉默，或是以一种微小的寂寞的欢悦，以我们没有朋友、没有同伴单独所做的一切来建造他，他，我们并不能看到，正如我们的祖先不能看见我们一样。可是那些久已逝去的人们，依然存在于我们的生命里，作为我们的禀赋，作为我们命运的负担，作为循环着的血液，作为从时间的深处升发出来的姿态。

现在你所希望不到的事,将来不会有一天在最遥远、最终极的神的那里实现吗?

亲爱的卡卜斯先生,在这虔诚的情感中庆祝你的圣诞节吧,也许神正要用你这生命的恐惧来开始;你过的这几天也许正是一切在你生命里为他工作的时期,正如你在儿时已经有一次很辛苦地为他工作过一样。好好地忍耐,不要沮丧,你想,如果春天要来,大地就使它一点点地完成,我们所能做的最少量的工作,不会使神的生成比起大地之于春天更为艰难。

祝你快乐,勇敢!

你的:莱内·马利亚·里尔克

1903 年 12 月 23 日　罗马

第七封信

我的亲爱的卡卜斯先生:

自从我接到你上次的来信,已经过了许久。请你不要见怪;先是工作,随后是事务的干扰,最后是小病,总阻挡着我给你写回信,因为我给你写信是要在良好平静的时刻。现在我觉得好些了(初春的恶劣多变的过渡时期在这里也使人觉得很不舒适),亲爱的卡卜斯先生,我问候你,并且(这是我衷心愿做的事)就我所知道的来回答你。

你看,我把你的十四行诗抄下来了,因为我觉得它美丽简练,是在很适当的形式里产生的。在我所读到的你的诗中,这是最好的一首。现在我又把它誊抄给你,因为我以为这很有意义,并且充满新鲜的体验,在别人的笔下又看到自己的作品。你读这首诗,像是别人做的,可是你将要在最深处感到它怎样更是你的。

这是我的一种快乐,常常读这首十四行诗和你的来信;为了这两件事我感谢你。

在寂寞中你不要彷徨迷惑，由于你自身内有一些愿望要从这寂寞里脱身。——也正是这个愿望，如果你平静地、卓越地，像一件工具似地去运用它，它就会帮助你把你的寂寞扩展到广远的地方。一般人（用因袭的帮助）把一切都轻易地去解决，而且按着轻易中最轻易的方面；但这是很显然的，我们必须认定艰难；凡是生存者都认定，自然界中一切都是按照自己的方式生长，防御，表现出来自己，无论如何都要生存，抵抗一切反对的力量。我们知道的很少；但我们必须委身于艰难却是一件永不会丢开我们的信念。寂寞地生存是好的，因为寂寞是艰难的；只要是艰难的事，就有使我们更有理由为它工作。

爱，很好；因为爱是艰难的。以人去爱人：这也许是给与我们的最艰难、最重大的事，是最后的实验与考试，是最高的工作，别的工作都不过是为此而做的准备。所以一切正在开始的青年们还不能爱；他们必须学习。他们必须用他们整个的生命、用一切的力量，集聚他们寂寞、痛苦和向上激动的心去学习爱。可是学习的时期永远是一个长久的专心致志的时期，爱就长期地深深地侵入生命——寂寞，增强而深入的孤独生活，是为了爱着的人。爱的要义并不是什么倾心、献身、与第二者结合（那该是怎样的一个结合呢，如果是一种不明了、无所成就、不关重要的结合？），它对于个人是一种崇高的动力，去成熟，在自身内有所完成，去完成一个世界，是为了另一个人完成一个自己的世界，这对于他是一个巨大的、不让步的要求，把他选择出来，向广远召唤。青年们只应在把这当作课业去工作的意义中（"昼夜不停地探索，去锤炼"）去使用那给与他们的爱。至于倾心、献身，以及一切的结合，还不是他们的事（他们还须长时间地节省、聚集），那是最后的终点，也许是人的生活现在还几乎不能达到的境地。

但是青年们在这方面常常错误得这样深（因为在他们本性中没有忍耐），如果爱到了他们身上，他们便把生命任意抛掷，甚至陷入窒闷、颠倒、紊乱的状态：——但随后又该怎样呢？这支离破碎的聚合（他们自己叫做结合，还愿意称为幸福），还能使生活有什么成就吗？能过得去吗？他们的将来呢？这其间每个人都为了别人失掉自己，同时也失掉别人，并且失掉许多还要来到的别人，失掉许多广远与可能性；把那些轻微的充满预感的物体的接近与疏远，改换成一个日暮穷途的景况，什么也不能产生；无非是一些厌恶、失望与贫乏，不得已时便在因袭中寻求补救，有大宗因袭的条例早已准备好了，像是避祸亭一般在这危险的路旁。在各种人类的生活中没有比爱被因袭的习俗附饰得更多的了，是无所不用其极地发明许多救生圈、游泳袋、救护船；社会上的理解用各种样式设下避难所，因为它倾向于把爱的生活也看作是一种娱乐，所以必须轻率地把它形成一种简易、平稳、毫无险阻的生活，跟一切公开的娱乐一样。

诚然也有许多青年错误地去爱，即随随便便地赠与，不能寂寞（一般总是止于这种境地——），他们感到一种失误的压迫，要按照他们自己个人的方式使他们已经陷入的境域变得富有生力和成果；——因为他们的天性告诉他们，爱的众多问题还比不上其他的重要的事体，它们可以公开地按照这样或那样的约定来解决；都不过是人与人之间切身问题，它们需要一个在各种情况下都新鲜而特殊、"只是"个人的回答——但，他们已经互相抛掷在一起，再也不能辨别、区分，再也不据有自己的所有，他们怎么能够从他们自身内从这已经埋没的寂寞的深处寻得一条出路呢？

他们的行为都是在通常无可告援的情势下产生的，如果他们以最好的意愿要躲避那落在他们身上的习俗（譬如说结婚），也还是陷入一种不寻常、但仍同样是死气沉沉限于习俗的解决的网中；因为他们周围的一切都是——习俗；从一种很早就聚在一起的、暗淡的结合中表演出来的只是种种限于习俗的行动；这样的紊乱昏迷之所趋的每个关系，都有它的习俗，即使是那最不常见的（普通的意义叫作不道德的）也在内；是的，甚至于"分离"也几乎是一种习俗的步骤，是一种非个性的偶然的决断，没有力量，没有成果。

谁严肃地看，谁就感到，同对于艰难的"死"一样，对于这艰难的"爱"还没有启蒙，还没有解决，还没有什么指示与道路被认识；并且为了我们蒙蔽着、负担着、传递下去，还没有显现的这两个任务，也没有共同的、协议可靠的规律供我们探讨。但是在我们只作为单独的个人起始练习生活的程度内,这些伟大的事物将同单独的个人们在更接近的亲切中相遇。艰难的爱的工作对于我们发展过程的要求是无限的广大,我们作为信从者对于那些要求还不能胜任。但是,如果我们坚持忍耐,把爱作为重担和学业担在肩上,而不在任何浅易和轻浮的游戏中失掉自己(许多人都是一到他们生存中最严肃的严肃面前,便隐藏在游戏的身后)——那么将来继我们而来的人们或许会感到一点小小的进步与减轻;这就够好了。

可是我们现在正应该对于一个单独的人和另一个单独的人的关系,没有成见、如实地观察;我们试验着在这种关系里生活,面前并没有前例。可是在时代的变更中已经有些事,对于我们小心翼翼的开端能有所帮助了。

少女和妇女,在他们新近自己的发展中,只暂时成为男人恶习与特性的模仿者,男人职业的重演者。经过这样不稳定的过程后,事实会告诉我们,妇女只是从那(常常很可笑的)乔装的成功与变化中走过,以便把他们自己的天性从男性歪曲的影响中洗净。至于真的生命是更直接、更丰富、更亲切地在妇女的身内,根本上他们早应该变成比男人更纯净、更人性的人们;男人没有身体的果实,只生活于生活的表面之下,傲慢而急躁,看轻他们要去爱的事物。如果妇女将来把这"只是女性"的习俗在她们外在状态的转变中脱去,随后那从痛苦与压迫里产生出的妇女的"人性"就要见诸天日了,这是男人们现在还没有感到的,到那时他们将从中受到惊奇和打击。有一天(现在北欧的国家里已经有确切的证明)新的少女来到,并且所谓妇女这个名词,她不只是当作男人的对立体来讲,却含有一些独立的意义,使我们不再想到"补充"与"界限",只想到生命与生存——女性的人。

这个进步将要把现在谬误的爱的生活转变(违背着落伍的男人们的意志),从根本更改,形成一种人对于人,不是男人对于女人的关系。并且这更人性的爱(它无限地谨慎而精细,良好而明晰地在结合与解脱中完成),它将要同我们辛辛苦苦地预备着的爱相似,它存在于这样的情况里:两个寂寞相爱护,相区分,相敬重。

还有:你不要以为,那在你童年曾经有过一次的伟大的爱已经失却了;你能说吗,那时并没有伟大的良好的愿望在你的生命里成熟,而且现在你还从中吸取养分？我相信那个爱是强有力地永在你的回忆中，因为它是你第一次的深的寂寞，也是你为你生命所做的第一次的内心的工作。——祝你一切安好，亲爱的卡卜斯先生！

你的：莱内·马利亚·里尔克

1904 年 5 月 14 日　罗马

十四行诗

我生命里有一缕阴深的苦恼
颤动，它不叹息，也不抱怨。
我梦里边雪一般的花片
是我寂静的长日的祭祷。

但是大问题梗住我的小道。
我变得渺小而凄凉
像是走过一座湖旁，
我不敢量一量湖水的波涛。

一种悲哀侵袭我，这般愁惨
好似暗淡的夏夜的苍茫
时时闪露出一点星光；

于是我的双手向着爱试探，
因为我想祈求那样的声调，
我热烈的口边还不能找到……

——弗兰斯·卡卜斯

第八封信

亲爱的卡卜斯先生：

　　我想再和你谈一谈，虽然我几乎不能说对你有所帮助以及对你有一些用处的话。你有过很多大的悲哀，这些悲哀都已过去了。你说，这悲哀的过去也使你非常苦恼。但是，请你想一想，是不是这些大的悲哀并不曾由你生命的中心走过？当你悲哀的时候，是不是在你生命里并没有许多变化，在你本性的任何地方也无所改变？危险而恶劣的是那些悲哀，我们把它们运送到人群中，以遮盖它们的声音；像是敷敷衍衍治疗的病症，只是暂时退却，过些时又更可怕地发作；它们聚集在体内，成为一种没有生活过、被摈斥、被遗弃的生命，能以使我们死去。如果我们能比我们平素的知识所能达到的地方看得更远一点，稍微越过我们预感的前哨，那么也许我们将会以比担当我们的欢悦更大的信赖去担当我们的悲哀。因为它们(悲哀)都是那些时刻，正当一些新的、陌生的事物侵入我们生命；我们的情感蜷伏于怯懦的局促的状态里，一切都退却，形成一种寂静，于是这无人认识的"新"就立在中间，沉默无语。

　　我相信几乎我们一切的悲哀都是紧张的瞬间，这时我们感到麻木，因为我们不再听到诧异的情感生存，因为我们要同这生疏的闯入者独自周旋；因为我们平素所信任的与习惯的都暂时离开了我们；因为我们正处在一个不能容我们立足的过程中。可是一旦这不期而至的新事物迈进我们的生命，走进我们的心房，在心的最深处化为乌有，溶解在我们的血液中，悲哀也就因此过去了。我们再也经验不到当时的情形。这很容易使我们相信前此并没有什么发生；其实我们却是改变了，正如一所房子，走进一位新客，它改变了。我们不能说，是谁来了，我们望后也许不知道，可是有许多迹象告诉我们，在"未来"还没有发生之前，它就以这样的方式潜入我们的生命，以便在我们身内变化。所以我们在悲哀的时刻要安于寂寞，多注意，这是很重要的：因为当我们的"未来"潜入我们的生命的瞬间，好像是空虚而枯僵,但与那从外边来的、为我们发生的喧嚣而意外的时刻相比,是同生命接近得多。我们悲哀时越沉静,越忍耐,越坦白,这新的事物也越深、越清晰地走进我们的生命,我们也就更好地保护它,它也就更多地成为我们自己的命运;将来有一天它"发生"了(就是说:它从我们的生命里出来向着别人走进),我们将在最内心的地方感到我们同它亲切而接近,并且这是必要的。是必要的,——我们将渐渐地向那方面发展,——凡是迎面而来的事,是没有生疏的,都早已属于我们了。人们已经变换过这么多运转的定义,将来会渐渐认清,我们所谓的命运是从我们"人"里出来,并不是从外边向着我们"人"走进。只因为有许多人,当命运在他们身内生存时,他们不曾把它吸收,化为己有,所以他们也认不清,有什么从他们身内出现;甚至如此生疏,他们在仓皇恐惧之际,以为命运一定是正在这时走进他们的生命,因为他们确信自己从来没有见过这样类似的事物。正如对于太阳的运转曾经有过长期的蒙惑那样,现在人们对于未来的运转,也还在同样地自欺自蔽。其实"未来"站得很稳,亲爱的卡卜斯先生,但是我们动转在这无穷无尽的空间。

我们怎么能不感觉困难呢?

如果我们再谈到寂寞,那就会更明显,它根本不是我们所能选择或弃舍的事物。我们都是寂寞的。人能够自欺,好像并不寂寞。只不过如此而已。但是,那有多么好呢,如果我们一旦看出,我们都正在脱开这欺骗的局面。在其间我们自然要发生眩昏;因为平素我们的眼睛看惯了的一切这时都忽然失去,再也没有亲近的事物,一切的远方都是无穷的旷远。谁从他的屋内没有准备,没有过程,忽然被移置在一脉高山的顶上,他必会有类似的感觉;一种无与伦比的不安被交付给无名的事物,几乎要把他毁灭。他或许想像会跌落,或者相信会被抛掷在天空,或者粉身碎骨;他的头脑必须发现多么大的谎话,去补救、去说明他官感失迷的状态。一切的距离与尺度对于那寂寞的人就有了变化;从这些变化中忽然会有许多变化发生。跟在山顶上的那个人一样,生出许多非常的想像与稀奇的感觉,它们好像超越了一切能够担当的事体。但那是必要的,我们也体验这种情况。我们必须尽量广阔地承受我们的生存；一切，甚至闻所未闻的事物，都可能在里边存在。根本那是我们被要求的惟一的勇气：勇敢地面向我们所能遇到的最稀奇、最吃惊、最不可解的事物。就因为许多人在这意义中是怯懦的，所以使生活受了无限的损伤；人们称做"奇象"的那些体验、所谓"幽灵世界"、死，以及一切同我们相关联的事物，它们都被我们日常的防御挤出生活之外，甚至我们能够接受它们的感官都枯萎了。关于"神"，简直就不能谈论了。但是对于不可解的事物的恐惧，不仅使个人的生存更为贫乏，并且人与人的关系也因之受到限制，正如从有无限可能性的河床里捞出来，放在一块荒芜不毛的岸上。因为这不仅是一种惰性，使人间的关系极为单调而陈腐地把旧事一再重演，而且是对于任何一种不能预测、不堪胜任的新的生活的畏缩。但是如果有人对于一切有了准备，无论什么，甚至最大的哑谜，也不置之度外，那么他就会把同别人的关系，当作生动着的事物去体验，甚至充分理解自己的存在。正如我们把各个人的存在看成一块较大或较小的空间，那么大部分人却只认识了他们空间的一角、一块窗前的空地，或是他们走来走去的一条窄道。这样他们就有一定的安定。可是那危险的不安定是更人性的，它能促使亚仑·坡①的故事里的囚犯摸索他们可怕的牢狱的形状，而熟悉他们住处内不可言喻的恐怖。但我们不是囚犯，没有人在我们周围布置了陷阱，没有什么来恐吓我们，苦恼我们。我们在生活中像是在最适合于我们的原素里，况且我们经过几千年之久的适应和生活是这样地相似了，如果我们静止不动，凭借一种成功的模拟，便很难同我们周围的一切有所区分。我们没有理由不信任我们的世界，因为它并不敌对我们。如果它有恐惧，就是我们的恐惧；它有难测的深渊，这深渊是属于我们的；有危险，我们就必须试行去爱这些危险。若是我们把我们的生活，按照那叫我们必须永远把握艰难的

---

① 亚仑·坡（Allan Poe，1809—1849），美国小说家、诗人，以描写神秘恐怖故事知名。（今译爱伦·坡。——编者注）这里指的是他的一篇小说《深坑和钟摆》（"The Pit and the Pendulum"），描述一个被判处死刑的人在黑暗的牢狱里摸索墙壁、猜度牢狱形状的恐怖故事。

原则来处理，那么现在最生疏的事物就会变得最亲切、最忠实的了。我们怎么能忘却那各民族原始时都有过的神话呢；恶龙在最紧急的瞬间变成公主的那段神话；也许我们生活中一切的恶龙都是公主们，她们只是等候着，美丽而勇敢地看一看我们。也许一切恐怖的事物在最深处是无助的，向我们要求救助。

　　亲爱的卡卜斯先生，如果有一种悲哀在你面前出现，它是从未见过的那样广大，如果有一种不安，像光与云影似的掠过你的行为与一切工作，你不要恐惧。你必须想，那是有些事在你身边发生了；那是生活没有忘记你，它把你握在手中，它永不会让你失落。为什么你要把一种不安、一种痛苦、一种忧郁置于你的生活之外呢，可是你还不知道，这些情况在为你做什么工作？为什么你要这样追问，这一切是从哪里来，要向哪里去呢？可是你要知道，你是在过渡中，要愿望自己有所变化。如果你的过程里有一些是病态的，你要想一想，病就是一种方法，有机体用以从生疏的事物中解放出来；所以我们只须让它生病，使它有整个的病发作，因为这才是进步。亲爱的卡卜斯先生，现在你自身内有这么多的事发生，你要像一个病人似地忍耐，又像一个康复者似地自信；你也许同时是这两个人。并且你还须是看护自己的医生。但是在病中常常有许多天，医生除了等候以外，什么事也不能做。这就是(当你是你的医生的时候)现在首先必须做的事。

　　对于自己不要过甚地观察。不要从对你发生的事物中求得很快的结论，让它们单纯地自生自长吧。不然你就很容易用种种(所谓道德的)谴责回顾你的过去，这些过去自然和你现在遇到的一切很有关系。凡是从你童年的迷途、愿望、渴望中在你身内继续影响着的事，它们并不让你回忆，供你评判。一个寂寞而孤单的童年非常的情况是这样艰难，这样复杂，受到这么多外来的影响，同时又这样脱开了一切现实生活的关联，纵使在童年有罪恶，我们也不该简捷了当地称做罪恶。对于许多名称，必须多多注意；常常只是犯罪的名称使生命为之破碎，而不是那无名的、个人的行为本身，至于这个行为也许是生活中规定的必要，能被生活轻易接受的。因为你把胜利估量得过高，所以你觉得力的消耗如此巨大；胜利并不是你认为已经完成的"伟大",纵使你觉得正确;"伟大"是你能以把一些真的、实在的事物代替欺骗。不然你的胜利也不过是一种道德上的反应,没有广大的意义,但是它却成为你生活的一个段落。亲爱的卡卜斯先生,关于你的生活,我有很多的愿望。你还记得吗,这个生活是怎样从童年里出来,向着"伟大"渴望?我看着,它现在又从这些伟大前进,渴望更伟大的事物。所以艰难的生活永无止境,但因此生长也无止境。

如果我还应该向你说一件事,那么就是:你不要相信,那试行劝慰你的人是无忧无虑地生活在那些有时对你有益的简单而平静的几句话里。他的生活有许多的辛苦与悲哀,他远远地专诚帮助你。不然,他就绝不能找到那几句话。

你的:莱内·马利亚·里尔克

1904 年 8 月 12 日

瑞典　弗拉底(Flädie)　波格比庄园(Borgeby gàrb)

第九封信

我亲爱的卡卜斯先生:

在这没有通信的时期内,我一半是在旅途上,一半是事务匆忙,使我不能写信。今天我写信也是困难的,因为我已经写了许多封,手都疲倦了。若是我能以口述给旁人写,我还能向你说许多,可是现在你只好接受这寥寥几行来报答你的长信。

亲爱的卡卜斯先生,我常常思念你,并且以这样专诚的愿望思念你,总要对你有所帮助。但是我的信到底能不能帮助你,我却常常怀疑。你不要说:它们能够帮助你。你只安心接受这些信吧,不必说感谢的话,让我们等着,看将要有什么事情来到。

现在我对于你信里个别的字句加以探讨,大半是没有用的;因为我关于你疑惑的倾向,关于你内外生活和谐的不可能,关于另外苦恼着你的一切：——我所能说的，还依然是我已经说过的话：还是愿你自己有充分的忍耐去担当，有充分单纯的心去信仰，你将会越来越信任艰难的事物和你在众人中间感到的寂寞。以外就是让生活自然进展。请你相信：无论如何，生活是合理的。

谈到情感：凡是使你集中向上的情感都是纯洁的；但那只捉住你本性的一方面，对你有所伤害的情感是不纯洁的。凡是在你童年能想到的事都是好的。凡能够使你比你从前最美好的时刻还更丰富的，都是对的。各种提高都是好的，如果它是在你"全"血液中，如果它不是迷醉，不是忧郁，而是透明到底的欢悦。你了解我的意思吗？

就是你的怀疑也可以成为一种好的特性，若是你好好"培养"它。它必须成为明智的，它必须成为批判。——当它要伤害你一些事物时，你要问它，这些事物"为什么"丑恶，向它要求证据，考问它，你也许见它仓皇失措，也许见它表示异议。但你不要让步，你同它辩论，每一回都要多多注意，立定脚步，终于有一天它会从一个破坏者变成你的一个最好的工作者，——或许在一切从事于建设你的生活的工作者中它是最聪明的一个。

亲爱的卡卜斯先生，这是我今天所能向你说的一切。我附寄给你我一篇短的作品①的抽印本，这是在布拉格出版的《德意志工作》中发表的。在那里我继续着同你谈生和死，以及它们的伟大与美丽。

你的：莱内·马利亚·里尔克

1904 年 11 月 4 日

瑞典　央思雷德(Jonsered)　弗卢堡(Fruburg)

---

①　系里尔克的散文诗《旗手克里斯多夫·里尔克的爱与死之歌》(*Die weise von Liebe und Tod des Cornets Christoph Rilke*)。

第十封信

亲爱的卡卜斯先生：

你该知道，我得你这封美好的信，我是多么欢喜。你给我的消息是真实、诚挚，又像你从前那样，我觉得很好，我越想越感到那实在是好的消息。我本来想在圣诞节的晚间给你写信，但是这一冬我多方从事没有间断的工作，这古老的节日是这样快地走来了，使我没有时间去做我必须处理的事，更少写信。

但是在节日里我常常思念你，我设想你是怎样寂静地在你寂寞的军垒中生活，两旁是空旷的高山，大风从南方袭来，好像要把这些山整块地吞了下去。

这种寂静必须是广大无边，好容许这样的风声风势得以驰骋，如果我想到，更加上那辽远的海也在你面前同时共奏，像是太古的谐音中最深处的旋律，那么我就希望你能忠实地、忍耐地让这大规模的寂寞在你身上工作，它不再能从你的生命中消灭；在一切你要去生活要去从事的事物中，它永远赓续着像是一种无名的势力，并且将确切地影响你，有如祖先的血在我们身内不断地流动，和我们自己的血混为惟一的、绝无仅有的一体，在我们生命的无论哪一个转折。

是的：我很欢喜，你据有这个固定的、可以言传的生存，有职称，有制服，有任务，有一切把得定、范围得住的事物，它们在这同样孤立而人数不多的军队环境中，接受严肃与必要的工作，它们超越军队职业与游戏与消遣意味着一种警醒的运用，它们不仅容许，而且正好培养自主的注意力。我们要在那些为我们工作、时时置我们于伟大而自然的事物面前的情况中生活，这是必要的一切。

艺术也是一种生活方式，无论我们怎样生活，都能不知不觉地为它准备；每个真实的生活都比那些虚假的、以艺术为号召的职业跟艺术更为接近，它们炫耀一种近似的艺术，实际上却否定了、损伤了艺术的存在，如整个的报章文字、几乎一切的批评界、四分之三号称文学和要号称文学的作品,都是这样。我很高兴,简捷地说,是因为你经受了易于陷入的危险,寂寞而勇敢地生活在任何一处无情的现实中。即将来到的一年会使你在这样的生活里更为坚定。

你的:莱内·马利亚·里尔克

1908 年圣诞节第二日　巴黎

附录一:论"山水"①

关于古希腊的绘画,我们知道得很少;但这并不会是过于大胆的揣度,它看人正如后来的画家所看的山水一样。在一种伟大的绘画艺术不朽的纪念品陶器画上,周围的景物只不过注出名称(房屋或街道),几乎是缩写,只用字头表明;但裸体的人却是一切,他们像是担有满枝果实的树木,像是盛开的花丛,像是群鸟鸣啭的春天。那时人对待身体,像是耕种一块田地,为它劳作像是为了收获,有它正如据有一片良好的地基,它是直观的、美的,是一幅图画,其中一切的意义,神与兽、生命的感官都按着韵律的顺序运行着。那时,人虽已赓续了千万年,但自己还觉得太新鲜,过于自美,不能超越自身而置自身于不顾。山水不过是:他们走过的那条路,他们跑过的那条道,希腊人的岁月曾在那里消磨过的所有的剧场和舞场;军旅聚集的山谷,冒险离去、年老充满惊奇的回忆而归来的海港;佳节继之以灯烛辉煌、管弦齐奏的良宵,朝神的队伍和神坛畔的游行——这都是"山水",人在里边生活。但是,那座山若没有人体形的群神居住,那座山岬,若没有矗立起远远入望的石像,以及那山坡牧童从来没有到过。这都是生疏的,——它们不值得一谈。一切都是舞台,在人没有登台用他身体上快乐或悲哀的动作充实这场面的时候,它是空虚的。一切在等待人,

---

① 该译文最初发表于 1932 年《沉钟》半月刊第 15 期,后又作为《给一个青年诗人的十封信》的附录发表。——编者注

人来到什么地方,一切就都退后,把空地让给他。

基督教的艺术失去了这种同身体的关系,并没有因而真实地接近山水;人和物在基督教的艺术中像是字母一般,它们组成有一个句首花体字母的漫长而描绘工妍的文句。人是衣裳,只在地狱里有身体;"山水"也不应该属于尘世。几乎总是这样,它在什么地方可爱,就必须意味着天堂;它什么地方使人恐怖,荒凉冷酷,就算作永远被遗弃的人们放逐的地方。人已经看见它;因为人变得狭窄而透明了,但是以他们的方式仍然这样感受"山水",把它当作一段短短的暂驻,当作一带蒙着绿草的坟墓,下边连系着地狱,上边展开宏伟的天堂作为万物所愿望的、深邃的、本来的真实。现在因为忽然有了三个地方、三个住所要经常谈到:天堂、尘世、地狱,——于是地域的判定就成为迫切必要的了,并且人们必须观看它们,描绘它们:在意大利的早期的画师中间产生了这种描画,超越他们本来的目的,达到完美的境界;我们只想一想皮萨城圣陵①中的壁画,就会感觉到那时对于"山水"的理解,已经含有一些独立性了。诚然,人还是想指明一个地方,没有更多的用意,但他用这样的诚意与忠心去做,用这样引人入胜的谈锋,甚至像爱者似地叙说那些与尘世、与这本来被人所怀疑而拒绝的尘世相关联的万物——我们现在看来,那种绘画宛如一首对于万物的赞美诗,圣者们也都齐和唱。并且人所看的万物都很新鲜,甚至在观看之际,就联系着一种不断的惊奇和收获丰富的欢悦。那是自然而然的,人用地赞美天,当他全心渴望要认识天的时候,他就熟识了地。因为最深的虔心像是一种雨:它从地上升发,又总是落在地上,而是田地的福祉。

人这样无意地感到了温暖、幸福和那从牧野、溪涧、花坡以及从果实满枝、并排着的树木中放射出来的光彩,他如果画那些圣母像,他就用这些宝物像是给她们披上一件氅衣,像是给她们戴上一顶冠冕,把"山水"像旗帜似地展开来赞美她们;因为他对于她们还不会备办更为陶醉的庆祝,还不认识能与此相比的忠心:把一切刚刚得到的美都贡献给她们,并且使

———————————

① 皮萨(Pisa),意大利城市;圣陵(Campo Santo)建于 1278 年至 1283 年。

之与她们溶化。这时再也不想是什么地方,也不想天堂,起始歌咏山水有如圣母的赞诗,它在明亮而清晰的色彩里鸣响。

但同时有一个大的发展:人画山水时,并不意味着是"山水",却是他自己;山水成为人的情感的寄托、人的欢悦、素朴与虔诚的比喻。它成为艺术了。雷渥那德①就这样接受它。他画中的山水都是他最深的体验和智慧的表现,是神秘的自然律含思自鉴的蓝色的明镜,是有如"未来"那样伟大而不可思议的远方。雷渥那德最初画人物就像是画他的体验、画他寂寞地参透了的命运,所以这并非偶然,他觉得山水对于那几乎不能言传的经验、深幽与悲哀,也是一种表现方法。无限广泛地去运用一切艺术,这种特权就付与这位许多后来者的先驱了;像是用多种的语言,他在各样的艺术中述说他的生命和他生命的进步与辽远。

还没有人画过一幅"山水"像是《蒙娜丽萨》深远的背景那样完全是山水,而又如此是个人的声音与自白。仿佛一切的人性都蕴蓄在她永远宁静的像中,可是其他一切呈现在人的面前或是超越人的范围以外的事物,都融合在山、树、桥、天、水的神秘的联系里。这样的"山水"不是一种印象的画,不是一个人对于那些静物的看法,它是完成中的自然,变化中的世界,对于人是这样生疏,有如没有足迹的树林在一座未发现的岛上。并且把山水看作是一种远方的和生疏的,一种隔离的和无情的,看它完全在自身内演化,这是必要的,如果它应该是任何一种独立艺术的材料与动因;因为若要使它对于我们的命运能成为一种迎刃而解的比喻,它必须是疏远的,跟我们完全是另一回事。在它崇高的漠然中它必须几乎有敌对的意味,才能用山水中的事物给我们的生存以一种新的解释。

雷渥那德·达·芬奇早已预感着从事山水艺术的制作,就在这种意义里进行着。它慢慢地从寂寞者的手中制作出来,经过几个世纪。那不得不走的路很长远,因为这并不容易,远远地疏离这个世界,以便不再用

---

① 雷渥那德·达·芬奇(Leonardo da Vinci,1452—1519),意大利文艺复兴时期的画家、雕刻家兼建筑家。《蒙娜丽萨》(Mona Lisa)是他的名作。

本地人偏执的眼光去看它,本地人总爱把他所看到的一切运用在他自己或是他的需要上边。我们知道,人对于周围的事物看得是多么不清楚,常常必得从远方来一个人告诉我们周围的真面目。所以人也必须把万物从自己的身边推开,以便后来善于取用较为正确而平静的方式,以稀少的亲切和敬畏的隔离来同它们接近。因为人对于自然,在不理解的时候,才开始理解它;当人觉得,它是另外的、漠不相关的、也无意容纳我们的时候,人才从自然中走出,寂寞地,从一个寂寞的世界。

若要成为山水艺术家,就必须这样;人不应再物质地去感觉它为我们而含有的意义,却是要对象地看它是一个伟大的现存的真实。

在那我们把人画得伟大的时代,我们曾经这样感受他;但是人却变得飘摇不定,他的像也在变化中不可捉摸了。自然是较为恒久而伟大,其中的一切运动更为宽广,一切静息也更为单纯而寂寞。那是人心中的一个渴望,用它崇高的材料来说自己,像是说一些同样的实体,于是毫无事迹发生的山水画就成立了。人们画出空旷的海、雨日的白屋、无人行走的道路、非常寂寞的流水。激情越来越消失;人们越懂得这种语言,就以更简洁的方法来运用它。人沉潜在万物的伟大的静息中,他感到,它们的存在是怎样在规律中消隐,没有期待,没有急躁。并且在它们中间有动物静默地行走,同它们一样担负着日夜的轮替,都合乎规律。后来有人走入这个环境,作为牧童、作为农夫,或单纯作为一个形体从画的深处显现:那时一切矜夸都离开了他,而我们观看他,他要成为"物"。

在这"山水艺术"生长为一种缓慢的"世界的山水化"的过程中,有一个辽远的人的发展。这不知不觉从观看与工作中发生的绘画内容告诉我们,在我们时代的中间一个"未来"已经开始了:人不再是在他的同类中保持平衡的伙伴,也不再是那样的人,为了他而有晨昏和远近。他有如一个物置身于万物之中,无限地单独,一切物与人的结合都退至共同的深处,那里浸润着一切生长者的根。

十一、(奥)霍夫曼斯塔尔

德国的小说[1]

　　霍夫曼斯塔尔(Hugo von Hofmannsthal,1874—1929),德国近代重要诗人之一[2],对于欧洲的文化有深刻的理解。1912年受岛屿书局之托,选德国文学里成为经典的小说二十篇为一集,在前边写了这篇序文。这序文虽短,并且口气完全是对他本国人发的,但是十分扼要,他介绍一个过去的德国的世界,在德国历史里一个最美的时代,作者写出德国人的长处,也写出他的天性里不能避免的弱点;他在最后一段里所说的,不使人想到现在的德国所走的歧途吗?

　　我只为了特殊的美把这些小说集在一起。他们曾经用这种美在早年或晚年触动我的心,我难于忘却,甚至我为了编排它们除却我的记忆不需要其他的帮助。凡是我后来所要说的一切,我是渐渐才在它们上边遇到的。我觉得他们在我所认识的德国的小说里永久是最美的,当我从先已经至少在思想里或愿望里把它们凑集成一个连锁时,我就随从着一个热望,这热望潜在于每个人的内心,而在儿童们和纯洁的古代的人们那里显露出来:我们被和谐的事物感动,与它合奏,或是侍奉它,使丰富的更为丰富,或像《圣经》所说的,更多地给与有者。

---

① 原载朱光潜主编的《文学杂志》1947年第2卷第4期,译者撰写了作者及文章简介。——编者注
② 霍夫曼斯塔尔实为奥地利诗人。——编者注

　　儿童们就这样搬开泥沙,好使一条水脉能够流入另一条,明朗的归于明朗,波斯的国王就这样用一块金牌尊重一棵美丽的老树,现在还有旅行的国王把一座雕像赠给一个美丽的花园,或用一个小礼拜堂装饰一座美丽的山丘,寂寞的漫游人用一段祈祷或一个升发的思想提高一片静默无言的山坡上牧场的美,我认识过一个人,他毫无田产,却买了一块无人理会的小小的墓场,墓场里倾倒的十字架上轮替地积着雪或落着蝴蝶,他于是获得特许的权利,去看守这些十字架的宁静与丛生在路上的美丽的花,并且仿佛他灵魂里的一些事物灌溉这永息之地的默默的纺织。

　　我的心情必须被那特殊的美所感动,而把这从三个连续的世代里不同的灵魂中生长出来的几篇看成我的心爱,排列在一起,这特殊的美是在什么里边,我渐渐才能够观察明了。所有这里结合在一处的小说都是被一个纯洁的、创造的爱所趋使,去表达生存的任何一方面;宇宙中任何一些事物,人与宇宙中间的任何一个关联,都特殊地宣示在里边。在这一切的创造里贯彻着一个更高的特性,不是理智的或技巧的贫乏的特性,却是心情里深邃的无代价的特性,因为它们必须感知或述说一些只对于它们这样生动而特殊的事物,所以它们的语言也从内心里净化而区分了。但同时发生的是德国人全部的本性只能由于许多单独的个人宣示,这些小说里每一篇都以特殊的力量表现出一方面:在歌德是人类生存的一个伟大的虔敬的观照,正如人从一座高山上俯瞰世界在他的脚下,人们将要相信,在世界里既没有卑下的,也没有敌意的事物——在让·保罗①,正与歌德相反,是非常柔弱的被揶揄的渺小,矛盾,与表面的卑下,生命的无意义,恰如柔弱的气霭围绕着每个生活者,被最柔弱、最亲切的温暖所照澈。

① 　让·保罗(Jean Paul,1763—1825),与歌德同时代的小说家,所著小说当时甚流行,文辞华丽,善于幽默,但因其太不注意结构,流于散漫,后世读者渐稀。20世纪以来,始重被发现,并有人将其与歌德并列,因其所表现者为德国精神之另一方面,与歌德相反而实相成焉。

在爱新多夫①又是那被着光泽、蒙着梦幻、德国人的本性里那神驰物外，欢乐而未成年的方面，其中有些魔人的力量，但是这魔力在它自身内必须有一个节制，不然它将要空虚而引人嫌憎。在布仑塔诺②和豪夫③是纯洁的没有被破毁的民族性，以它的精神的和灵魂的力，直到迷信的程度，还有它关于正义与正直的概念，民族性就——或者我应该说曾经——牢系在这里边，因为近代把一切都松弛了，只是间或有些地方那远古的根基牢固的事物还与时代抗衡。在蒂克和霍夫曼④是灵魂的神秘，内在的深渊、寂寞，向另外的一个世界的捉取。还有那寂寞的儿童赫贝尔，在荒凉的山谷里的神经错乱的青年仑茨与人世隔离的岛上的"老独身者"，那"可怜的乐人"⑤寂寞地在人群中间演奏他的音乐，这都是贫而富的人，在他们的贫穷与他们的富有里是怎样的德国的人物。还有在郭特赫尔夫，是从一片山川里纺织出一个单纯的生活，一个单纯的幸福，在德罗斯特⑥是一个离奇的命运，也是从山川的组织里纺织出来的：若是把这两个人并列观看，人就觉到，德国是多么广大。好像人们在布来门泛舟于魏瑟尔河上，听着在

---

① 爱新多夫（Eichendorff，1788—1859），后期浪漫派代表诗人，所著除抒情诗外有小说戏剧。这里所选的是《游荡者的生活》，有中文译本三种。
② 布仑塔诺（Brentano，1778—1842），后期浪漫派诗人，所著小说，饶民俗文学之美。
③ 豪夫（Hauff，1802—1827），小说家，除小说外，有童话传世。
④ 蒂克（Tieck，1773—1853），前期浪漫派中方面最广的作家，其一部分小说善于描叙自然界里人力不能克服的魔力。霍夫曼（Hoffmann，1776—1822），浪漫派中最伟大的小说家，被称为幽灵的诗人，自然里与人的灵魂里的"黑夜方面"为其小说中之主要题材。
⑤ 赫贝尔（Hebbel，1813—1863），写实主义时代最伟大的戏剧家，小说乃其余事。此处所选，为其回忆录《我的少年》。《仑茨》为毕希纳（Büchner，1813—1837）之小说断片。毕氏为一富有革命精神之戏剧家，不幸早丧，但其意义，愈晚益彰。此小说记少年歌德之友，狂飙突进时代诗人仑茨之精神状态。《老独身者》，为以描写自然著称的小说家史梯夫特尔（Stifter，1805—1868）的一篇小说。《可怜的乐人》为奥国著名戏剧家葛利尔巴采尔（Grillparzer，1791—1872）的小说。
⑥ 郭特赫尔夫（Gotthelf，1797—1857），瑞士小说家，所著多农村故事。德罗斯特（A. von Droste，1797—1848），女诗人，《犹太山毛榉》是她最著名的小说。

梯罗尔①从阿尔卑斯山走下的牧牛的铃声响入北海滨海盐的气息,但内在地是一个更广大的国土。阿尔尼木与克莱斯特②都是真实的小说家,他们的对象是事变的伟大,只有一次而不能再来。他二人都把他们的事变放在他乡的、拉丁民族的国度,是新奇而充满意义,但这小说的始末都在暴露主要人物的心,不管是一个忍受痛苦的女子的,或一个英雄气概的青年的,可是那都是德国人的心被放置在这些人物的胸怀里。在《幽灵视者》③里表达出大的关系,规模宏大的政治阴谋,各样的人都纠缠在一个大的命运里,在这上边席勒独具只眼.这一方面本来不是德国人的所长,所以在他们里边席勒几乎是独一无二的;在他们最伟大的诗人处自然也间或有些地方闪烁着政治的言论,有如精炼的金属,在其他的世界元素中间:那就是《哀格蒙特》④里女王与马其危尔的对话。在西斯非尔⑤有些事物具体地表达出来,绝不是渺小的:这个德民族的美国人。灵魂是德国人的,但是受了一个他乡的伟大的训练。他与其他的人并列,可是有些特殊。若是他们把他在他乡忘却了,那是悲哀的,这里他不可以缺少,他在一种风格里述说故事,谁若听过他一次,就忘不了他。有一个人我永久看他在我面前,可是他没有一篇收在这里:伊梅尔曼⑥。短篇小说是他的作品里较弱的部分;长篇小说都规模宏大,由于精神的一个稀有丰富、力量、温柔、透彻的世故,概览和纯正;他要写出一个过渡时代:凡是在我们当时刚开端的时代印上印记的,如工厂制度,弥漫一切的货币制度,这些事物的开端他都提到,并且指示出德国人的灵魂与它们的争斗。那《魏斯特法仑

---

① 布来门,德国北部大商埠;梯罗尔,奥国南部之一省。

② 阿尔尼木(Arnim,1781—1831),后期浪漫派小说家,布仑塔诺之妹丈,其与布仑塔诺共同出版之民歌集,闻名一时。克莱斯特(Kleist,1777—1811),浪漫主义时代别树一帜之诗人,所著戏剧小说无一不精,《智利的地震》为其小说中之代表作。

③ 为席勒的小说。

④ 歌德的戏剧,有中文译本。

⑤ 西斯非尔(Sealsfield,1793—1864),小说家,曾居留美国。

⑥ 伊梅尔曼(Karl Leberecht Immermann,1796—1840),所著长篇小说多写旧时代与新兴的机械时代的斗争。

的村长故事》被编在一部长篇小说里,把这段故事抽出来,我觉得是罪恶,有些人这样做过,可是谁再做,就显示他内心里没有敬畏之情,这敬畏之情应该在什么地方适宜呢,若不是对于一个像伊梅尔曼的高贵的纯洁的灵魂? 我也不愿意短少沙迷索①,他生下来并不是一个德国人,但以他美丽的著作得列入德国的诗界。他的《史雷米尔》自然是奇异地开始,构想可以说是第一流,可是这小说渐渐衰弱了,变得暗淡无力。若是它外形也是一个断片,正如它内在的精神已经中断了一般,我就宁肯把它和其他的列在一起了。

我在这里收集的都是旧日的德国小说家,我们的时代却愿意只知道它自己,关于"现在"那个空虚的概念成为一种偶像崇拜。单独的个人没有绝对的现在,发展是一切,一件影响另一件。我有一个九十岁的朋友,我若和他谈话,我向他问他生活里的一个时代,问那过去的世纪的 40 或 60 年代,我就见到,对于他是怎样一件化为另一件,消逝了的时代在下一代继续生存,并且一切永久是同一的本质:对于单独的个人是这样,对于全民族也是这样。现在是宽的,过去是深的;宽处迷乱我们,深处愉悦我们,为什么我们应该永久只走入宽处呢? 一个忠实的朋友,一个亲爱的女友,我愿意探究他们的童年,愿意听在我遇到他们,认识他们以前他们是什么——并不问在现在的日子他们所遇见的千百个漠不相关的人们。

在这些小说里是一个德国,这个德国如今已经不完全存在了:树林再也不是这样古老浓密,大道上是一个另样的、较为渺小的生活,乡村里不只是那些房顶改变了;一切都存在,可是无一存在,这是同一的故乡,可又是另外的一个。凡是不能用眼睛看、用手握到的事物也是这样。生活形式,我们的充满神秘、不能认清的民族的精神形式,都在这里结晶,一个旧日的德国的气氛围绕我们,我们若是把它吸为己有,现在有权势的气氛就消除了,或者至少是净化了。当时在国内人少得多,可是他们中间的关系

①　沙米索(Chamissso,1781—1838),本为法国人,后流亡德国,遂以德文著述。著有诗歌、游记及其不朽之童话《史雷米尔的奇迹》,有中文译文。

较为密切,阶级彼此的区分明显得多,可是比现在结合得较为紧凑。许多谚语、民间的成语附到这些人物的口中,旧日的习惯,旧日的信仰附着在这些人身上,附着在房屋与用具上边,时常是迷信,但一切来自一个正直的、完整的心。我们的气氛反而是浓密地充满成见,这些成见并不是真诚的像古人的成见,它们不能由于心情的力而消除;一切需要澄清,到处是倾轧、分裂、内心的不安,神经忧郁是最后的结局。那深思的利其登贝尔格①从他的阿狄孙写出一句话:The whole man must move at once——全人必须向着"一"活动——他说:每个德国人都必须把这句话铭诸座右,这是一百五十年以前了,但这句话在现在比那时更有意义。

在这些故事中,那些精神的与心情的关系里一个不可量度的丰富表现在人物是怎样互相对待的里边;其中处处是爱,但不仅只是男人对于女人,青年对于少女的爱,却也有朋友对于朋友、儿童对于父母、人对于神的爱,也有寂寞者对于一朵花、一棵植物、一个动物、他的提琴,以及对于山水的爱:那是一种被分配的爱,那是德国人的爱。在这许多故事里没有一处有男人对于女人的粗暴的、专横的狂乱,绝没有那完全阴暗的、执著尘世的企图,这在拉丁民族的故事里显露得那样有力而悚然。我们若是把法国的小说家排列在一起,就看得出内心里是一个较老的民族,一切都界限分明,执著尘世,这里在德国的小说家中却越过一切的实际永久吸取来世的、潜伏的事物。童话的奇异没有一处完全被剥削,好像永久在煤炭和炉灰下隐藏着宝石。民族的一个青春的心,一个充满预感的心在宣示着,并且一个无名的行列向那里走去,那里一切的云朵在创造者的手下散开。死被描画的地方,如同"小教师乌次"的死,也遗存一片深切的,温柔的情绪,没有窒闷之感。那"美丽的安娜尔和正直的卡斯培尔"固然死得急剧,但是一团光围着他们的死,这死战胜了死的本身。在《传奇》里那狮子光荣地被战胜了,在《莫扎特》是人生的艰难,在《伤兵》是魔鬼与疯狂,在《巴尔特利》是贫穷的阴暗与冷酷,在《老独身者》是人的憎恨。在"炭夫彼得

---

① 利其登贝尔格(Lichtenberg,1742—1799),思想家,物理学教授,著有《杂感集》行世。

·蒙克"①的胸怀里代替那寒冷的心又得到温暖多感的心,在儿童赫贝尔有一个坚强的闪烁的灵魂从阴暗向光明生长,在"可怜的乐人"也是净化的解脱。那不幸的仑茨的故事阴暗地中断了,但在这阴暗的后边朦胧着一个更高的事物,我们觉得他的灵魂只是掠过绝望,并不沦入绝望。所以这一切故事都像是面貌,从这些面貌里没有枯冷的、与神生疏的眼光遇到我们。那都是和爱的面貌,属于我们伟大的友情:民间用友情这个字称呼亲族关系,这亲族怎样趁着严肃的机会,生产与死亡,聚集在一所房里。在这些最成熟、最有意义的面貌中家族的面纹最明晰地露出,若是人们放眼一览这些含有深意的德国人,就看见是亲族彼此对坐。他们来到现代德国人的家里,有一行列十分和爱的男子,其中也有一个女子穿着白衣有深深的阴暗的眼睛:时代对于德国人是严肃的、窒闷的,也许阴暗的岁月就在门前。在百年前岁月也是阴暗的,可是德国人内心方面从没有这样丰富过像在 19 世纪的第一个十年,也许对于这充满神秘的民族灾难的岁月即是福祉的岁月。

德国的民族有一个疲惫的记忆力,不顾一切有一个做梦的灵魂;它所据有的,它总又失却,但是它夜间唤回来它在白昼所失却的。它不去数那适宜于它的财宝,而善于忘记它的采地,但是时时渴望它自己,并且它从不曾比在这样的时代更纯洁、更坚强。

---

① 《小教师乌次的生活》,为让·保罗的小说。《卡斯培尔与安娜尔的故事》,为布仑塔诺的小说。《传奇》,为歌德的小说。《莫扎特在赴布拉格的旅途上》,为墨里克(Morike,1804—1875)的小说;墨氏乃歌德以后 19 世纪一个最纯洁的抒情诗人。《疯狂的伤兵》,阿尔尼木的小说。《巴尔特利》为郭特赫尔夫的小说,炭夫彼得·蒙克为豪夫的童话《冷心》里的主人公。

十二、(德)布莱希特

1　题一个中国的茶树根狮子①

坏人惧怕你的利爪。
好人喜欢你的优美。
我愿意听人
这样
谈我的诗。

---

① 此诗据人民文学出版社 1959 年 9 月版《布莱希特选集》编入。——编者注

2 一个工人读书时的疑问①

谁建筑了七座城门的特贝城②？

书里边写着国王们的名字。

那些岩石，是国王们拉来的吗？

还有破坏过许多次的巴比伦——

谁又重建它这么多回？在金碧辉煌的利玛③，

建筑工人住在什么样的房子里？

泥瓦匠们在万里长城建成的那晚

他们都到哪里去？伟大的罗马

到处是凯旋门。谁建立了它们？那些皇帝

战胜了谁？万人歌颂的拜占廷

只有宫殿给它的居民吗？就是传说里的阿特兰提司④，

在大海把它吞没的夜里，

沉溺的人们都喊叫他们的奴隶。

年轻的亚历山大征服印度。

他一个人吗？

---

① 此诗最初发表在《译文》1955 年第 7 期，1959 年 9 月收入《布莱希特选集》，现据此
  编入。——编者注
② 特贝是希腊公元前 4 世纪的名城。
③ 利玛是秘鲁的首都。
④ 阿特兰提司，希腊传说中西方的一洲，沉没在大西洋中。

凯撒打败高卢人。

他至少随身也要有个厨子吧?

西班牙的菲利浦王①,在他的海军

覆没的时候哭泣。此外就没人哭吗?

七年战争,腓特烈二世②打胜了。

除了他还有谁打胜了?

每一页一个胜利。

谁烹调胜利的欢宴?

每十年一个伟人。

谁付出那些代价?

这么多的记载。

这么多的疑问。

1936 年

---

① 西班牙国王菲利蒲二世(1527—1598)在 1588 年与英国作战,海军全部覆没。

② 腓特烈二世(1712—1786)是普鲁士国王,在 1756 年至 1763 年发动侵略性的七年战争。

3　流亡时期感想①

(1)

不要在墙上钉钉子，
把上衣扔在椅子上。
为什么做四天的打算？
你明天就会回去。

不要给那棵小树浇水，
干什么还种一棵树？
它还没有长高一台阶，
你就快乐地离开这里。

有人走过，用便帽遮住脸！
干什么翻阅一本外语语法？
那唤你回家的消息，
写的是你熟悉的言语。

就像石灰从屋顶脱落，

---

① 　此诗据重庆出版社 1992 年 8 月版《世界反法西斯文学书系》第 4 卷（德国、奥地利卷）编入。——编者注

（这你不用管！）
那树立在边界上的
与正义为敌的
暴力的篱笆将要腐烂。

（2）

看你钉在墙上的那个钉子！
你相信吗，你什么时候会回去？
你要知道吗，你内心深处相信什么？

一天又一天，
你为解放工作，
你坐在小屋里书写。

你要知道吗，你对你的工作有什么看法？
看那矮小的栗树在院子的角落，
你提着满壶的水灌溉它！

4 士兵的老婆得到了什么……①

士兵的老婆得到了什么

从那古老的首都布拉格？

从布拉格她得到了高跟靴。

一番问候，一双高跟靴，

她得到它们从首都布拉格。

士兵的老婆得到了什么

从维斯杜拉河畔的华沙？

从华沙她得到亚麻布的衬衫

这样斑斓，这样新鲜，波兰的衬衫！

她得到它从维斯杜拉河畔的华沙。

士兵的老婆得到了什么

从那俯临海峡的奥斯陆？

从奥斯陆她得到了小小的皮领。

愿你满意这小小的皮领！

她得到它从俯临海峡的奥斯陆。

---

① 此诗最初发表在《译文》1955 年第 7 期，1959 年 9 月收入《布莱希特选集》，1992 年
8 月又收进《世界反法西斯文学书系》第 4 卷。——编者注

士兵的老婆得到了什么
从那富裕的鹿特丹？
从鹿特丹她得到一顶帽子。
她戴着合适，这顶荷兰的帽子。
她得到它从鹿特丹。

士兵的老婆得到了什么
从比利时的布鲁塞尔？
从比利时她得到稀奇的花边。
啊，家里有这样稀奇的花边！
她得到它们从布鲁塞尔。

士兵的老婆得到了什么
从灯火辉煌的名城巴黎？
从巴黎她得到丝绸的衣裳。
引起邻妇的嫉妒，这件绸衣裳
她得到它从法国的巴黎。

士兵的老婆得到了什么
从利比亚的特黎波里？
从特黎波里她得到小项链。
挂着护身牌的黄铜小项链，
她得到它们从特黎波里。

士兵的老婆得到了什么
从那辽阔的俄罗斯？
从俄罗斯她得到寡妇的黑面纱。

出殡时用的寡妇的黑面纱，

她得到它从那辽阔的俄罗斯。

1942 年

十三、(捷克)魏斯柯普夫

远方的歌声①

一

这村庄叫做捷尔诺霍罗弗,这名称的意义是"黑头"。

人们这样称呼它,也许因为村里的房屋从高处看好像是黑头菌,这些黑头菌在夏天被女孩子们采集,送到弗罗弗耶,交给铁匠伊凡·卡尔科,他用它们给患咳嗽的马调制药材,给怕"毒眼"②的孕妇泡制浆汤。它叫"黑头"也许由于树林里有许多乔松,这树林围绕着田野和人家,像一条大江围绕着一座小岛:乔松的树顶常常终日挂住浮云——人们会以为,它们正在把天向下拉到自己身上。

它得到这个名称,或者由于许多活不长的孩子们,因为他们有太沉重的畸形的头颅——脑水肿,正如人们所说,在这样的脑袋里永久是黑暗的。那么,在高原那边一直到边境的山脉,所有的村庄也都必须叫做捷尔诺霍罗弗了。

村里的房屋彼此都相像,在所有的房顶上,有从潮湿难烧的柴里冒出

---

① 译文原载于1953年人民文学出版社出版的魏斯柯普夫的选集《远方的歌声》。这个选集包括《远方的歌声》《金色的苹果》和《回家》三篇小说,一篇随笔《里狄茨十字架》以及八篇轶事。其中,《远方的歌声》是由冯至翻译的,其余各篇都是朱葆光译的。选集出版时,标注译者为冯至、朱葆光。——编者注

② 在欧洲迷信的习俗中,认为某一种人(如神父、巫婆等)具有毒恶的眼光,谁若碰到这种眼光,就会倒霉。

来的同样灰白色的烟。在所有的房屋里,拥塞着人的、羊的、清水煮蚕豆的、干木菌麻油饼汤的郁闷的气息。

人们的习惯也彼此相像。日子滚过去.一天跟另一天一样,灰色而单调。只有复活节、圣诞节与集日跟别的日子不同。

集日在月尾,永远在一个星期五。那时下边弗罗弗耶的酒馆老板兼杂货商西木些·拉宾诺微支正期待着将要到来的安息日①,他已经有了过节的心情,他除去讲说一整月的新闻以外,间或也请人喝八分之一公升的烧酒,当作购买货物的附赠品。这些货物不立刻付钱,却是记账,记半年之久。随后就清账。在秋天,人们为了这个目的给西木些送来猪,他们把猪养肥,只是为了他和税局;在春天,人们用砍伐木材偿清下半年的债务。

若有客人到村子里来,就是一个特殊的日子。可是次数稀少,并且不经常。在两次来访中间过去的时日,常常比一年还多。若是那些在波西米亚与梅棱的军营里服务的,或在斯洛伐克修筑铁路的,或是带着捕鼠机和篮篓在世界上任何一个地方绕来绕去的青年们有一个又出现了,大家谈论这件事就更长久一些。并且关于某一个白尔卡奴克的来访说出来一套真的童话:他的父亲在大战前几十年到美洲去了,他在二十岁和二十一岁的时候曾经回来看望故乡。这位先生嘴里有金牙,身边有一个浅黄头发的太太,她抽香烟,戴着金边眼镜。从那时起,在捷尔诺霍罗弗,人们若是关于一些意外的和不可置信的事情表示惊奇,就会说:"我觉得,像是美洲来的白尔卡奴克!"

自然也有这样的来访,大家恶意而充满憎恨地谈论着。人们怎么会用旁的话来谈论那些忽然闯进村子来追索欠款的收税员,或是薛音白恩伯爵的猎场里那些总是一再地缉察窃去的柴木和隐藏的偷猎品的看守人呢?

跟这相反,若是瓦西尔·瓦西尔苦克在较为长期的不出现之后,又有一次在捷尔诺霍罗弗让人看见了,却毫无惊扰。人们不注意他来,几乎觉

① 按照犹太人的习俗安息日在星期六,这天不做工。西木些·拉宾诺微支是犹太人。

察不到这件事。人们和瓦西尔·瓦西尔苦克能有什么关系呢？他也是患着脑水肿，他的舌头不听使唤，几乎比他那带着弯脚的右腿还糟。他一要说话，就先转动眼睛，像一只生小羊时阵痛发作的母山羊，说话时每个字都在呻吟，几乎没有人听他把话说完。大家本来就知道：他结结巴巴说出来的，不是请求烟草，就是任何一个关于林魔的荒唐故事，这些林魔是他穿行山地时——他给巴尔第沃夫的药剂师采集草根——遇到的。

人们也把他叫做林魔，一部分因为这些故事，一部分因为他的弯脚。祖母用他来恐吓那些最小的孩子们；可是孩子们不久也明了，瓦西尔是一个没有危险的魔鬼。他刚一在村子里出现，他们就和年长的兄弟姊妹们呼啸着从他身后跑来，向他扔泥块和石头。他却既不在意孩子们的侮辱，也不在意成人的拒绝；他讨得一些食物和山羊圈里一个睡觉的地方——第二天或后天便不知不觉地不见了，和来时一样。刚刚不见，他就已经被人忘记了。只有小孩子们，以及老太婆们在讲关于林魔的童话的时候，才间或想到他。

二

这回本来也会是这样。

瓦西尔·瓦西尔苦克随着清秋最后的游丝吹到村子里来，却在最初的秋天的风暴以前便又被卷走了。若不是他由于一个特殊的事件被留在人们的记忆里，直到他下一次在春天或夏天出现，捷尔诺霍罗弗村没有人会想到他。

在 10 月开头几天，大家正为了冬天把牛羊圈整顿完毕，弗罗弗耶哨兵司令官的助手——一个年青的捷克上士，在村子里出现。他命令把所有的成年人都召集在区长的房子里，开始在那里一个挨着一个地盘问，追究两个在斯洛伐克作工的年青人：扬珂·弗罗梯尔和尼珂拉·克利弗苏布。

他得到的很少。人们向一个外乡人泄露什么呢，何况是一个宪兵？

此外捷尔诺霍罗弗的人，自己关于这两个年青人知道的也不多。扬珂·弗罗梯尔诚然在这村里有个未婚妻，沃雷娜·白德那尔，但是她只知道（或是她说她只知道），扬珂正在建筑马尔该卡铁路，每星期储蓄几个克朗，等到他一旦储蓄够了，就来娶沃雷娜。他不写信。不然，沃雷娜就必得把信请神父给她念，神父为这件事要求三个鸡蛋，甚至一只鸡。沃雷娜不能给这么多，纵使她能够，她也不肯这样做。一张写着蜘蛛爬的文字的信纸，而只有神父能说得出来，对她有什么意义呢？期待的时间会从此缩短一些吗？不会的，倒不如把鸡送到西木些·拉宾诺微支那里，换来一个罐子，或是将来家务上用的一些东西。

沃雷娜把这一切说得乱七八糟，很快，口音是乌克兰的方言。宪兵很费劲地听着她说，说过两三个字他才听懂一个字。他气愤地停止了审问。这就是一个任务在这高原地带！在这样的人们中间！他恶狠狠地向着沃雷娜说："好吧。"反而更坏，他用不着她了，她应该走开。但是沃雷娜不走，她咆哮起来。她必定要知道，扬珂闹了什么事；上士老爷为了上帝的缘故应该告诉她；在她没有知道之前，她不离开这地方。

宪兵气得脸上发红，把她赶出屋子，因为她的几个女朋友也同声哀号，他把其他的女人也都赶出去。男人们听到他全套的乌克兰语和斯洛伐克语的咒骂，还有一些捷克语的。他随后让他们牢牢记住，关于这次审问要保持秘密，只要他们听到有关扬珂·弗罗梯尔和尼珂拉·克利弗苏布的事，都要立即报告哨兵司令部。若是瓦西尔·瓦西尔苦克出现了，也把他送到那里去。这个林魔曾经在西内威尔和赫雷霍微切一带关于这两个年青人到处乱说过……

跟着又来了几句威吓和咒骂。随后上士背上他的枪，转身就走。一个姓弗罗梯尔的追着他问，他的本家扬珂是否真正犯了罪，致使宪兵们追究他，因此肋骨上就挨了一拳。这是怎样一个新风气，敢盘问官厅？只有官厅才能问，懂得吗？

门砰地一声关上了，像是放了一枪。

第二天这村子还好似一座被熊拜访过的野蜂窝。

尤其是沃雷娜,她不让一个人安宁。她从一家走到一家,劝说男人们出发去找瓦西尔·瓦西尔苦克。

"这没有意义,沃雷娜。你怎么要到那些树林里去找这老人呢? 一个人埋没在那里像一个跳蚤在羊皮里。"

"你们从来没有捉到过一个跳蚤吗?"

"好吧,沃雷娜,也许我们找得到他。但是找到他有什么用呢? 你从他絮絮叨叨的话里绝不会变得明白。他脑袋里有烟,却没有理智。"

但是把一个女人的愿望用十根绳子紧系在十根木桩子上——它也会扯开。

沃雷娜贯彻她决心要做的事。男人们起身去寻找林魔。

他们也当真把那老人搜索出来了,而且他关于扬珂·弗罗梯尔和尼珂拉·克利弗苏布所报告的,听来并不是不理智的……但是人们从他的故事里却没有变得明白。

这两个人逃跑了。不,人们没有解雇他们;也没有过争斗。他们自动逃跑了。

"他们到哪里去呢? 瓦西尔?"

"远啦。到一个生疏的国里。七道边界后的任何一个地方。"

"你说什么样的糊涂话,瓦西尔! 这不是真的!"

"这是真的。就是这样。他们到生疏的国里,七道边界的后边。"

"但是他们到底要在那国里做什么呢,瓦西尔? 他们为什么到那里去呢?"

对这个问题瓦西尔·瓦西尔苦克最初没有回答。可是沃雷娜不住地说:"你就说吧,为什么,瓦西尔。"他翻转眼睛,只露着白眼珠,嘎着嗓子说:

"因为……也许又有战争,我的小鸽子!"

"但是瓦西尔! 你说什么梦话? 战争? 这是胡说!"可是这老人坚持着,沃雷娜最后放弃继续逼问他。虽然如此.她和男人们不是同一的意见。男人们傲慢地宣称,现在大家又看见一回,谁的主张是正确的——从瓦西尔的谈话里没有人会变得明白;他自己也弄不清,他关于那两个年青人所说的话都是虚幻。反而沃雷娜觉得,在这关于生疏的国土的奇异的故事里,甚至在关于战争的乱谈里,却隐藏着一些真实。人们必须追究出来,是什么。

偷偷地不让男人们注意到——不然他们就会嘲笑她——沃雷娜起始向牧童、猎场看守人的孩子们,以及一切遇得到外乡人的人们去探听,是否他们知道有一个国在七道边界的后边,或是关于一个战争,或是关于马尔该卡铁路工程上两个年青人充满神秘的旅行。

她要知道的,没有人能告诉她;可是她从一个来自阿克纳斯拉梯纳的吉卜赛人口里听说,在那里也有一天有两个或三个男人逃跑了,不知到哪里去;他们也是被宪兵们寻找,跟扬珂和尼珂拉一样。

这是一个线索!现在必须进一步明了阿克纳斯拉梯纳的逃亡者。在什么地方能够打听得到呢,除了在弗罗弗耶的西木些·拉宾诺微支那里,他吸引新闻像是粪吸引苍蝇;他懂得读报,他从每个窘况中都会指出一条出路,在每个情况中都会给一个计谋。

最初沃雷娜要等到下一次的集日,可是一转念头她就想在另外的一天。在一个集日她不能和西木些谈话而没有捷尔诺霍罗弗的人旁听。这样一天也太杂乱:西木些必须给这人一些指示,给那人一些解释,向大家报告这世界里有什么新闻;他哪里会有时间和沃雷娜长谈呢?最后沃雷娜的不安也不允许继续等候。于是她在第二天早晨很早的时候就穿上高筒靴子——她的在大战时阵亡的父亲的惟一的遗产,把一个玉米面饼裹在大围巾的一端——这围巾是她同样久已死去的母亲的遗产——她向她的祖母喊着说,她走了,到低湿的地方去,看看有没有野蜂蜜,晚上才能回来。

"但是要带着圣女巴尔巴拉的像,沃雷娜,或是另外带些保佑你的东西。"

"是,是,我已经带了一些。"

她捉了一只鸡,放在提篮里,下了山,穿过高林,走上往弗罗弗耶的路。

三

西木些·拉宾诺微支站在商店里后边放铁器的地方,和两个农夫办交涉,一个老的和一个年青的,他们要买有粗锯齿的锯条。

他看见沃雷娜走进来,他耸高了右边的眉毛,但是他不理会她。谁肯在巴沙节①时就附带着庆祝新年呢?每件事都要慢慢地来。现在正轮到和这两个农夫做买卖。他们出价刚出到十六克朗半,西木些讨价二十四克朗。人们将会在二十克朗时成交,但是要到那时,总还要好好地交涉一小时。一小时坚韧的斗争,费劲的,但是可贵的一小时,西木些无论如何也不愿放弃。因为若没有自己的心机和主顾的心机的测量,那算什么商人职业呢?若是没有讨价还价,没有手腕和权谋,没有说笑和诉苦,没有商讨的决裂和重续,那算什么生意呢?"一张面饼里没有鹅油!"西木些将要回答,"一个婚宴里没有新娘,一个安息日没有休息!"

西木些·拉宾诺微支决不想,只因为从捷尔诺霍罗弗来的女孩子出现,便把最精彩的争论中止——虽然她在这样不应该来的时候来到非常激起他的好奇心。他想,她不会从这里跑掉的,他继续和他的两个主顾商谈。

"这些锯条都不够柔韧,"老农人挑剔说,并且敲着他面前放着的锯,"听一听吧,它们怎样响!一点都不清脆!"

西木些轻蔑地端着肩膀。他的声音因为痛苦与嘲笑而转变了。

"响声不好!你们已经听到了吗?从什么时候起锯条都是钟呢,它们必须响得和银子一样?它们应该锯东西,这里它们比刮脸刀还锐利。但是如果你们不愿意要……"

他停住了,做出一种动作,好像准备要把锯条拿开,可是他把它们向着那两个农夫更推近一些。

_____

① 一个犹太人的节日,在春天三四月时,庆祝七天。

老人非常窘，没话说。年青人替他回答：

"要，我们当然要，能，我们却不能。二十四克朗。全部工作补充不上这么多钱。你必须卖得便宜些。西木些，你听见了吗？"

但是西木些转向一个小女孩子，这女孩子已经进来一些时候了，她要买一公升半煤油。他很费事地把液体灌入一个鼓鼓瘪瘪的罐头筒里。小女孩付了钱就走了。这时那年青农夫的话才好像达到西木些的耳里。他又转过身来向着这两个人。"便宜些！永久只是便宜些！我应该仗着什么生活呢？在这样的时候！但是好吧，你们应该和西木些交个朋友。好吧。你们自己说，你们要给多少！"

年青的张开嘴唇，但是老人用手蒙住他的嘴。"十七克朗，"他迅速地说，"多了不成。这是最高的价钱。十七。"

"喊！"西木些只做出这个声音，他不加理会地仰望着那条悬挂杂货的木蛇，老人正站在木蛇的下边。

这条刻雕得很粗糙的悬挂杂货的木蛇从前是彩色斑斓，头部和尾端是蓝色和绿色的，中间是黄色和橙色的，但现在人们只看到那些颜色可怜的残余。沃雷娜却丝毫没有注意到这点。她觉得这条木蛇以及它那上边悬挂着的灯心、鞭绳、索子、鞋带与玻璃珠链和西木些·拉宾诺微支的杂货店是同样地漂亮。这个杂货店！沃雷娜已经到这里来过许多回，却永久只是在集日，她在这儿因为匆忙、嚣杂和紊乱从来没有能够正确地向各处观看过。今天情形不同了。这有多么好，西木些和那两个农夫还有交涉！这样，沃雷娜就有空间去观看和惊讶了。这杂货店是宽阔的，充满一种朦胧的幽暗，放射着青梅酒、煤油、鱼卤以及许多其他童话般不认识的事物的气味，这里边应有尽有！

在柜台后边，货架靠着墙壁一直达到天花板。前边在门口附近光线还亮，放着一捆一捆的印花布和洋布，女孩子们用的绸手帕，年青小伙子们用的便帽和领巾。往后是一些炫耀着描彩的盘子、铜锅、浅蓝的搪瓷罐和褐色的蒸锅。在它们上边最末一层架子上摆着那个充满神秘的匣子，这是西木些最大的儿子扬克尔制造的。扬克尔因为既不愿当杂货商人也不愿当犹太牧师,在不满的情绪中从家里逃走了。人们用这个匣子能够从空中收到声音,听到有人在远方任何一个地方说的话,或是布拉格和布达佩斯的音乐。这是马车夫斯路尔·齐培尔说的,他有时穿过捷尔诺霍罗弗;从他那里人们也知道,扬克尔在乌兹霍洛特城里,学习装置机器……在盘罐之外,那些放着糖和盐、面和豆、烧烤过的谷粒和各样香料的格子在诱惑着人。食品之外还有镰刀和锯条、斧头、管子、铁丝圈、铁皮和镶接器——足够整整两打补锅人使用的装备,足够一个全村子使用的农具和家庭用具,沃雷娜自然想到她从前小孩子时候十分喜爱的魔园的故事。

在魔园里也有几乎不能想像的大量值得渴望的物品,并且——比这里还美好——人们能够从中取得他所渴望的。自然必须事先找到走进魔园的入口,这入口隐藏在岩石和灌木丛的后边,高高地在山里,没有钥匙的人是找不到的——这钥匙是种植在墓园里,在夜半一场春季的风雨之后,一棵在月光中盛开的迷迭香……

有人触动她的肩膀,沃雷娜好像从沉睡中惊醒。

这是斯路尔·齐培尔,他走进来,她完全没有注意到。

斯路尔自从一些时候以来不搞他的马车夫的职业了;一辆汽车轧伤了他右脚的大脚趾,如今他一直到赔偿损失的案件结束时都必须表示,他由于这个不幸事故变得不能工作了。他于是在大街上晃来晃去,帮助杂货商人们夸奖货物。

斯路尔要知道,沃雷娜到弗罗弗耶来做什么。在月初到弗罗弗耶而且单独一个人!是卖鸡吗?为什么?也许等候她的未婚夫?就是那个长长的黑头发的青年,他在马尔该卡建筑铁路?……怎样?……这个人不见了!……这个人也?……她就为了这件事来找西木些·拉宾诺微支问计谋?啊,啊,啊……

斯路尔说到最后几个字时把声音放低,暗示沃雷娜不要再说下去,或是说些旁的事,但是已经很晚了。

红色斑点的脸,翘着胡须,甩动着长袍的袖子像是蝙蝠翅膀,西木些·拉宾诺微支蹿了过来,气冲冲地向斯路尔说,这里不是扯闲话弄是非的地方。斯路尔最好请到旁的地方去说他的蠢话,立刻就请,那边就是门!

随后沃雷娜也被唾骂,她不要在这里待下去了;她的鸡用不着,若是她来只为的是向西木些打听任何一个逃亡了的流氓,那么她就不必枉费心力;关于这类的人们他一无所知,他也不要知道……他说这话时把斯路尔和沃雷娜都从店里赶出去了。

"嗤——嗤——嗤!"斯路尔在外边喊着,向店门做了一个鬼脸,"嗤——嗤——嗤!"

随后他转过来向沃雷娜说:

"你本来必须清清楚楚提醒他,他的扬克尔也跑下去了。"

他看着沃雷娜张开嘴,看着她睁大而空虚的眼睛,他禁不住为了她的惶惑而失笑。

"是的,"他解释说,"他的儿子扬克尔就跑下去了,跟你的爱人和阿克纳斯拉梯纳的逃亡者一样。若是人们在这老人面前说这些事,他就发疯。我向你暗示过,你应该静默!"

沃雷娜不明白。斯路尔必须重复他的解释,但是他不立刻说出,直到沃雷娜能够问出,斯路尔说的"跑下去"是怎么回事,她的扬珂和其他的人们到底跑到哪里去了呢?

斯路尔·齐培尔摇摇头。他不肯由于一个直截了当的回答而失却在慢慢地渐渐地说出他伟大的新闻时所有的享受。

"他们跑到哪里去了?"他延长着说,"什么样的一个问话! 他们会跑到了哪里去?"

他眯缝着眼,斜歪着头注视沃雷娜。这女孩子忽然觉得腿软了。她坐在杂货店门前的台阶上。这时斯路尔·齐培尔才弯身到沃雷娜耳边,告诉她说,"下去"是什么意思。

四

这消息激动了全村。

扬珂·弗罗梯尔和尼珂拉·克利弗苏布到一个生疏的国里去了，距离很远，在南方任何一个地方。这国叫做西班牙，那里有战争。

这样看来，年老的瓦西尔·瓦西尔苦克所说的越过七道边界的旅行的模糊不清的故事不是对了吗？这样看来，他猜测那两个年青人参加战争去了到底是对的！

这样一些事从来还没有过。美洲来的白尔卡奴克是多么和这相反？这世界是颠倒了！

人们把一切都放下，并且聚集起来——男人、女人、年轻人和女孩子，整个的捷尔诺霍罗弗——聚集在米特尔·塞多尔耶克那里，他家里有一间最大的屋子。

"人们必须知道，他们参加的战争是什么样的一个战争。"米特尔·塞多尔耶克的喊声镇压住语声的嚣杂，变得寂静了。只有塞多尔耶克的邻居和老对头基里尔·戈利卜用挑战的方式问：

"这样？人们必须？到底为什么？"

"因为，"米特尔镇定地回答，"如果两个年轻人从村里走出去参加这个战争，这简直也是我们的战争，关于这我们必须知道底细，或者也许不是？"

大家都同意，只有戈利卜怨恨着退回了。米特尔转向沃雷娜说：

"山底下的人们没有往下跟你谈到关于战争的事吗？"没有，斯路尔往下没有告诉她什么，她自己也没有想到问他一些详情。但她能够就在明天再到弗罗弗耶去一回，打听她没有问到的事。

"不，"米特尔决定，"应该一个男人去。一来战争是男人们的事，二来是一把新笤帚总比旧笤帚扫得更好些……"

他自己去了。他回来时，带来一张报纸。

"一切都登载在这里，凡是城里的人们所知道的关于战争的事！"他重要地宣告着。他家里的大屋子又充满了人，大家挤来挤去，为的是看这张米特尔放在桌子上的报纸。但是这些黑字告诉不了他们什么。

"现在我们跟从前一样糊涂，"基里尔·戈利卜嘲讽着说，"或者你同时也学会认字了，米特尔？"

米特尔·塞多尔耶克却神情自若。"字我认得跟你一样少，但是我并不因此就是做了蠢事。买这张上边登载着一切的报纸是一回事，读报是另一回事。这张报纸我买来了，神父会念给我们听。"

"他会为这件事什么也不要求吗？"戈利卜吹毛求疵地说，"如果你这样以为，老朋友……在他那里没有一件事不要钱！"

米特尔对于这句话也有一个回答：

"我简捷地向他说，知道上边写的是什么，这对于全教区都是必要的，那么他必须念给我们听，这是他的责任。"

戈利卜并不服输。

"啊，你想得好，他感觉不到你在欺骗他吗？我的亲爱的，他在宰羊以前就会嗅到煎肉味……"

沃雷娜打断了他的话。她这全部时间好像站立在刺脚的荨麻上。现在她突然说话了：

"不要管多少钱啦！没有钱本来是不成的，老财迷！"

"噢，"戈利卜愤激着说，"你们看看沃雷娜，她变得多么轻率！好像你有多么阔似的，小鬼！最好节省你的全都家当吧！谁知道，你那逃亡出去的人还回不回来娶你！"

沃雷娜要去打他的脸，但是米特尔走到中间喊着说，现在不要争吵了，我们到神父那里去，结束吧！

他选择了谁应该陪着他去：一个姓克利弗苏布的，一个姓弗罗梯尔的，一个姓白尔卡奴克的，还有一个年老的尤拉伊·梅特珂，人们说这个人比皮子还硬，比西木些·拉宾诺微支有更长的呼吸。

米特尔点清这几个选拔出来的人。四个男人。他是第五个。这是正确的数目。

这时沃雷娜问:

"我呢?"

米特尔惊讶地看着她,什么? 女孩子也一同去? 好像五个人还不够! 不,这是不成的。沃雷娜应该跟别人一样都留在这里,不要掺在男人的事里去。

他正准备劝解她,可是他忽然想起来:她这样已经在他面前站立过一次,由于兴奋与激动而满面通红,当时她要求男人们到树林里去寻找瓦西尔·瓦西尔苦克。当时沃雷娜的要求他也觉得是奇怪而愚蠢的,可是后来却证实并不是这样不正确。谁知道,若是人们答应她去,这回也或许有些好的结果。她精明强干,这句话不是没有意义:"驱除魔鬼用圣水,驱除神父用女人的言谈!"

米特尔把已经在他的舌头上的"不"字吞下去了,于是允许她:

"如果你对这件事很关心,就一同来!"

当他们已经在往神父那里去的路上时,基里尔·戈利卜在他们身后跑来:

"若是沃雷娜一同去,我也要一同去!"他冲出这句话,为了愤恨和激动喘不过气来。他盯视着米特尔向他挑战,可是米特尔只是招一招手,"我不反对。"这招手的意义是,"我不反对,你也来!"

基里尔·戈利卜失望了。他一同走了一短程,随后就站住了。

"实在没有意思!"他在旁人后边嘎着嗓子说,可是没有人回一回头。

五

神父觉得出乎意外。

他于是给这六个意料不到的拜访者念了两小时报纸,同时还解释分析,在西班牙到底为了什么:那里的战争是反对反基督者,反对魔鬼的赤色队伍,——他们破坏教堂,烧毁庄院,杀死牧师,把尼姑抛在滚开的油里……现在,因为他问他们是否一切都明白了,尤拉伊·梅特珂回答:不,有一件事他不明白,为什么农人们——正如尊贵的神父所说的,农人们也跟在一起——为什么他们要烧庄院呢?

"为什么?"尊贵的神父喊着,声音同时也转变了,"为什么? 因为他们被魔鬼附在身上了! 因为强盗把他们的头扭转了! 因为他们是跟你一样固执而且容易被人牵着鼻子绕圈子! 懂了吗?"

他忽然停住了,他等候一个回答、一个反驳,同伴们的眼光也充满期待,望着尤拉伊·梅特珂,可是他坐在那里好像没有听见,凝视窗外。

他向哪里凝视?

他也许看见对面山坡上的雪已经在来年春天的阳光里溶化,把贫瘠的能够耕种的土层冲下山去? 他看见农人们把他们"漫游的田地"①放在脊背上又背回原处? 他已经看见野猪在夏天从树林里出来,侵袭稀疏的田苗,明目张胆,好像它们知道,农人不能射它们,因为不然那些伯爵的猎场看守人便来捉拿偷猎的人?

他看见这一切而同时想起那些冒烟的伯爵的小猎屋和小农场,被那个大强盗尼珂拉·苏哈伊点火烧了,神父和宪兵们也把尼珂拉·苏哈伊叫做"魔鬼的儿子"和"杀人放火的人",可是他只对于富人是一个恐怖,对于穷人却是一个朋友和恩人。

或者他完全没有看这个,想这个,只看着远方青蓝色边境的山脉,同时想着山后边升起的烟,当时农民起来反抗沙皇和波兰的贵族,他们得到地主的田地耕种,并且把分得的土地不再交回……

使神父和同伴们很惊奇,尤拉伊·梅特珂冷不防地站立起来,他说:

"这没有意义,在这里更长久地坐着,听些含混不清的话。我们必须知道,在西班牙国庄院为什么燃烧。"

神父吃了一惊。

---

① 这是喀尔巴阡山区里的一种现象:山洪把山坡上的土层冲下去,农人们又辛辛苦苦地把泥土放在筐子里背到山坡上,以便种植。所以当地的人们说:"田地在漫游。"

"但是我已经告诉你们说了,"他高声喊,脸气得发绿,"在报纸上也是这样写着!"他恶意地斜眼望着尤拉伊,尤拉伊却满不在意。

"也许报纸欺骗了你,尊贵的神父,"他向神父说,"也许它自己也不知道真情。只有上帝知道真理,你向我们讲过。"他向同伴们说:"来,我们要从旁的地方取得消息。"

"魔鬼会把你带走!"神父狠狠地骂。

男人们迟疑不敢跟尤拉伊去,但是沃雷娜站在他这一边。

"他对。我们去!"

他们走了。在大街上沃雷娜问:

"谁会找来消息呢? 你,尤拉伊?"

他点点头。

"你会在什么地方找来消息呢?"

尤拉伊举起右手,用一个概括的动作指向任何不定的地方。

"狐狸预先知道它会在什么地方捉到老鼠吗? 让我只是做……"

他从捷尔诺霍罗弗走了,三天后他才又回来。

他回来后第一步就到米特尔·塞多尔耶克那里。对于米特尔的迫切的追问他始终是一个回答:

"去把大家召唤在一起,我知道必须要做的一切!"

尤拉伊乐意传达这一件事:因为一切和他猜想的一样。

米特尔嘟嘟哝哝地把捷尔诺霍罗弗村里的人都召唤在一起,但当他听到这尤拉伊报告些什么事时,他对于这老人秘密居奇的怨恨便消逝了。

在西班牙农人分到地主的田地耕种,现在地主们又要把田地拿回去,除此以外还要给农人一个教训。因此有了战争。这些地主们发动战争,仰仗外国人的帮助,意大利人的、德国人的,甚至他们从海外运来的黑人的。黑人们反对信基督的人们! 这些地主比农人有更多更好的武器,所以农人必须被帮助。扬珂·弗罗梯尔和尼珂拉·克利弗苏布就去帮助他们去了,和他们一起战斗。

那里的战争——尤拉伊·梅特珂用这样的话结束他的报告——这战

争所以不是与他们村子毫无关系的任何一件争执；这个战争或许也是捷尔诺霍罗弗农人们自己的事，所以他们必须详细知道，战争是怎样情形。大家对于他自己，对于从村子里走出去的两个年青人，对于西班牙的农人兄弟们都有责任这样做。

"我对吗？"

"明白啦！"米特尔·塞多尔耶克这样说。

"明白啦！"这时其他的人们也喊。就是基里尔·戈利卜也不自居例外。

大家商量一致，尽可能常常地，无论如何每星期不能少于一次，遣派一个人到弗罗弗耶，以便从那里得来关于西班牙战争的消息。

六

第一个星期里一切顺利，但是第二个星期就下起大雪来了，使回到村子的路途很艰难。

"你们要怎么办呢，若是积雪弄得道路完全不能走了？"尤拉伊和沃雷娜在第三个星期不顾很滑的冰和浓重的雾而到弗罗弗耶来，被斯路尔·齐培尔这样问；那直到现在还没有判决的赔偿损失案件给他以充足的时间为别人的忧愁去费脑筋，"你们要怎么办呢？"

"也许到那时就结束了。"

斯路尔大笑，一半嘲笑，一半同情。随后他告诉他们：

"一个真正的战争从来不会很快就结束，虽然它总会要结束的！"

他享受了一阵子沃雷娜的惊愕，随后继续说，不，不，人们不可以想望一个快的结束，但是他，斯路尔，幸而有一个灿烂的计划，怎样使捷尔诺霍罗弗村的人们，就在最恶劣的风暴的冬天，也能够天天听到关于西班牙那边的战争和他们的两个年青人有什么事发生。若是尤拉伊和沃雷娜答应给他四分之一公升的烧酒和两只鸡——噢，自然在他的建议顺利完成的条件下——他就把他的计划贡献给捷尔诺霍罗弗村的人们。

"好吧!"沃雷娜迅速决定了,同时尤拉伊还怀疑地摇头,"好吧,斯路尔! 什么样的一个计划?"

当斯路尔说明他的计划时,尤拉伊又摇头,可是沃雷娜以为,怀疑和犹豫无济于事;斯路尔所建议的,听来也许是稀奇不可信——可是,关于扬珂与尼珂拉和战争的全部故事不是不可信而又是真实的吗? 捷尔诺霍罗弗既然把它的年青人送到西班牙人那里.为什么这就不可能呢——西班牙人把他们的消息送到捷尔诺霍罗弗? 人们可以试试办。最后我们必须真正想到那大规模的积雪时期,还要想一想,随后人们要怎样获得战争的消息。

"那么就办吧,"斯路尔催促着,"我们试一试。我们立刻就到西木些·拉宾诺微支那里去,交涉好这件事!"

事与愿违,西木些却不要听取斯路尔的建议。

这还不够吗,不肖的儿子扬克尔搞了这种事,这事对于弗罗弗耶地方一个姓拉宾诺微支的是这样不生关系,正如贝尔次的巫师与萨答古拉的高级牧师之间的争执和罗马教皇不生关系一样①? 这丑恶的西班牙的故事反正已经过分地根植在捷尔诺霍罗弗村人的脑里,现在扬克尔的收音机就应该这样运用吗,使他们完全发疯? 滚蛋吧,斯路尔要在西木些·拉宾诺微支与捷尔诺霍罗弗的人们中间的交易上找些什么便宜? 不,不,这个买卖做不成,他们最好不要做这个打算。

沃雷娜的坚韧性又一次得到证实。长时间的说来说去之后,西木些心意转变了。这个买卖成交了。西木些来年春天得到三只子鸡和十天伐木的工作作为代价,捷尔诺霍罗弗村人得到这个无线电收音机。

捷尔诺霍罗弗人应负的责任琐细地被记在挂在门柱上的小石板上。随后西木些登上桌子,把收音机从架子上取下来。

西木些把它放在他们面前时,这收音机的内部发出一种清晰的、沃雷

---

① 贝尔次的巫师与萨答古拉的高级牧师都是犹太教的,所以他们中间的争执与罗马教皇无关。他们的争执在 20 世纪 20 年代及 30 年代最为激烈。

娜和尤拉伊觉得十分神秘的声响。

"这样，"西木些说，"这就是这个东西！"

他不甘心不给掺入了这门买卖的斯路尔·齐培尔一个突然的打击。他脱口说出："人们怎样使用它，那个人必须指示给你们……只要他能够。"

斯路尔只"呸！"了一声，丝毫没有看西木些一眼；把匣子背在肩上，向尤拉伊和沃雷娜一招手，离开了杂货店。

这是商量好了的，他亲自把这匣子送到捷尔诺霍罗弗，在那里叫它在大家面前说话。到那时关于烧酒和鸡的协定才生效。

西木些·拉宾诺微支走到店门口，望着这三个人迅速地向着山上走去——斯路尔在前头，骄傲地好像背着摩西圣庙里上供的面包。

"这样一个骗子！"

一个打击斯路尔的愿望，比以前更为强烈地支配着西木些。他用两只手围着嘴喊：

"嘿，你们捷尔诺霍罗弗的人，不要让这个老骗子欺骗！要真正严密地注意他！"

他等待着斯路尔发怒回答。但是斯路尔恬静地往下走，只是由于一种沉默的，可是不容误解的姿态使西木些感到极大的侮辱。

尤拉伊和沃雷娜笑着。

西木些的脸气得发烧。他不住地喘气。愤恨升到他的咽喉，阻止他大声喊叫。他只是用全力唪了一口，转过身来回到店里去。

"下流！"他狠狠地自言自语，"下流的贱东西！但是你们等着吧……"

他确信，斯路尔和捷尔诺霍罗弗村的人们会自相殴打起来的。

七

差一点也就互相殴打了。就是当这个匣子——斯路尔故作神奇地把它开动了——起始说话时，说的话却是生疏而不能了解，一种愤怒的失望支配着这些侧耳倾听的捷尔诺霍罗弗人。

"欺骗!"基里尔·戈利卜狂暴地喊叫,获得了生动的同意。"我们被骗了! 为了这样的东西我们应该付给四分之一公升的烧酒和两只好鸡! 左边右边打几个嘴巴,随后把这骗子吊起来,带着他的鬼匣子……"

只因为米特尔·塞多尔耶克和尤拉伊·梅特珂从中调解,斯路尔和这个收音机才在紧要关头时脱开人民的裁判。

可是斯路尔刚感到几分安全,他又耍起他的舌头像是擦了油一般。

这匣子说的话不能懂得吗? 但正是这点在证明,斯路尔是多么正直! 西班牙话对于一个捷尔诺霍罗弗人必须显出是西班牙的,不然那就不是西班牙话了。

"不是这样吗,米特尔?"

对,是这样,米特尔必须承认。对,是这样,旁人也承认。只有基里尔·戈利卜坚持敌意地拒绝。

"这匣子对我们有什么用呢,若是我们不懂得它?"他嘟嘟哝哝地说,"好吧,它让我们听西班牙人说话,但是你知道吗,他们是否向我们喊过来一个有利的消息或是一个坏的消息?"

这很不容易回答,但斯路尔虽然如此却给了一个回答。

他承认,这是对的,这匣子给不出人们能够懂得的消息;但是弗罗弗耶的消息能够对我们有什么意义呢? 它们不也是充满了矛盾和谎话吗? 已经说过了多少回呢,主要争夺的首都马德里被地主们占领了? 四回? 五回? 或是更多的回数? ……不,不,人们不能根据消息,人们必须寻找一些更可靠的事物。并且有更可靠的。有一个不会欺骗的标记证明马德里城安然无恙,还有一个同样靠得住的标记证明相反的方面。要懂得这个标记。人们既用不着读报,也用不着会西班牙话,人们只要有两只耳朵。因为一个标记是一个歌,战斗的农民们和他们同伴们的歌。在一个一定的时刻这个歌从马德里放送给全世界。听得到这首歌,这座城就安然无恙;这首歌在一个一定的时刻听不到了,这就是那另一个标记,坏的标记……现在大家都应该安静下来,他要去找那个歌,因为正巧在这从傍晚到夜里的时刻是听到这个标记的正确的时候。

斯路尔向着匣子弯下身来,开始扭动音波轴。人们只听到斯路尔动手拨动的声音和男人们与女人们紧迫的呼吸。随后那生疏的、听不懂的语言又响起来了,费了一个长时间,捷尔诺霍罗弗的人们都以为已经受骗了,这首歌才忽然响起来。一个奇异的,同时沉着而激动地响着的、号召斗争、歌颂胜利的歌——古老的《阔罗内尔·利郭①进行曲》,西班牙共和国的国歌。

"这,"斯路尔·齐培尔说着,与他的意志相违,他自己也觉得惊奇,一种感动的颤栗侵入他的语声里,"这就是。你们听到这首歌,你们就知道,扬珂和尼珂拉和其他的人们打仗打得很好。你们用不着做旁的,只要在晚上喂完了羊把这里的开关器往右一转。此外什么也不要做!并且要多加小心。你们看:这样!若是这个歌完了,你们就把开关器往左一转。这样!此外你们不要转动音波轴,不要摇动这个匣子,简直就不要碰它,懂了吧?对?那么留心看,我现在再指示你们一回:这样,这样。现在你们自己试一回!"

都弄对了。

斯路尔·齐培尔把好不容易挣得的鸡装在随身带来的口袋里走了。

此后捷尔诺霍罗弗的人们就天天晚上聚齐坐在米特尔·塞多尔耶克的大屋子里,等候这个歌。有些天听着它声音又大又清晰,好像不是在七道边界后任何一个地方演唱的,却像在邻近的牛圈里或是在堂屋里。

"下边没有发生许多事,"尤拉伊·梅特珂说,他打过仗,于是想起梯罗尔前线上平静无事的日子②,"炮火停息,人们能以安安静静地上厕所,玩牌,捉身上的虱子。"

有些时那首歌又几乎听不到了,一种粗野的奔腾声和爆炸声几乎完全漫过这个歌声。

---

① 阔罗内尔·利郭,西班牙19世纪初期的革命家。
② 指第一次世界大战,梯罗尔前线是奥地利与意大利作战的前线。

"浓厚的空气,"于是尤拉伊说明,"我们也经验过。从伊孙索,若是意大利人用重炮弹射过来,人们简直不能把鼻尖从地洞里伸出。好倒霉,但是最后我也活过来了……"

可是,不管清楚或是不清楚,每天晚上都有这首马德里的歌,他们的歌,他们现在已经把这歌称做他们的歌了;它宣告,这座远方的城,这座对于他们已经像弗罗弗耶或西内威尔一般亲密的城,这座生疏的,可是和内心这样接近的城是勇敢地屹然不动。

八

这样过了几星期。

在合乎规律的时间距离中,斯路尔·齐培尔在村中出现,好像和他规定好了一般,来"给这个匣子饭吃",扭转螺钉,调换其中的某一部分。

斯路尔带来的关于西班牙战争的新闻,和西木些·拉宾诺微支在集日所能告诉的,都只证实这首歌的消息:马德里城固守着。那是一个强烈的流血斗争,但是地主们没有进展,纵使他们让他们的黑人、德国人、意大利人这样粗暴地冲锋。

捷尔诺霍罗弗人对于这首歌的信任在生长。它对于他们不只是一个好的消息;它成为他们的朋友。

但是忽然一天——在1月的下半月这首歌中断了。

他们徒然地期待着一直到了深夜。第二天,他们在逐渐生长的激动中期待着;歌还不来。当它第三天也没有声音时,人们再也不能相信是一个偶然了。不安变为恐怖。危险威胁着这座城,他们的马德里城!那两个年青人,他们捷尔诺霍罗弗的两个年青人受到威胁了!难道说这个战争,他们的战争输了吗?

人们必须调查确实,能多么快就多么快。于是决定明天派遣一个代表团到弗罗弗耶去:米特尔,尤拉伊,几个旁人,沃雷娜也在内。收音机他们也带着。

当第二天早晨这代表团的团员在米特尔·塞多尔耶克的家门前聚齐时，捷尔诺霍罗弗的全村居民都涌在一起，大家——除去老人、病人、小孩子、几个女人——说明，他们要一同去。

虽然预告着将有一个阴沉的坏天气，大家还是出发了。前边是代表团带着无线电收音机，后边跟着其他的人们排成两人一排的长队。人们能以想到一排在圣骨箱后走来的进香行列，并且事实上女人们歌唱着像是在圣体节的行列里一般。

在第一小时内一切都很顺利。他们向前推进。可是随后降落下一种寒风凛冽、使视觉迷离、呼吸艰难的大雪，他们必须坚强地与风雪搏斗。

到中午他们才走了一半路程，风雪丝毫没有减弱，在继续着，大部分的女人，但也有几个男人，放弃前进了，转回家去。

剩余的人——总还有三十人左右——却都坚持着，奋勉前进，一再地被风雪逼到新的迂回的道路上去，疲惫地，但是坚韧地向着目的地走来。在很晚的下午他们来到了。他们先寻找斯路尔·齐培尔，这人却不在，一天以前把他传到乌兹霍洛特去了——他的诉讼终于开庭了。捷尔诺霍罗弗的人们又往下走，到西木些·拉宾诺微支那里。他们走到杂货店前，西木些正站在门旁关门。

尤拉伊和米特尔要请求他看一看这个匣子，他不让他们把话说完。

什么，他喊着，这时人们到他这里来？这时？在星期五的晚上？在安息日起始的时候？你们大半是神经失常了！不，现在什么也不看，什么也不试验，什么也不接触。现在庆祝安息日。

"到明天晚上！"

话说得这样肯定，这样决绝，使米特尔和尤拉伊再也不能尝试转回西木些的心意。

只有沃雷娜还敢持异议。她羞涩地问，安息日的开始能否往后推一推。只推一会儿，只推一刻钟。

听到这个非理的要求，西木些的头胀大了。

什么？沃雷娜向他要求什么？真是闻所未闻！真荒唐！把安息日往

后推移？她怎么想像出这样的事？好像他能够止住太阳，像约书亚①似的……

他忽然停止了。

约书亚……约书亚……他的儿子扬克尔不是另有一个名字叫做约书亚吗？他不是在米特尔和尤拉伊所说的那座城里吗？在那被威胁的马德里城里，它也许正是现在落在敌人手里，它的保卫者也许现在正被屠杀？……那是真实的：这孩子偷偷地逃跑了，违背西木些的意志，但他究竟是他的儿子！若是他现在在危险里，在死亡的危险里，人们怎么能够在这里静静地聚精会神献身于安息日的庆祝呢？人们怎么能够这样呢，若是这孩子也许现在正喊着"爸爸"，受了伤，喉咙里在喘气？

无论沃雷娜、米特尔、尤拉伊，或是旁人里的任何一个，事后几乎都不能陈述了，一切在个别的细节上是怎样进行的。

他们只知道，他们忽然都站立在西木些的、被安息日的灯烛辉煌照耀着的屋里了，但他们的眼睛只看着无线电收音机；只看着这个匣子和西木些热烈地扭转音波轴的双手。他们只知道，延续很长久，无穷无尽地长久，使人绝望地长久，直到最后一切失望了，才轻轻地，可是不能错认地，这个歌起始作响了。他们只知道，西木些在那一瞬间才立起身来，用一种特别粗糙的声音说：

"这样……现在是安息日……什么样的一个安息日！"

就在同一天的晚间他们又走上归途。很黑暗，风暴还继续着，但他们觉得，在来路上使他们那么劳累的困难与障碍在这中间变得小得多了。

他们轮流背着这个匣子，谁也不愿放手。匣子在这时没有声音，在他们心里却唱着这首歌：它的音调沉着而又激动；它号召斗争，它宣告胜利。

---

① 约书亚能使日月停留，是《旧约》中的故事。

冯至译事年表

1905 年

9 月 17 日出生于直隶省涿县(今河北省涿州市)。原名冯承植,字君培。

1923 年

9 月,开始发表译作。译海涅诗《归乡集》第九首,刊于《民国日报·文艺旬刊》第 9 期,署名君培。

1924 年

译歌德《箜篌引》《迷娘》,刊于 1 月《文艺旬刊》第 18 期。

译海涅《抒情插曲》第二首,刊于 2 月《文艺旬刊》第 21 期,第六、十、十二、二十三首刊于《文艺旬刊》第 22 期,署名君培。

4 月,将北大德籍教授卫礼贤受《小说月报》委托撰写的《歌德与中国文化》一文中引用的歌德组诗《中德四季晨昏杂咏》14 首译为中文。

译海涅《归乡集》第四首和第七首诗,刊于 4 月《文艺旬刊》第 30 期;译歌德叙事谣曲《魔王》,刊于《文艺旬刊》第 31 期。

译德国 12 世纪一女孩在其拉丁文信尾的附诗《我的》,刊于 5 月《文艺旬刊》第 35 期。

1925 年

译荷尔德林《给运命女神》,刊于 12 月《沉钟》周刊第 8 期。

1926 年

Petöfi Sándor(介绍匈牙利诗人裴多菲生平),刊于 8 月《沉钟》半月刊第 2 期。

译歌德谣曲《掘宝者》,刊于 10 月《沉钟》半月刊第 5 期。

译莱瑙的《芦苇之歌》(四首,后改题为《芦苇歌》),刊于 12 月《沉钟》半月刊第 10 期。

1927 年

译 E. T. A. 霍夫曼小说《亚瑟王厅堂》,刊于 7 月《沉钟》特刊号。

1928 年

3 月,译作海涅《哈尔次山游记》由北新书局出版。

译列德尔诗《生命的秋天》《我的爱人》,分别刊于 11 月 24 日、12 月 24 日《新中华报·副刊》第 1 期、第 29 期。

1929 年

译阿维尔斯《十四行诗》,刊于 1 月 21 日《华北日报·副刊》第 16 期。

译克莱斯特中篇小说《智利的地震》,连载于 2 月 17 日至 20 日《华北日报·副刊》第 31 至第 33 期。

译洛伊托德的诗《秋》,刊于 5 月 22 日《华北日报·副刊》第 72 期。

1930 年

译戴默尔诗《仰视》《宫殿》,刊于北平《朔风》杂志第 1 卷第 1 期。

译《涩》,刊于北平《朔风》杂志第 1 卷第 4 期。

1931 年

译里尔克《给一个青年诗人的十封信》,分批刊于 10 月《华北日报·副刊》第 619—626 期。

1932 年

译里尔克诗《豹》和散文《论"山水"》,刊于 11 月《沉钟》半月刊第 15 期。

摘译里尔克小说《马尔特·劳利茨·布里格随笔》,刊于 12 月《沉钟》半月刊第 18 期。

1933 年

译《克尔凯郭尔语录》,刊于 2 月《沉钟》半月刊第 21 期。

1934 年

译《画家凡诃与弟书》,刊于 1 月《沉钟》半月刊第 31 期。

摘译里尔克小说《马尔特·劳利茨·布里格随笔》,刊于 1 月《沉钟》半月刊第 32 期。

1935 年

开始为胡适主持的中华文化教育基金的编译委员会翻译歌德长篇小说《维廉·麦斯特的学习时代》。

1936 年

译荷尔德林《命运之歌》,刊于 5 月 27 日天津《大公报·文艺》第 153 期。

译西伦佩《芬兰的冬天》,刊于 6 月 19 日天津《大公报·文艺》第 165 期。

11 月,作《里尔克——为十周年忌日作》,附《里尔克诗抄》,译诗六首:

《豹》《Pietá》《一个女人的命运》《啊！朋友们这并不是新鲜》《Orpheus》
《啊！诗人你说你做什么……》，刊于 12 月《新诗》第 1 卷第 3 期"里尔克逝
世十周年特辑"。

1937 年

译《尼采诗抄》五首，刊于 1 月《文学》第 8 卷第 1 期"新诗专号"。

译歌德《玛利浴场哀歌》，刊于 2 月《新诗》第 1 卷第 5 期。

译《尼采诗抄五首》，刊于 5 月《译文》第 3 卷第 3 期。

1938 年

译作里尔克《给一个青年诗人的十封信》作为"中德文化丛书"之一由
商务印书馆出版。

1941 年

4 月 20 日开始译注俾德曼《歌德年谱》，分九期刊于重庆的《图书月
刊》（从 1941 年第 1 卷第 4 期至 1943 年第 2 卷第 8 期）。后因病中止译注
工作，《歌德年谱》发表至 1808 年即止。

1942 年

2 月，受贺麟委托开始翻译席勒《审美教育书简》，约一年后完成，但当
时未发表，直至 1985 年才正式出版，并署名与范大灿合译。

1943 年

译歌德诗《哀弗立昂》（《浮士德》第二部第三幕），刊于《文阵新辑》第
2 期。

译里尔克诗歌十二首，刊于 12 月《文聚》第 2 卷第 1 期。

与姚可崑合作完成对《维廉·麦斯特的学习时代》的翻译工作。

1944 年

译霍夫曼斯塔尔《德国的小说》,刊于 1 月《新文学》月刊第 1 卷第 2 期,又载 1947 年 9 月《文学杂志》第 2 卷第 4 期。

译格奥尔格诗《给死者》,刊于 10 月 10 日的《中央日报》。

译本塞《批评与论战》,刊于 12 月昆明《自由论坛》第 13 期。

《维廉·麦斯特的学习时代》序言刊于 8 月《自由论坛》月刊第 2 卷第 6 期。

1945 年

译《尼采诗七首》,刊于《文聚》第 2 卷第 2 期。

1947 年

译《歌德格言短诗》二十首,刊于 2 月天津《益世报·文学周刊》。

译尼采诗《在敌人中间——根据一句吉卜赛人的谚语写成》,刊于 8 月天津《大公报·文艺》。

1948 年

《克尔凯郭尔杂感选译》刊于 2 月 8 日《大公报·文艺》。

校改旧译海涅《哈尔次山游记》,由上海《文讯》自第 8 卷第 2 期起连载。

1951 年

译魏斯柯普夫《远方的歌声》,刊于 12 月《人民文学》第 5 卷第 2 期。

1953 年

与朱葆光合译的魏斯柯普夫短篇小说集《远方的歌声》由人民文学出版社出版。

1954 年

6 月,重译版海涅《哈尔次山游记》由作家出版社出版。

1955 年

译布莱希特《赞美学习》等七首诗,刊于 7 月《译文》第 7 期。

1956 年

译海涅诗十二首,刊于《译文》2 月号。

5 月,《海涅诗选》由人民文学出版社出版。

1957 年

译歌德诗《普罗米修士》《掘宝者》,刊于《译文》第 3 期(纪念歌德逝世125 周年)。

摘译歌德长篇小说《维廉·麦斯特的学习时代》,刊于 3 月《译文》第3 期。

1958 年

9 月,海涅诗选《西利西亚的纺织工人》(文学小丛书)由人民文学出版社出版。

1959 年

主持翻译《布莱希特选集》,并作"后记",9 月由人民文学出版社出版。

1973 年

译海涅长诗《德国,一个冬天的童话》。

1978 年

1 月,译作海涅长诗《德国,一个冬天的童话》由人民文学出版社出版。

11 月,译作《海涅诗选》(文学小丛书)由人民文学出版社出版。

1980 年

3 月 6 日,当选瑞典皇家文学、历史、考古科学院外籍院士。

1981 年

被德意志联邦共和国美因茨科学文学研究院聘为通讯院士。

1982 年

2 月,《浅译歌德诗十三首》刊于《世界文学》第 2 期。

1983 年

3 月 22 日,由德意志联邦共和国驻华大使修德代表慕尼黑歌德学院为其颁发 1983 年度歌德奖章,以表彰其在德语文学翻译、研究和培养后学等领域所做的突出贡献。

1985 年

11 月 13 日,德意志民主共和国授予其"格林兄弟文学奖",以表彰其在德语文学翻译、研究领域所做出的杰出贡献。

12 月,与范大灿合译的席勒《审美教育书简》由北京大学出版社出版。

1986 年

被奥地利科学院聘为通讯院士。

1987 年

6 月,德意志联邦共和国国际交流中心授予其"文学艺术奖"。冯至将奖金一万马克捐赠,作为基金设立"冯至德语文学研究奖",以激励中青年学者。

12 月 15 日,德意志联邦共和国驻华大使韩培德代表德国联邦总统授予其"大十字勋章",该奖章标志着德意志联邦共和国最高荣誉。

1988 年

5 月,德意志联邦共和国达姆施塔特语言文学科学院授予其"弗里德里希·宫多尔夫外国日耳曼学奖",表彰其在德语文学翻译、研究和教学等领域所做出的杰出贡献。

6 月,与姚可崑合译的歌德长篇小说《维廉·麦斯特的学习时代》由人民文学出版社出版。

1991 年

10 月,选译里尔克《致奥尔弗斯的十四行诗》八首,刊于《世界文学》1992 年第 1 期。

1992 年

4 月,译布莱希特反法西斯诗十首。

1993 年

2 月 22 日 14 时 20 分,呼吸停止,溘然长逝,享年 89 岁。

中华譯學館 · 中华翻译家代表性译文库

许　钧　郭国良／总主编

<table>
<tr><td>第一辑</td><td>第二辑</td></tr>
</table>

图书在版编目(CIP)数据

中华翻译家代表性译文库. 冯至卷 / 刘永强编. —
杭州：浙江大学出版社，2021.4
ISBN 978-7-308-21242-7

Ⅰ.①中… Ⅱ.①刘… Ⅲ.①冯至(1905—1993)—
译文—文集 Ⅳ.①I11

中国版本图书馆 CIP 数据核字(2021)第 059048 号

中华翻译家代表性译文库·冯至卷

刘永强 编

出 品 人	褚超孚	
总 编 辑	袁亚春	
丛书策划	张 琛	包灵灵
责任编辑	徐 旸	
责任校对	田 慧	
封面设计	闰江文化	
出版发行	浙江大学出版社	
	（杭州市天目山路 148 号　邮政编码 310007）	
	（网址：http://www.zjupress.com）	
排　　版	浙江时代出版服务有限公司	
印　　刷	杭州高腾印务有限公司	
开　　本	710mm×1000mm　1/16	
印　　张	29	
字　　数	396 千	
版 印 次	2021 年 4 月第 1 版　2021 年 4 月第 1 次印刷	
书　　号	ISBN 978-7-308-21242-7	
定　　价	88.00 元